U0111580

論太極拳 和

養生太極拳內功秘訣

楊吉雄◎編著

論太極拳和養生太極拳內功秘訣

編　　著｜楊吉雄

統籌策劃｜楊東穎診所

責任編輯｜艾瑞克

發 行 人｜蔡森明

出 版 者｜大展出版社有限公司

社　　址｜臺北市北投區（石牌）致遠一路 2 段 12 巷 1 號

電　　話｜（02）28236031，28236033，28233123

傳　　真｜（02）28272069

郵政劃撥｜01669551

網　　址｜www.dah-jaan.com.tw

E-mail｜service@dah-jaan.com.tw

登 記 證｜局版臺業字第 2171 號

承 印 者｜傳興印刷有限公司

裝　　訂｜佳昇興業有限公司

排 版 者｜菩薩蠻數位文化有限公司

2 版 1 刷｜2023 年 12 月

定　　價｜480 元

國家圖書館出版品預行編目（CIP）資料

論太極拳和養生太極拳內功秘訣／楊吉雄編著. ——初版，
——臺北市，大展出版社有限公司，2023.12
　　　面；21公分——（武學釋典：60）
ISBN　978-986-346-438-9（平裝）

1.CST: 太極拳

528.972　　　　　　　　　　　　　　　　　112018683

目錄

沒有內功的太極拳和體操有何不同呢？

推薦序

沒有內功的太極拳和體操又有何不同呢？

國立中山大學　林峰立教授

　　讀到這本提倡太極拳內功和拳架合一的書，由衷地令人感到開心、讚賞、和感謝。因為太極拳本來就是內家拳，內功和拳架的合一才是打太極拳應該走的路子。所以，非常感激作者楊吉雄老師的慷慨無私，為太極拳的傳承真誠付出，毫無保留地將他30年的太極拳內功和拳架合修的心得和功法完全披露出來。

　　從文化傳承而言，為了精研太極拳，接引後人參學太極拳，在書中他博採廣引千年以來所流傳的拳經、丹書、內功修法等，堪稱繼千年絕學，為當代所罕見。

　　就我多年來的觀察，強調拳架和內功合一的太極拳家太少了，市面上的太極拳書也幾乎沒有看到過，即使電影『太極從 0 開始』對楊露禪的成長過程也幾乎不去著墨他的內功修為，真的讓很多人誤以為太極拳只是拳腳功夫而已。如果只是拳腳功夫，那麼，太極拳高手被現代混打高手在 1、2 分鐘內打趴，也就一點都不奇怪了。

　　沒有內功的太極拳和柔軟體操又有何不同呢？體

操又怎能打得過混打、搏擊、或拳擊呢？練體操又如何能將一個人的體質加以改造，從內而外翻轉一個人的體魄和氣質，袪除各種慢性病，進而益壽延年呢？

這些疑問的關鍵就在「內功」這 2 個字。老一輩的人經常說：「練拳不練功，到老一場空。」凡事只要提到「功」這個字，就意味著要由內而外，進而內外合一。正如雞蛋從內破出才是創生，若從外打破則了無生機。有了內功配合拳架的太極拳才能真正領略太極拳的神威，更能得到太極拳養生、健身、延壽的巨大功效了。

書中有言『氣為主，血為副，氣充則血足，血足則體強，則意堅，則魄雄，則神旺，則益壽。』這段文字說明了氣與血如何在太極拳內功的作用之下產生健身延壽的功效。

因此，手上有這本書的人，即使你不是為了學打太極拳，只要照著楊老師在這本書的指引之下去練習，每天花 30 分鐘到 1 小時的時間（當然越多越強），經歷幾個月的時間之後，就會發現太極拳內功對身體巨大的幫助（還會有意外的發現），一個人的氣血充沛了，就可省去了許多跑醫院的時間，實在是現代人的一大福音。

再者，書裡的另一段文字『以意導引丹田之氣，將氣灌注到雙手掌心的勞宮穴和雙腳掌心的湧泉穴，如此意到氣到，意與氣之合謂之勁，所發之勁即是所謂之神力。』則透露了太極拳內外合一的神威之勁之

所從生。

　　一如我個人從煉丹過程中所領略的，太極拳內功將精、氣、神這人身三寶透過任督二脈河車倒轉的協調和結合下，使人不只身體健康延年益壽，還可修心養性，改變人的氣質。

　　這本書真的值得現代人好好保有和參學，更應該推薦給你周遭的親朋好友。願大家都來學太極拳內功，都能身體健康，延年益壽，幸福快樂。

國立中山大學企管系

林峰立教授　謹識

民國 110 年 10 月 6 日

編書緣起（一）

一、民國 81 年（1992）參加進修班時，鞠老師對鄭子太極拳，研修的講解和手法修正，均銘記在心，落實研練。鞠老師發行教拳錄影帶時，訂購一套，片頭的講解是啟發我依循研練養生鄭子太極拳的重要因素。舉例如下：

老師說：「每個動作開合與呼吸自然配合。」所以我勤練丹田逆呼吸法，練到每分鐘 1～4 次。

老師說：「倒攆猴的直行步，可以使尾閭關節放鬆，使氣可以透過尾閭，斂入脊骨（督脈），上達泥丸宮（百會）經任脈，沉於丹田，下沉湧泉穴，吞天之氣接地之力，壽人以柔。」所以我勤練湧泉呼吸法，使氣鬆沉湧泉，重心沉穩，亦勤練意念導引法，導氣循環大小周天、卯酉周天……以便行拳中導氣內行於四肢，氣遍周身。

老師說：「太極拳講究鬆柔、輕靈、圓活、自然，內固精神，外示安逸，用意不用力。」所以，我將拳架與意（意念）氣（呼吸）配合，該吸則吸，該呼則呼，動作要求愈緩慢愈好。行拳中意守丹田、勞宮穴、湧泉穴，並用意念導氣內行，用意而不用力，練拳數小時，體力不減，反而增強，精氣神更是高增，每套拳十二分鐘以上。

老師又說：「太極拳是一種體用兼備，高級智慧拳法，理論深奧，武功奇特，初學不易體悟箇中奧秘，也不易掌握動作要領。」

曼青大師曰：「此僅言煉精化氣，煉神補腦而已，更

有進乎此焉，煉精化氣，煉氣化神，煉神還虛，則可以通乎靈矣，此余所未能也，曹子曰，止矣，可以聞而知之，有此理必有此事，留證於異日可矣。」（鄭子太極拳十三篇第十四頁）。

所以我研讀一些有關太極拳和氣功原理與研練的書籍，對各項要點，均細心研練，體悟貫通，是真理者，融入研究拳術，冀望能解開鄭曼青大師所曰之「煉精化氣，煉氣化神，煉神還虛，則可以通乎靈矣（太極拳自發動功）。」鄭子太極拳理論的深奧和武功的奇特，終於習拳後十五年（2005，民94）獲得鄭子太極拳氣功和養生太極拳氣功、自發動功。

二、2012年（民101）12月，吾將編寫的「新發現鄭子37式養生太極拳氣功和自發動功初稿」呈送中華國際薪傳鄭子太極拳創會長鞠老師，請創會會長賜予指導，鞠老師閱後告訴李秘書，他內容寫得很好，帶他來見我。

2013年（民102）元月22日下午三時，承鞠老師召見，見面時老師對我說：「你書的內容寫得很好，我沒有教你這樣詳細，你怎知道如此深入？」吾答曰：「老師說丹田逆呼吸如風櫃，氣從尾閭入夾脊，上玉枕、百會，氣神一體。我練不好，經朋友介紹老師的好友，曾盛初警官，於1993年（民82）深入教導，練太極拳內功，丹田逆呼吸，湧泉呼吸，和意念導引丹田之內氣循環大、小周天。我勤練一年純熟後，再教導意、氣、拳三者內外功合而為一，勤練太極拳。」老師又說：「你在客廳打拳給我

看看。」當時我是腳穿高跟的皮鞋，打領帶，又帶眼鏡，在老師面前為了好好表現，所以全身靈靜鬆透，全神貫注，也就是入禪的境界。意守丹田和四肢的勞宮穴和湧泉穴，行拳時導氣內行，靜若禪定，因此從起式一開始，即氣遍全身，而進入氣功狀態。接著，從按開始，立即進入氣功靈動狀態。因愈鬆靜，內氣愈快速增強，力道愈大，故收勢前，發極為強大內氣的自發動功（相片附後），內涵奧妙，不可思議。眼鏡被右手按摩、貫氣全身穴道的動作，打掉摔破，約五十幾分鐘後收功。

老師雖高齡九十幾，卻細心觀察後研討功法，並指示：你煉得的自發動功，就是曼青大師所說的，煉神還虛，可以通乎靈矣，所以「你打拳還要再鬆，愈鬆則內氣會更增強發功更奧秘（相片附後）」。我答應會遵照指示，再勤練使全身更鬆透。歷經一小時三十幾分，我站起告辭，請老師休息。但老師實在太仁慈關愛，一再要我坐下研討，並再三強調，愈鬆透成果更奧秘，現今有耐心勤修，太極拳內功之導引和吐納術者，少之又少，只勤習拳架、推手參加比賽，故太極拳內功幾乎失傳。你要找一些，有耐心學習太極拳內功的人，教導和編書，俾便傳承。我和老師約好，再深入勤練，明年來拜壽時，將成果呈報。隔天老師又來電叮嚀，承蒙九十幾高齡長輩的關照和指示，令我感激萬分。

因此決定再更深入研練，六個月之後，發現行拳中，導引丹田之內氣運行四肢勞宮穴和湧泉穴時，內氣能量日日增強，尤其按、倒攆猴、雲手時，身心更進入禪定之

中。禪靜的眼神似閉非閉，氣血渾身奔馳。舌尖分泌的唾液猶如泉水般的湧出，舒暢無比，印證了鞠老師指示的再鬆的成果。因此行拳時，身心愈鬆靜、呼吸會愈均勻細長緩慢，動作會愈輕靈緩慢，全身經脈、穴道會更鬆柔，氣血運行的能量會更為強大。鞠老師指示還要鬆的「鬆」，終於悟得鬆是無止境的，內氣能量亦能隨之無止境的增長。是一分鬆度，即可增強一分的內氣能量。

民 102 年 12 月 3 日，再深入研練鬆透，所悟得的成果，增修初稿裝訂成冊，請鄭子太極拳基金會秘書長李策兄報告老師，並安排前往拜壽和呈報的時間。不料 12 月 20 日驟聞老師往生西方極樂世界，真是晴天霹靂，頓時哀傷難捨，心情非筆墨能形容。隨即拜託陳明基董事安排時間至靈堂祭拜。當進入靈堂，立即情緒崩潰，淚流滿襟。因約好民 103 年元月，登府拜壽和呈報成果，卻突然變成拜別陰陽，再也無法聆聽指導，怎不叫我痛哭流淚呢？我將增修好的稿本呈上，跪拜報告一二後，心裡總算平復下來。老師和藹可親，在客廳為我研討功法、指示、鼓勵的慈悲笑容歷歷如昨，無限的感恩與懷念。

2014（民 103）年 3 月 6 日晚上，夢見鞠老師指示：「鬆而不瀉，沉而得穩，鬆靜沉無止境，切記！」為感恩鞠老師和王老師對晚生的鼓勵和指示，故將所有悟得精髓，增修初稿，編輯成書，俾便免費傳授有意研練太極拳內功之導引和吐納術的同好，共同分享鄭子 37 式太極拳之精髓。

請益鞠鴻賓大師

　　承蒙中華國際薪傳鄭子太極拳總會創會長　鞠老師召見，我在他家客廳打拳請益。（2013 年 1 月 23 日下午）

發功後研討指示，鬆無止境，愈鬆沉，功力愈大，成果更奧妙。

起立告辭，老師要我坐下繼續研討，並問我強烈氣動時，拳頭為何鬆開未握緊。答曰：是心導氣行，身隨氣動，強大內氣運行周身，致身軀鬆透強烈氣動之故。

老師堅持送我們到大門口。

攬雀尾按

斜飛式轉雲手

抱虎歸山

上步攬雀尾按

斜單鞭

進入自發動功

編書緣起（二）

民國 97 年（2008）秋，中華國際薪傳鄭子太極拳總會總教練兼副會長王總教練錦士老師巡視忠烈祠太極拳教練場時，本人參與團隊練拳。

行拳時，由氣功狀態，進入氣功靈動狀態，於收式時發養生太極拳自發動功。王總教練問我的老師（洪文福老師）：「他的拳怎麼打得這樣好？」洪老師答：「他平時練拳太認真且深入之故。」

約十餘分鐘自發動功收功後，總教練問我：「你知不知道為何會有這種功？」

我答：「平時要勤練氣和意。行拳時，全身要鬆透、靈靜、全神貫注，並用意念導引丹田之內氣，氣運行於四肢之勞宮穴和湧泉穴。」

總教練說：「對，對，對，還有因素。」

我答：「只有練鄭子 37 式太極拳才會獲得自發動功，其他 24、42、64、傳統楊式 108 式均不會獲得。」

總教練說：「還有因素是鄭子太極拳的美人手、按、倒攆猴、雲手……」

我答：「對，平時在練拳時，總覺得鄭子太極拳，易使人鬆透，只要氣運行於四肢，氣功能量立即快速增強，使全身振盪進入氣功狀態。請總教練巡視教練場時，應指導同好，勤練氣和意並與拳架相隨合一。因為各教練場均忽略氣和意的重要性，只重視拳架子。」

　　總教練說：「大多數均不重視修煉太極拳內功之意（導引）和氣（吐納），所以只打無內功的太極空拳。」

　　總教練是第一位看懂我導引丹田內氣行拳，獲得養生太極拳氣功和自發動功。亦深知氣和意在太極拳中的重要性，和此功的原理與奧妙對吾人養生有莫大益處。故希望我撥時間來教太極拳同好研練此功，共同分享鄭子 37 式太極拳之精髓。我答曰：「準備資料再說，其實練此功很簡單，只要有恒心和耐心，勤練太極拳內功部分之氣和意及意念導引即可獲得太極氣功，再深入，進而得養生太極氣功和自發動功。」

　　因有總教練的鼓勵與提示，所以五年來全心深入研練，並將所悟的點點滴滴和發功實錄記錄下來。再整理要點，編輯成初稿和第一階段功到第五階段功（詳見本書養生太極拳氣功網站 https://tinyurl.com/taich），且於民 101 年（2012）10 月呈送　王總教練並請賜予指導。

　　102 年（2013）2 月 4 日與王總教練閒聊時，總教練稱：「我初中時，即開始習武（少林武術……），年輕時對氣（內氣、氣功）和意均有深入研究，亦曾獲得與你類似的自發動功，所以一見到你行拳時氣遍全身的氣功狀態和自發動功，就知道你對氣（內氣）和意（意念導引）頗有研究，且能與拳架結合為一，此功得來不易。習推手者，若有練氣和意的內功，發出的勁加上內功則為神速神力，可發人尋丈之外。我想教你推手，把你的內功加上去，勁道必相當可觀。」

　　吾答曰：「鞠老師再三叮嚀我一定要聽話，持續深入

研練，鬆、靜、沉，無止境，內功亦隨之無止境，太極拳之精髓奧妙亦日新月異。」

總教練又說：「鞠老師已九十幾高齡，耐心在客廳，觀察你研練鄭子養生太極拳氣功和自發動功，約五十幾分鐘，又指示你行拳時，全身還要再放鬆，此長輩值得你敬佩，如果你再鬆靜，則行拳時，氣功能量會再增強，發功的功力會更強。」為感恩鞠老師和王老師對晚生的鼓勵與指示，故決定再深入研練體悟，修訂初稿，編輯成書，俾便免費傳授有意研習此功之太極拳同好。

104（2015）年 7 月 16 日，王總教練於高雄市薪傳鄭子太極拳協會舉辦楊吉雄老師太極拳氣功研討會，講解和現場研練，邀請理監事和各教練場主任教練，聽講並贈書。

會後王老師跟我說：「現場聽懂看懂者少之又少，幾乎一知半解，甚至說會氣動的養生太極拳未見過，與我們打的拳不同道。因為他們不知道太極拳是內功拳，是必須練意與氣的內功。當拳術內功功力深厚後，再兼修或轉修養生太極拳。其實，太極拳和養生太極拳是一體的二面，只是意、氣、拳架的鬆柔程度之差別而已，其他均相同無異。只有你有恒心，研究心，接受指導勤於修煉，才有今日之深厚內功。所以七年前我才會請你撥出時間，來教有興趣習太極拳內功的同好。」

又說：「你研練的鄭子太極氣功和太極拳自發動功就是曼青大師所說的『煉精化氣。煉氣化神。煉神還虛。則可以通乎靈矣。此余所未能也。曹子曰。止矣。可以聞而

知之。有此理必有此事。留證於異日可矣。」（《鄭子太極拳自修新法》第十三篇第 14 頁）。據我所知，目前尚無人打拳時，以鬆、柔、慢、勻極致，眼神下垂 30°似閉非閉，如禪坐，身心靈靜禪定，進入拳禪合一、煉氣化神、煉神還虛之境而獲得此功。你的功夫看懂聽懂的人少之又少。」

9 月 28 日教師節，登府尊師重道。王老師告訴我：「我身體未康復，無法推薦有興趣、耐心、研究心之學生跟你學。所以，你自己要尋找學生，或請理事長、總教練幫忙，否則必定要失傳。」又說：「持之以恒研練，功夫會日新月異的，每隔數年你要將悟得的精髓，增修再版，與太極拳同好分享。」

王老師在 104 年 12 月 13 日往生，令我情緒崩潰淚滿襟，至今仍難平復。若無老師指導，那有今日之功夫，每看到書和相片，憶起仁慈教導，總是感恩難捨。

請益中華國際薪傳鄭子太極拳總會副會長兼總教練　王錦士老師

研討印書的字體和數量。

與陳明基同往請益，研討後老師指示，拳術之意與氣和鬆沉的要領。

按

雲手

倒攆猴

解說美人手的特點。
（舒筋活血，行氣貫
於手指。）

前言

太極拳為內功拳、道功拳，分內、外功二部分。外功為拳架子，內功為意與氣。現今，太極拳雖流行很廣，但知道必須練意、練氣、練拳三者合而為一，內外兼修，才是整套太極拳，才能發揮太極拳內功不可思議之精髓妙境，才得稱為太極拳門中之人，則誠屬少之又少。

古道家和太極拳家特別重視煉精化氣、煉氣化神之內功修煉，故吾將有練內功者，稱為「太極拳氣功」作為區別。而養生太極拳氣功和太極拳自發動功，就是曼青大師所曰之：「煉精化氣，煉氣化神，煉神還虛，則可以通乎靈矣。」

吾人如果不知養生之道，就如一儲存電量之電瓶一般，隨著歲月之流轉而漸漸消失電力，一直到老電用盡，三寸氣亦斷絕。若能善加利用天地賦予吾身的優於萬物之能，即可修補人身失去之元真電源，而減緩衰老。是故，平時要持之以恒的運動，煉精、氣、神，使活血疏通筋骨，不但保住吾體內真元之氣，亦稱原胎之氣，並能增強之。

太極拳之功效，能彌先天之不足，補後天之虧損。若能習之得法，持之以恒，日久必得其益。惟一目標，即在養生，鍛鍊精、氣、神，預防百病，保全健康。故若欲求養生之道，唯習太極拳氣功，尤其鄭子 37 式養生太極拳氣功和太極拳自發動功，最為可恃而有效。老師只能引路，修行靠自己。

太極拳源遠流長，依照各家的考查，或謂始於唐朝許宣平等人，或謂始於南宋張三丰。雖無明確定論，但其淵

源於拳術、吐納術、導引術三者之結合而加以創新的拳術，則無可置疑。

太極拳是中華民族瑰寶，是最好的養生拳術，是道與技的結合體。道能健身，技能防身，拳聖張三丰真人曾說：「練武不練功（內功之意、氣），到老一場空。道（修練內炁、內丹、精、氣、神）為本，技（拳架子）為末。」也就是告訴大家：練太極拳如修道、煉丹，著重意之導引與氣之吐納的修煉，以意領氣的練氣道功，不必拘泥於招式多寡，亦即練成太極、武術、氣功一體。

其實宗師是武林高手，先在五台山修，後長居武當山修道，繼承導引（意導氣行）與吐納（丹田呼吸）之術，煉丹和靈修，宗師遺訓：「無極為太極之母，即萬物先天之機，動靜相因，修太極之道，延年益壽，欲天下豪傑，延年益壽，不徒作技藝之末也。」太極拳分外功之拳架子和內功之意、氣二部分，吾師曰：「每個動作必須以意領氣，開合與呼吸自然依規律配合。如果只練拳架，而不練意與氣之內功，則為太極空拳，太極操。」

台灣太極拳國際聯盟主席、台大教授張肇平曰：「太極拳如果只法全盤架子，那只是死招、死架。如果只知配合自然呼吸之氣而練，則其所得到的功夫，那還只是呆力與蠢力。太極拳的呼吸，必須在意識（意念）的指導之下（導引），使呼吸與動作，有一定節奏的自然規律配合，否則不徒無益，而有害。一開一合，一吸一呼，足盡拳術之妙，形開氣合為吸，形合氣開為呼，上起、提起、擎起、舉起為吸，下落、下放、捧出、放出為呼，屈、仰、

來、入、退為吸，伸、俯、出、進為呼，收、蓄、化、引為吸，放、發、打、擊為呼，虛、柔為吸，實、陽、剛為呼，動步轉身及各式過渡之時，可以小呼吸，小呼吸者，即呼吸不長，又呼又吸，而含有稍息之象也，該吸則吸，該呼則吸，而須以意導之，一點也不能勉強做作。久久習之，意、氣與動作三者合而為一，不僅可使吾人的內臟器官機能強健，無形中亦可發揮技擊之功能。能呼吸，而後能靈活，意到氣到神力（意與氣合謂之神勁）到耳，成就不可思議。玄妙之功亦在意與氣，其為用大矣。今日之習太極拳者雖多，而其真正能呼吸和以意導炁者，則誠少之又少。難怪有人慨乎言之，太極拳雖然流行很廣，但很可能已經失真。只能算一種體育，不能算一門內家拳功夫！其用心可謂良苦。」

有練拳架和意與氣三合一者，才算是真正太極拳，亦稱太極拳氣功、內家拳、道功拳。所以，太極拳功夫高深者，其一呼一吸，與道家、佛家修煉之一吸一呼並無所異。內氣內行，往來於任督二脈之中，收斂入骨，外則附立於開合之中，縱橫周身，動中求靜，靜中求動，內炁與外形合而為一。其下手功夫，均在意導氣行，意導呼吸與拳架，先意動而後炁動，炁動而後形動，先內而後外，內外合一。

習拳後第 10 年春，有一天清晨，在壽山忠烈祠廣場，群體練拳，練完拳大家聚集聊天，而我獨自再研練氣和意的功法時，有位年約六十幾之陌生長者向我招手，欲與我閒聊練拳和練氣與意之氣功心法。

他說：「我年輕時就開始習楊式太極拳和其他武術，對拳術和氣功頗有研究。已移居美國，今返台探親，剛才觀察你們打拳，你的功夫比他們好太多了。他們都沒有練意和氣的內功，而你行拳時，意氣配合很好，且鬆靜，行拳時已進入氣功狀態了。我習太極拳迄今已四十餘年，練拳時重視意和氣，拳架子次之。有時達到全神貫注，靈靜鬆透時，在進入氣功狀態之中，行拳時不拘泥於招勢，是隨氣而行的，是『心導氣行，身隨氣動』，拳架子隨氣而行，所以未按照楊式太極拳的招式手勢而行。」

他還說：「氣和意在拳藝中極為重要，拳藝有成，對吾人身心，極有裨益。你要有恒心，持續勤練氣和意的內氣功夫，拳架子次之。但拳和意氣三者，必須配合得當，且動作愈緩慢愈好。」

鄭子 37 式養生太極拳氣功和太極拳自發動功，就是鄭曼青大師所曰：「此謹言，煉精化氣，煉氣補腦而已，更有進乎此焉，煉精化氣，煉氣化神，煉神還虛，則可以通乎靈矣，此余所未能也，曹子曰，止矣，可以聞而知之，有此理必有此事，留證於異日可矣。」（《鄭子太極自修新法》第十三篇第 14 頁）

大師之遺訓和長者的指導及習禪坐，使我悟得太極拳首重養生，打拳要像道家佛家禪修靜坐一樣，靈靜無雜念，眼觀鼻，鼻觀心，眼神下垂 30°，才能進入煉氣化神，煉神化虛之動禪，極難不易。必須勤練氣之丹田逆呼吸，湧泉呼吸和練意之意導丹田內氣循環大小周天築基。拳架和意與氣合一，呼吸細、長、深、勻、鬆、靜，動作

鬆、柔、慢、勻、圓、整，身心靈靜禪定，猶如禪坐，拳禪合一，才能進入煉神化虛，則可以進入通乎靈之氣功靈動狀態的太極拳自發動功。

此乃本人習拳十六年後，於研練養生太極拳術時，無意中發現之鄭子 37 式太極拳之精髓。它能增強吾人之內氣能量（電能），使活血疏通經脈、穴道、增強五臟、六腑、各器官功能，提升免疫力，改善體質，自療本身之疾病，祛病強身（詳見第拾貳篇）。

只要你有恒心、有毅力和研究心，依循下列方法研練，每天一小時，日積月累，三年後即可化去僵滯，鬆開內勁；五年後，即可小成，能獲得初級養生太極拳氣功；八年後可獲得高級太極拳氣功，或高級養生太極拳氣功，和初級養生太極拳自發動功；十數年後或可大成，必能獲得你想要的目標。

但因養生太極拳氣功和自發動功的發功內涵高深，永無止境，是隨內氣能量的增長而變化，所以我們也必須持續練氣和意，不得間斷，身心亦必須無止境的鬆透禪靜，則內氣能量，才能無止境的增長。

吾有幸承蒙多位先師，慈悲的教導，勤修苦煉體悟，方有今日之功成。我所悟得的，只是目前有限的經驗而已。若有藝高者願指導能更鬆透靈靜、增強內氣能量的方法，本人當感恩致謝。研習的課程是終生無止境的，冀望太極拳同好能依此原則勤修苦煉體悟，互相切磋，說不定能有更好的成果，希共勉之。

研練鄭子太極拳氣功和養生太極拳氣功之研練方法的訣竅之體悟

《太極拳經論》曰：「呼吸細、長、深、勻，動作鬆、柔、慢、勻，氣沉丹田，神宜內斂，氣宜鼓盪，氣斂入骨純剛，氣神一體，氣隨意行，以心行氣，以氣運身，氣遍周身達四梢，全身意在精神，不在氣，在氣則滯，有氣無力，無氣則純剛，無堅不摧，始而心動，而後意動，而後氣動，而後形動，由內而外，內外合一，心導氣行，身隨氣動，腹鬆淨，氣騰然，意到氣到神力到耳。」

這些內在的功夫，是針對太極拳內功高深者而言的用詞，並非嘴巴說說就可得？隨便打個空拳就可得？錯了，那還有什麼可貴之處，欲得收穫必須初學拳架子，同時練氣之丹田逆呼吸，湧泉呼吸，及練意之大小周天，卯酉周天循環。當築基已備，三者結合為一，勤修苦煉方能有成，說起來很簡單，做起來也很簡單，能夠天天練，月月練，年年練，持之有恒，永無止境，却很不簡單。

須知無上的玄奇奧妙之功，就在這簡單中幻化出來的。太極拳祖師張三丰曰：「練武不練功（內功），到老一場空，道為本，技為末。」鞠老師、曾老師、王老師一再叮嚀我，練意、練氣、練拳三者合一，勤修苦煉，方能獲得《拳經論》所謂之精湛功夫，是為整套有內功的太極拳，內功拳。

2015 年（民 104）王老師往生後，數年來，我曾訪數

十個教練場，均不知太極拳必須練意和氣的內功，及意、氣、拳三者合一，形氣開合自然結合，只打無內功的空拳，而印證王老師 2008 年（民 97）要我編教材教太極拳內功的心情，和中華太極拳總會前理事長、台大教授張肇平的《論太極拳》一書慨乎所言之：「太極拳流行很廣，但已失真，大多數只法全盤拳架子，而不知必須修練意（導引）和氣（呼吸）之內功，故不能算一門內家拳，只算一種體育，近代很多太極拳內功高深者，將太極拳內功之導引和吐納術的訣竅，認為秘訣而不傳，你不問他，他不會自動教你，以致喪失太極拳益世的功能，殊為可惜，現今太極拳老師，因不知太極拳是內功拳，整套拳分內功和外功二部分，外功為拳架子，內功為意（導引）與氣（丹田逆呼吸），故只教外功之拳架子而已，練空拳，練呆力、蠢力、拙力，而無內功意與氣的神力，失去太極拳祛病強身，不可思議之妙境，無入太極門中之人，令人嘆惜。」

古聖賢曰：「學而不思則罔，思而不學則殆。」本人對拳術喜於研究，追根究底，並追求理想的養生拳術，故將練拳稱為研練太極拳，是要同好在練太極拳當中，每招每式都要加以研究，如何將意、氣合一配合得最好（詳見第伍篇），且多方與同好切磋，或多方請益老師，經指導之後，對各項要點，自己必須細心研究，體悟貫通，是真理者，融入研究拳術，則對自己有莫大助益。

本人自 1989 年（民 78，時 48 歲）開始習太極拳，經鞠鴻賓、曾盛初、王錦士老師教授太極拳內功之導引、

吐納術，和蘇大字、洪文福、王嘉陵老師，及多位不知名的老師教授拳架，習得鄭子 37 式、十三式、二十四式、四十二式、六十四式，長拳一百零八式、傳統楊式太極拳一百零八式（北京崔仲三老師教授）、散手、劍等。習拳後並請益多位老師有關練氣、練意的方法。

第四年經友人介紹已七十餘歲的太極拳高手「曾盛初」警官，承蒙他指導如何快速氣沉丹田之意守丹田逆呼吸法，意守湧泉呼吸法（詳見第一篇），練意之意念導引丹田之內氣周天循環（詳見第參篇），和如何意氣相隨與拳架之合一（詳見第捌篇），並要我將右手中指壓在他的丹田，以丹田之內氣，彈我的中指三下，並教授當意與氣練到內功深厚後，以太極劍柄頂住丹田，配合呼吸彈收跳動，練丹田內氣自發鼓盪和腹鬆淨氣騰然（我告訴蘇老師，吾師曰：「此功極難練，你要勤修 30 年，方可成。」），但未提及太極拳與氣功相關之事。因有名師指導內功和外功秘訣，築基已備，而後才能看懂、理解、體悟拳經、拳論及名師著作，閱讀《鄭子太極拳自修新法》及多本有關太極拳內功、氣功經論的書籍，並請益多位氣功老師，有關練氣、練意、練氣功，和以意念導引丹田之內氣運行周身之功法（詳見第參篇）。

此後每天晨間除教拳時間外必選擇清靜無吵雜之處，單獨一人練氣（詳見第壹篇），練意及運氣內行，導引丹田之內氣運行小周天、卯酉周天、大乾坤周天、環繞螺旋經脈、卯酉周天與小周天合一，及採天地精華之氣，排體內穢毒之氣（詳見第參篇及第拾壹篇）等約 25 分鐘。如

此勤修苦煉氣和意之內功,功成則丹田之內氣盈實,精、
氣、神旺盛,氣神一體,行拳時,就能達到《太極拳經
論》之:「神宜內斂,氣沉丹田,專氣致柔,氣宜鼓盪,
以心行氣,以氣運身,氣遍周身,氣斂入骨純剛,蓋太極
純以神行,全身意在精神,用意而不用力,意到氣到神力
到。」然後依太極拳基本功法和基本姿勢要點(詳見第柒
篇),研練鄭子 37 式太極拳二遍,再加上其他所學過的
拳術每天輪流三種。

當我研練二年多之後,發現行拳時,若全神貫注、鬆
靜,則手指會輕微氣動,且大大提升免疫力,增強精、
氣、神,改善體質,尤其腸胃功能更為顯著,腸胃的消化
速度加速,早上起床排便後,若未排乾淨,練拳後約 30
分鐘會再排乾淨,午餐後約二小時左右,會再排便一次,
這是因為練氣和意,而致使丹田內氣增強,及內氣和血液
循環系統機能增強,故食後丹田的內氣會自動鼓盪,使腸
胃蠕動加快,消化和吸收功能加速之故。因此,體內不會
累積穢毒,且不易感染感冒及腸胃疾病,增強精、氣、
神,改善體質,提升免疫力。

雖練拳有恆心、毅力和研究心,但前 14 年,都是點
點滴滴摸索,研究體悟組裝,無法滿足我所求的成套拳
術。雖悟到練氣、意、拳三者配合的要領,練拳時能達到
意氣相隨、動作緩慢、手指氣動,對身體之強健獲益良
多,然而,這是一般性而人人皆知太極拳氣功的成效,尚
未悟得全神貫注,鬆透靈靜,同時意守下丹田、雙腳湧泉
穴、雙手勞宮穴等五個穴位,並用意念導引丹田之內氣,

緩慢配合呼吸（呼吸要練到每分鐘 1～4 次，一套拳 12 分鐘以上，詳見第壹篇），運行於四肢勞宮穴和湧泉穴，致使氣遍周身之練功法，亦從未曾聽說過，練太極拳能獲得養生太極拳氣功和太極拳自發動功。

2004 年（民 93）是我習拳後第 15 年，本人不再教拳，而在住家附近公園，擇清靜之處，單獨一人（如此心才不會被周圍人群吵雜，外景事務干擾而分心），靈靜（心境無雜念、不受外景事物影響，不為聲色所誘，不為外境所轉，靜若禪定），全身鬆透，全神貫注，練氣（詳見第壹篇），練意和用意念導引丹田之內氣循環周天（詳見第參篇）。練拳時將意、氣與拳架子密切配合，且因學禪坐而悟得行拳當中，要達到曼青大師所說的「此僅言煉精化氣、煉氣補腦而已，更有進乎此焉。煉精化氣，煉氣化神，煉神還虛，則可以通乎靈矣。」之太極拳自發動功（《鄭子太極拳自修新法》第十三篇 14 頁），則必須將眼睛目光炯炯平視，改為如禪坐攝心歸一，拳禪合一，以禪靜視線下垂 45°～30°的眼神，凝視雙手和地面。無論呼氣和吸氣，都必須以一念帶萬念，同時意守丹田和雙手的勞宮穴及雙腳的湧泉穴等五個穴位。

習拳後的第 16 年，即 2005 年（民 94），我悟得呼氣時，用意念導引丹田之內氣，緩慢的運行於四肢之勞宮穴和湧泉穴，不得間斷，持續到吸氣時，仍將四肢勞宮穴和湧泉穴之內氣導引回歸丹田（詳見第捌篇），周而復始，終於組裝成套養生太極拳術。

此後，我每天練習呼吸及意氣導引和拳架子，並練到

每分鐘呼吸二次，研練鄭子 37 式養生太極拳一套約 12 分鐘以上，費時約一個小時。歷經一年餘之後，每次研練鄭子 37 式拳架時，手指頭手掌手臂均會氣動得很強烈，足見氣功能量已大增。有一次，行拳到雲手時，突然全身強烈氣動，雙眼似閉非閉，原地雲手的動作不停，經用強大的意念，控制數分鐘才停下來。又有一次，行拳到上步七星時，突然在拳架子上，全身氣動，經用強大意念控制很久才停下來。有時候，行拳到退步跨虎時，突然在拳架子上全身振盪，經用強大意念控制很久才停下來。每個月都發生過數次，從未見過或聽聞過，練太極拳者，有如此強大的氣功能量氣動現象。

唯有 1993 年（民 82），蘇大字老師帶領我們練拳時，我發現他手指頭會微微振盪。經請示，他告訴我，當拳藝有成之後，練拳時若能鬆靜，全神貫注，意氣相隨，則氣遍全身，手指頭會氣動。因此，亦曾請教多位氣功師，得到結論：「我沒有學過太極拳，不知何因，但建議不要阻擋它。這是很好很難得的高能量內氣的氣動現象，是拳術已進入氣功狀態了。」亦請教多位太極拳的老師，得指點：「我沒有氣動過的經驗，練拳時若意念加重，不要太鬆靜，應該就不會有氣動的現象。」

因未獲解答，而到書局尋找有關氣功的書，而買了《嚴新氣功入門》，中央大學林孝宗教授著的《氣功原理與方法》，氣功禪密，小周天氣功 8 段，經研讀這些書之後，從林教授的書裡找到了答案，「練動功有成者，就會自動使出一種自發動功。」這是很難得的成果（詳見第拾

貳篇），從此之後，每天依上述之方法研練鄭子 37 式太極拳術，如果練拳中累積到足夠發功的內氣能量，而發功時，不再加重意念加以阻擋，而鬆透聽其自然。

研練太極拳氣功和養生太極拳氣功必須有恆心、毅力、研究心才能有收穫。如果不練氣和意，不練以意導引丹田內氣運行於四肢勞宮穴和湧泉穴，使意、氣、拳合一，而只練拳架子，這只算是打空拳，因無內氣的配合，無法獲得太極拳之精髓。如何研練太極拳氣功和養生太極拳氣功、自發動功呢？

1. 練太極拳盤架時，亦同時分開練氣或稱呼吸調息（詳見第壹篇）。

正確的呼吸法，能使先天之氣，快速氣沉丹田，也能快速獲得內氣能量（俗稱氣功）增強。分開練意亦稱調心意念導引法（詳見第參篇），正確的調心意念導引，才能達到煉氣化神，氣神一體，氣隨意行，以心行氣，以氣運身，意到、氣到、力到，才能練到以一念帶萬念，以一個意念同時指導多方向的動作。同時意守丹田、勞宮穴、湧泉穴，等五個穴位，練拳時才能以心行氣。

蓋太極純以神行，用意念導引丹田內氣行於四肢勞宮穴和湧泉穴，意氣相隨，氣遍全身用意不用力（詳見第捌篇）。

2. 《太極拳經》曰：「呼吸細、長、深、勻、鬆、靜，動作鬆、柔、慢、勻、圓、整。」故團體練拳後，要再獨自練拳。

因團體練，要求動作整齊化一，整套拳的時間固定七

分鐘左右（比賽之規定）。而練太極拳和養生太極拳，則要求呼吸深沉、緩慢、細長、均勻，動作與意氣三者必須合一相隨，並導引丹田之內氣行於四肢，且要全神貫注、靈靜（心無雜念、靜若禪定）、鬆透動作愈慢愈好，因此必須擇清靜之處，不播放音樂，因音樂和吵雜聲，會使人意念無法集中。

獨自無思無念，練拳才能發揮個人練氣和意的成果，呼吸配合動作，行拳愈慢愈好，而不受他人的干擾，故不宜團體練。若群練，則個人打自己的拳，愈慢愈好，不互相配合牽制，才能動中求靜，靜中求動，內氣運行而能快速增強太極拳內功。當拳架達到熟練自然後，必須將氣和意與拳架結合（詳見第捌篇）。

初學者每一招式都要以意導之，用假想敵來練意、氣、拳架之相隨和制敵。數年後練拳時全身會鬆柔、氣沉、身沉，呼吸則會深沉、細長、均勻、自然，所有動作均能達到氣隨意行，以心行氣，以氣運身，氣遍四肢，意到氣到神力到，用意不用力（內功深厚者，就能心導氣行，身隨氣動，本體之拙力自然消除，剛柔並濟，隨心所欲），亦能拳架、意、氣三者相隨合一，就能獲得太極拳氣功，勤修苦煉，功夫必能日日增強，永無止境。

3. 達到上述境界之後，若欲轉練或加練養生太極拳氣功，請依（第捌篇）勤練。

行拳時首重全神貫注。若能達到靈靜鬆透的境界，更為難得，且要意氣相隨，呼吸要深沉、緩慢、細長、均勻、自然，並與招式配合得當，動作要緩慢，意念輕靈，

就能柔而微剛，綿綿不斷，眼睛視線不可平視，因眼睛平視，目光炯炯，則身心無法靈靜禪定，拳禪合一。要改為禪靜視線下垂 45°～30° 的眼神，因眼神下垂，凝視手指和地面，意輕靈則氣柔，動作極致鬆、柔、慢、勻、圓、整。放在四肢的意念要適中，只維持身體平衡穩定。呼氣時，必須要用意念導引丹田內氣運行於四肢的勞宮穴和湧泉穴，並持續不斷，至吸氣時，仍將四肢勞宮穴和湧泉穴之內氣導引回歸下丹田，必能氣遍全身經脈穴道（詳見第捌篇）。若全身鬆透，則手指及手臂會產生微微氣動，且會日日增強功力，此時已獲得養生太極氣功的初級功了（詳見第拾貳篇）。

4. 已獲養生太極拳氣功之後，練拳愈勤，時間花愈多，功力增強愈快。

行拳時若手指、手掌、手臂產生振盪，則為身體已進入氣功狀態，振盪愈大，即是氣功能量愈大，行拳時如果愈靈靜鬆透，全神愈貫注，拳架、意、氣三者配合得愈緊密合一。且必須以一念帶萬念，同時意守丹田、勞宮穴、湧泉穴，並持續不斷以意念導引丹田之內氣行於四肢勞宮穴和湧泉穴，則氣功能量的累積愈大。當手指、手掌、手臂振盪得很激烈時，此時身心已進入氣功靈動狀態了，是「心導氣行，身隨氣動」。當內氣能量電能頻率再下降與副意識腦波頻率結合時，副意識亦進入靈動狀態，自發動功就開始了。主意識則退居第二，而由進入靈動狀態中的副意識主導一切自發動功的動作程序和內涵，此時已獲得養生太極拳自發動功之初段功了。

現代人學習太極拳，係以養生為目的，但大多數人欠缺耐心、毅力、研究心，未能深入探討研練太極拳內功（內氣）部分的意氣和導引法，而僅習外功部分的拳架子，有練者亦僅初淺部分。故習拳者到了某一階段以後，不易突破現狀往上提升到高階養生功能的境界。

　　因此有心勤練太極拳者，最好能夠每天多花一些時間，深入研練氣和呼吸法（詳見第壹篇），意和意念導引法（詳見第參篇），只要有耐心、毅力、研究心，數年必能獲得鄭子 37 式太極拳難能可貴的精髓——太極拳氣功和養生太極拳氣功、自發動功。

　　血液在人體血管中循環流動，內氣在人體經脈、穴道中運行。血管用久了會有部分阻塞，經脈、穴道也有同樣的情況，我們的身體本能，具有清理和修復的能力，但需要足夠的內氣能量才能徹底清理。一般人平時能量大都不足，內氣在經脈中的流量不夠大，所以無法有效進行通經脈，發展氣路。如果練功者引發了氣功狀態，內氣能量馬上增強好幾倍，並且會依內氣系統共振原理，以特殊的方法運作，自動匯集到全身經脈、穴道，或某一經脈、穴道中持續循環運行。因此就能夠大規模清理淤塞，大幅改善脈路、穴道的通暢性能，增強臟腑各器官機能。

　　至於太極拳氣功、養生太極拳氣功、太極拳自發動功之功能，依本人的經歷體驗，其功能是疏通經脈穴道，舒活筋骨，暢通氣血循環系統，增強精、氣、神，增強五臟六腑及各器官之功能，自療本身疾病，改善體質，提升免疫力，祛病養生。而最快最顯著的是，改善消化和內分泌

系統功能，而最主要的一點是自獲得太極拳氣功之初級功以後，免疫增強，排除感冒和消除筋骨不適，胃腸蠕動增強，分泌和吸收功能加強，消化加速，排便加快每天1～3次，排毒加速，提升高密度膽固醇。

據2005年（民94）3月4日義大醫院全身健康檢查報告，高密度膽固醇94mg，健檢部主任稱從未見過如此高的好現象。這對心血管循環功能有很大的助益，增強心肺功能，體力耐力高增，2010年（民99）初經體質檢測儀器檢測，雖已70歲，但體質仍為50歲以下之體質。

自療方面：則2010年（民99）9月12日舊傷復發前自療。2011年（民100）6月某日，因服用降血糖藥，引發腸胃不適的副作用，隔天早上研練鄭子37式養生自發動功後，各種動作仍與上次類似，差異不大，但於收功前之時段，突然發強勁功力，拍打肚臍以上腹部中下丹田1000下然後收功，收功後舒暢無比腸胃兩天的不適也消除了。

2008年（民97）秋，中華國際薪傳鄭子太極拳總會總教練兼副會長王錦士老師巡視各教練場時，本人參與團隊練拳，於收式時發養生太極拳自發動功，約10幾分鐘後收功。王總教練是第一位看懂我導引丹田之內氣行拳，獲得養生太極拳氣功和自發動功，且深知太極拳內功（內氣）的重要性，亦知此功為鄭子37式養生太極拳難能可貴的精髓，是曼青大師所說的：「煉精化氣，煉氣化神，煉神還虛，則可以通乎靈矣。」之太極拳自發動功。他要我撥時間來傳授太極拳同好研練這2種功，我答應準備資

料及寫好講義再說。但因多年來的年老視力減退，戴近視眼鏡看遠近，視力均正常，但看書寫字約 10 分鐘左右，雙眼即疲勞視力模糊，需休息待其恢復視力，才能繼續看書寫字，故不喜執筆。

2010 年（民 99）11 月，多年來的年老視力減退，經二位眼科診所醫師檢查更換眼鏡，仍然無法改善。2011 年（民 100）3 月 2 日經高醫檢查，結果為年老視力減退且近距離（看書寫字）雙眼無法對焦，故眼睛容易疲勞視力模糊，無藥可治，應多養生健身。

得知雙眼看書寫字視力易疲勞模糊的原因之後，我即以意導氣訓練雙眼對焦看書寫字，發現效果立即顯現，視力易疲勞模糊的現象逐漸改善。2011 年（民 100）3 月起功力大增，每次發功時，均有部分時間拍打按摩臉部及雙眼，並貫氣數分鐘。從此以後視力逐漸改善，至 7 月，多年的視力減退的毛病已恢復正常。便開始將我所悟得的點點滴滴和發功實錄記錄下來，再整理編輯研練太極拳氣功、養生太極拳氣功、太極拳自發動功的要點，歷經 4 年而成初稿。而此後發功時，亦常會作自療眼疾的動作，由此可證明自發動功的內氣能量，達到某種程度，就能自療某種疾病。

增強體能方面之見證：

雖年已 72 歲，但平日在佛寺當義工時，搬重物的能力仍勝過年輕人。2006 年（民 95）參加社團旅遊福建武夷山，本人年 66 歲，其餘 28 人為 40～58 歲左右。武夷山之天遊峰最高，全為花崗石，山面陡峭不長樹草，是用

人工鑿台階而上，共 2000 餘階。只有本人和一位委員年
45 歲，經常爬柴山的年輕人敢同登，其餘皆坐由雙人抬
的竹轎，從後山而上。本人則以跑石階方式測試體力和耐
力，該委員無法跟著跑，以一般爬山方式順階而上。因此
大家嘖嘖稱奇，從不爬山的老者竟能跑階登陡峭高峰，足
證練養生太極拳氣功能強身之功效。2013 年（民 102），
我已年屆 72 歲，11 月 20 日再參加社團重遊福建武夷
山，同團亦唯有一位經常爬登玉山等高山的年輕人與我同
行跑階上 2000 餘階高的天遊峰，但其速度仍然不如我。
通常年過 70 的老人，體力均在走下坡，難能有增無減。

　　2020 年（民 109）7 月，到原祿骨科醫院健檢照核磁
共振，院長問我，你已 80 歲了，你的腰脊椎骨猶如 50 幾
歲之強壯，你如何養生？我答曰：「勤修練太極拳內功
33 年，氣斂入骨純剛，所以現在仍能慢跑、急走，健步
如飛，一個呼吸 8 大步以上。」雖然年已 81，但體力仍
與十年前一樣，來學拳的五十幾歲年輕學生，仍無法推動
我的一隻手。由此可見證練太極拳氣功或養生太極氣功和
自發動功，能通經脈，增強五臟六腑器官機能，祛病強
身。

　　因此奉勸已學鄭子 37 式太極拳之同好，趁早多花一
點時間耐心研練。因研練太極拳氣功或養生太極拳氣功，
須靈靜鬆透，意、氣、拳架三合一，且必須以一念帶萬
念，同時意守丹田和四肢勞宮穴、湧泉穴等五個穴位，動
作緩慢，只用輕微的意念導引丹田之內氣運行四肢之勞宮
穴和湧泉穴，維持身體平衡，並無拙力。若持續行拳數小

時，身體雖會有熱熱的感覺，但只會微微出汗，不會口渴，亦不累，反而精、氣、神更增強，內氣能量更大，身心更覺舒暢無比，此功好處多多。

結　論

　　古訓「練武不練功（氣和意），到老一場空」，如果只練拳架子，則永遠無法獲得太極拳之精髓──太極拳氣功和養生太極拳氣功、太極拳自發動功。研練鄭子 37 式太極拳氣功和養生太極拳氣功、自發動功，首重內功之氣和意（氣功導引），外功之拳架子次之。練內功最重要的方法是勤練氣，呼吸必須練到每分鐘 1～4 次（詳見第壹篇），練意和意念導引丹田之內氣，循環周天及循環全身，練到能以一念帶萬念，行拳時除意守丹田外，還必須同時意守四肢之勞宮穴和湧泉穴（詳見第參篇）。

　　每天晨間先練氣和意，之後再練鄭子 37 式太極拳，並持之以恒，使丹田之內氣能量增強到內功高深的太極拳氣功的能量。拳藝至此境界，若欲轉修煉養生太極拳氣功者，行拳時只要眼神改為似閉非閉，下垂 30°，凝視前方手指和地面，全身鬆透，意守丹田和四肢之勞宮穴與湧泉穴，動作緩慢，每套拳 12 分鐘以上，並將丹田之內氣導引，運行於四肢之勞宮穴和湧泉穴，則全身立即會進入氣功狀態。這是一種身心介於清醒與睡眠之間的狀態，靜若禪定，此時當呼氣和吸氣，用意念導引丹田之內氣運行於勞宮穴之際，雙手掌心會因內氣之運行，而更鬆透，致握拳的手指頭，會略為往外鬆開。雙手掌和手臂，亦會因更

鬆透而劇烈振盪。同時運行到雙腳湧泉時，腳掌會因氣之運行，而更鬆透貼地，雙腿亦會因更為鬆透而劇烈振盪，故拳架式會自然的略為縮小。如果硬要以低姿勢大架式行拳，幾招過後，拳架子也會自然略為縮小。此時丹田之內氣會快速驟增，使全身氣動振盪得很激烈，舌尖在頂上齶處，劇烈振盪旋轉，唾液如泉水湧出，而身心已進入氣功靈動狀態。此時行拳是「心導氣行，身隨氣動」，招式動作的快慢和手法是隨氣而動的，亦即是「氣御身，身隨氣動」。故腦部的主意識不宜強加以控制行拳的動作，應順其自然，則整套拳架的姿勢如「行雲流水，渾然天成，奇妙至極」。至此，內氣能量電流頻率已下降至與副意識腦波頻率接近，而使副意識進入靈動狀態。此時已將進入太極拳養生自發動功之前奏，隨即由進入靈動狀態中的副意識主導一切動作程序。其研練要訣如下：

①全神貫注、無雜念（無思無念）、靈靜（靜若禪定）。行拳時，以禪定內觀視線下垂 45°～30° 的眼神，眼睛微張，凝視手掌勞宮穴或手掌，以免眼神為外景事物所轉，意念才能持續不斷的導引丹田之內氣行於四肢，身心很快就會進入一種介於清醒與睡眠之間的氣功狀態（詳見第拾貳篇之圖表說明）。

②全身鬆透，用意不用力，呼吸愈慢愈好，呼吸、拳架、意念導引須緊密合一。行拳時，呼吸和動作必須緩慢，每套拳 12 分鐘以上，如此行拳時，全身才能鬆透無拙力，才能有足夠的時間「心導氣行」。於呼氣時，緩慢的將丹田之內氣導引行於四肢勞宮穴和湧泉穴，持續不

斷；直到吸氣時，緩慢的將內氣導引回歸丹田，周而復始，則氣遍全身經脈、穴道、五臟、六腑和各器官。將立即感受到大量的氣血循遍周身的快感，且全身氣動振盪，這是「身隨氣動」。

③以一念帶萬念，除意守丹田外，必須同時意守雙手勞宮穴和雙腳之湧泉穴。意守和導引的意念不可太重，僅維持四肢平衡即可，不得有勁力和拙力，則全身經脈、穴道無阻力，只要意念導引內氣運行四肢，則氣遍周身。當全身振盪進入氣功靈動狀態時，意念仍必須持續不斷的導引丹田之內氣行拳，直到內氣驟增達到自發動功之能量，和頻率降到與副意識頻率相同時，副意識立即進入靈動狀態，由靈動狀態中的副意識接手主導自發動功之程序。

④行拳時，當意念導引丹田之內氣運行於四肢之勞宮穴和湧泉穴時，若能在舌頂上齶之處，同時舌尖右旋轉，則運行之內氣立即變成螺旋氣團，能量立即驟增，全身振盪加劇，身心進入氣功狀態，而促使舌下腺、頸下腺、腮腺分泌的唾液增多，這是因為舌頂上齶，舌下有兩條神經，謂之陰陽，為透心腎之神經，所以舌頂上齶，有二條神經帶動心腎相交，如道家所說的：「雙龍取水，下吸海底湧泉水，上接天河甘露水。」尤其內功高深者行拳若進入氣功靈動狀態時，內氣能量會快速急遽增強，舌尖會劇烈快速旋轉，甚至跳動，且海底湧泉水和天河甘露水猶如泉水般的從舌下腺、頸下腺、腮腺湧出唾液，禪靜的眼神似閉非閉，尤其雲手時，內氣能量驟增至最高峰，雙眼自然閉合，滿臉笑容似的心境，渾身氣血奔騰，猶如騰雲駕

霧，舒暢無比。故研練養生太極拳，不會口渴，不必攜水解渴，這是古煉丹家所謂「玉液還丹」。

⑤鬆透禪靜的程度與內氣能量的增長密不可分，兩者是一體的，能無止境增長。中華國際薪傳鄭子太極拳創會長鞠老師看完我編寫的《新發現鄭子 37 式養生太極拳氣功和自發動功》初稿後，告訴基金會秘書李策兄曰：「書的內容寫得很好，帶他來見我。」民 102 年元月 22 日下午三時，承蒙召見，並當面稱讚書的內容很好，又說：「我沒有教你這樣詳細，你怎麼知道如此深入。」吾曰：「是老師好友曾盛初警官於 1993 年（民 82）深入指導的。」且要我在客廳打拳，讓其觀察指示，本人為表現養生太極拳氣功和自發動功的精髓，全身鬆透禪靜，從起勢即進入氣功狀態至自發動功收功，約 50 幾分鐘。老師雖高齡 90 幾，卻細心觀察後指示：「你修煉的養生太極拳氣功，就是鄭曼青大師所曰之『煉氣化神，煉神還虛，則可以通乎靈矣，的太極拳自發動功』，你打拳還要再鬆，愈鬆氣功能量愈強，愈靈靜，愈快進入煉神還虛，成果愈神奇奧秘。」令我感激萬分，我遵照指示，專心研練，經數月每日晨間專心研練。鞠老師的指示終於令我悟透，研練養生太極拳鬆透禪靜的功夫是終身之課程，無時間表，無止境的。鬆到何種程度亦無規範，也是無止境。內氣能量之增長程度亦無規範，隨鬆透禪靜的程度而增長，亦能無止境的增長。更加一分鬆度，可增一分的內氣能量，是真理也。

論太極拳和養生太極拳內功秘訣

　　太極拳祖師張三丰說：「練武不練功（導引、吐納術），到老一場空，道為本，技為末。」道為修練導引（意導氣行）與吐納（丹田呼吸）和心靈，技為拳架子，也就是告訴大家「以意領氣」的練氣道功，不必拘泥於招式多寡，要練成太極、武術、氣功一體。其實宗師是武林高手，先在五台山修，後長居武當山修道，繼承導引與吐納之術和靈修，宗師遺訓曰：「無極為太極之母，即萬物先天之機，動靜相因，修太極之道，延年益壽，欲天下豪傑，延年益壽，不徒作技藝之末也。」太極拳為內功拳、道功拳，是有內功的拳術，其拳分內功和外功二部分，內功為意與氣，外功為拳架子，意、氣、拳三者內外結合為一，才是真正全套太極拳。

　　近代很多太極拳內功高深者，將練內功的訣竅，認為秘訣而不傳，以致喪失益世功能，殊為可惜，故現今太極拳雖流行很廣，但知道必須修煉意與氣之內功者，誠少之又少，大多數均只盤拳架，練拙力、蠻力、打空拳，故將有修煉內功者，稱為太極拳氣功（內功）以之區別。

　　太極拳修練的主旨，以現代人而言，以養生為本，不言禦敵之術，而追求養生之功效，要內固精神外示安逸，培養內氣，運化周身，達到煉精化氣，煉氣化神，煉神還虛，返本還原，循環無端。

　　太極拳的功夫是漸進式的，必須煉意、煉氣、煉拳三

者同時進行，日日、月月、年年勤習之，當功夫有基礎之後，再經老師詳細的口傳面授，以比喻和示範一些動作，形容其氣勢禦敵，慢慢體悟，而非三言兩語就可了事的，也非筆墨所能描繪的，其初階功夫為煉體固精，進而煉精化氣，第三階為煉氣化神，最高階為煉神還虛，此階就是鄭曼青大師所謂之「煉精化氣，煉氣化神，煉神還虛，則可以通乎靈矣（太極拳自發動功）」（《鄭子太極拳自修新法第十三篇》第 14 頁），此功極難不易，須有恆心與毅力，勤修苦煉養生太極拳氣功（內功）方可功成，此功是太極拳的最高深神奇奧妙之境界。

大凡太極拳或養生太極拳其外功拳架之基本功法，均相同無異，內功之氣的丹田逆呼吸、湧泉呼吸，和意的意念導引丹田內氣循環大小周天，亦相同一致，並無差異，必須太極拳內功修煉到深厚達高階之後，才能兼修煉或轉修煉養生太極拳。

欲獲得太極拳內功，必須練意、練氣、練拳三者結合而為一，日日練，久久習之，三年後方能獲得初階太極拳氣功（內功），行拳時，因氣運行全身四梢，而使手足熱熱麻麻，有時會放屁、打嗝排穢氣，每日排便 1～3 次，精、氣、神增強。勤而繼之，內功日日增長，再過數年就能獲得高階太極拳氣功（內功），「勤」字是無止境的，愈勤修煉，功夫愈快速深厚，是無止境的，尤其鍛鍊推手者，更能體悟個中奧妙，吾師一再指示「意、氣、拳修練到鬆空而不潵，鬆靜沉無止境，功夫亦能無止境的深厚奧妙，切記」。

已獲太極拳內功深厚高階者，若不參加太極拳比賽和鍛鍊推手，而欲兼修煉或轉修煉養生太極拳氣功（內功），以達到曼青大師所謂之「煉氣化神，煉神還虛，則可以通乎靈矣（太極拳自發動功）」者，必須從拳禪合一的動禪下工夫。古聖賢詩曰：「習拳渾似學參禪，竹榻蒲團不計年，直待自家都了得，等閑拈出便自然。」行拳時身心靈靜，無雜念如禪坐，眼觀鼻，鼻觀心，心自在，攝心歸一，五蘊皆空，亦即《金剛經》曰：「應無所住而生其心。」將目光炯炯平視前方手指的眼神，改為意念輕靈，眼神似閉非閉，下垂 30° 凝正前方手掌和地面，呼吸和動作鬆、柔、慢、勻、靈巧，此為太極拳和養生太極拳兩者相同和相異之處，茲細述如下：

1. 兩者之內外功的練法、功法和要求均一致，此為相同之處

太極拳為內功拳，整套太極拳分內功和外功二部分，外功者是有形看得見的拳架子，內功者氣之丹田逆呼吸、湧泉呼吸和意之意念導引丹田內氣周天循環，二合一是也，內功是無形的內炁，是無法從外表看得出其高深神化之功力，必須內功修煉高深者，方能觀知，吾師說：「只練外功之拳架子，練拙力、呆力，而不練意與氣之內功，則為太極空拳，太極操。」中華民國太極拳總會前理事長，台灣太極拳國際盟主席，張肇平台大教授說：「練太極拳，如果只法全盤架子，那只是死招、死架，如果無意識導引的動作，只知配合自然呼吸之氣而練，則其所得到的功夫，那只是呆力、蠢力，有若夢中打蚊子（空砲

彈），不能稱為真正太極拳，必須練意、練氣、練形三者緊密結合同時進行。」

初學者練外功拳架時，應同時分開練內功之氣的丹田逆呼吸、湧泉呼吸（詳見第壹篇），練到氣沉丹田，呼吸細、長、深、勻、鬆、靜，似有似無，一分鐘，一二次，和練意之意念導引丹田內氣循環周天（詳見第參篇），練到身心靈靜禪定，無雜念，意聚氣聚，專氣致柔，意導氣行而化之為「神」，煉精化氣，煉氣化神，氣斂入骨純剛，氣隨意行，能以心行氣，以氣運身達四梢，意到氣到神力到，則內功之意氣已成。

拳架必須日日練，久久習之一年以上，練到純熟後，先加上呼吸法配合，曼青大師曰：「氣合則形開『為吸』，兩手隨氣浮起，手下降則反是，氣開則形合『為呼』，浮沉開合，俱根於此，由立正而預備，一變也。起勢兩臂提起時，『吸氣』，兩腕背上突，若水中浮起，手指下垂，為形開氣合，二變也，提至兩腕平肩時，『呼氣』，又復行氣舒指，筋絡似若不張不弛，為形合氣開，三變也。手臂收回時，『吸氣』，腕肘摺疊至胸前，其時指又下垂，為形開氣合，四變也。兩臂將復下降時，『呼氣』，兩腕若沉沒水，指尖俱若飄浮水面，為形合氣開，五變也。兩臂降至胯旁歸原同於預備，六變也」。

拳架勢的每一個動作，都要與呼吸有一定節奏的自然規律配合，形開則氣合為吸，形合則氣開為呼，上起為吸，下落為呼，提、擎、舉起為吸，下放、摔出、放出為呼，屈為吸，伸為呼，仰為吸，俯為呼，來為吸，往為

呼，入為吸，出為呼，退為吸，進為呼，收為吸，放為呼，蓄為吸，發為呼，化為吸，打為呼，引為吸，擊為呼，虛為吸，實為呼，陰為吸，陽為呼，柔為吸，剛為呼，動步轉身及各式過渡之時，可以加一小呼吸，小呼吸者，即呼吸不長，又呼又吸，而含有稍息之象也，該吸則吸，該呼則呼，而均須以意導之，一點也不能勉強做作，呼吸要細、長、深、勻、鬆、靜，動作要鬆、柔、慢、勻、圓、整。

　　當呼吸與拳架動作練到自然融合純熟後，再進一步加上以意念導引動作和呼吸，同時意守丹田、雙手勞宮穴和雙腳湧泉穴等五個穴位，以心行氣，用意念導引丹田之內氣，呼氣時，氣行於周身四肢，吸氣時，氣回歸丹田，且氣貼背，依太極拳之拳架配合呼吸與意念導引運氣之心法篇勤練，動作和呼吸愈慢勻愈好（參加拳賽者依規定練），目光炯炯，眼睛平視前方手指，並且每招勢都要加上假想敵，勤練三年以上，則可獲得初階太極拳氣功（內功）。持續勤修煉，則功夫逐漸增長，五年以上（視勤修煉的程度而增減）內功深厚者，打拳就能神拳合一，「心導氣行，身隨氣動」，由意動而後內氣動，而引領外形動，由內而外，內外合一，身心進入氣功狀態，若行拳時，意念愈重，眼睛平視前方手指，則神愈旺，目光炯炯，心導之氣愈剛，則動作與勁力愈剛強敏捷，謂之神速無窮，勁如鋼鐵，無堅不摧，故行拳氣勢磅礴，如騰雲霧，意到氣到神力到，剛柔並濟，隨心所欲，用意不用力即有鬆柔掤勁。若意念愈輕，則呼吸和動作鬆、柔、慢、

匀、靈巧，手掌和手臂會微微氣動，是為獲得高階太極拳氣功（內功）。

意與氣之合謂之勁，氣隨意行，神可挾氣而行，是神速神力，勁是由意發，故意愈重，勁道愈神速剛強，手掌往前衝謂之神勁，有煉推手內功高深者，發勁可放人丈尋之外，更能體悟其中之奧妙，若意念輕靈，則氣遍全身循環，不但不消耗內氣，反而增強內氣能量。

2. 意念輕與重之別，呼吸細、長、深、匀之別，動作鬆、柔、慢、匀之別，眼神平視與下垂 30° 之別，身心靈靜禪定之別，此為二者相異之處。

練太極拳氣功（內功）者，行拳時眼神目光炯炯平視前方手指，氣勢磅礡的，其用意較練養生太極拳者重很多，運行之氣較剛強，動作亦較快捷有制敵之神勁，意到氣到神力到，用意不用力，但其用意較養生太極拳為重，故呼吸細、長、深、匀和動作鬆、柔、慢、匀的程度，不如練養生太極拳者的鬆空，且會消耗一些內氣，身心只能無雜念、意聚、氣聚，故只能達到煉精化氣，煉氣化神，氣神一體，以心行氣，氣運周身達四肢，神拳合一，無法進入動禪之境。

研習太極拳者，必須修煉到高階太極拳氣功（內功）之後，才可兼修或轉修養生太極拳，而修煉養生太極拳者，行拳時，眼神是似閉非閉下垂 30°，凝視前方手掌和地面，其用意輕靈，行氣鬆柔，身心鬆空、靈靜、禪定，猶如禪坐，拳禪合一，呼吸細、長、深、匀、鬆、靜，動作鬆、柔、慢、匀、靈巧、空透，心導氣行，身隨氣動，

猶如行雲流水，楊柳隨風搖曳，氣勢磅礡，用意而不用力，因鬆空鬆無，無形無象，全體空透，因而使內氣增強，腦波頻率下降到氣功靈動狀態，全身氣動振盪，內氣隨拳架勢在全身所有百脈經絡穴道循環，帶動五臟六腑各器官運動運轉，促進機能增強，這是養生太極拳，修煉鬆柔的氣功（內功），煉氣化神，煉神化虛，養生修心，與太極拳修煉剛強，無堅不摧氣功（內功），煉精化氣，煉氣化神，禦敵強身，兩者相異。

3. 動與盪的運用之別

汽車的引擎加油運轉後，車子才能走，練拳亦是同一原理，必須先意動，而後內氣動，而後引領外形動，即先運氣而後領導外形動。

練太極拳時，「呼氣」，以意念導引丹田內氣，鬆沉後實足湧泉穴壓地，接地之力（反作用力），往前動推發勁，為運而後動，一直動推到前足踏實，故呼為動，隨即「吸氣」，運氣鬆沉前實足湧泉穴壓地，接地之氣，盪回後足，一直盪到後足坐實，故吸為盪，是為運而後動，動而後盪回，周而復始，亦即動之餘力未定曰盪，盪未定而又與動相接連，正在動而至於盪，盪又接上動，動盪兩者之間，決不可間斷，如稍有間，即為斷，此為太極拳之關鍵，其架式動作中，帶有剛勁且鬆柔，剛柔並濟，是為有勁道的太極拳。

而養生太極拳則不同，為運而後動盪，「呼氣」，以意念輕靈的運氣，鬆沉後實足湧泉穴壓地為動，接地之力（反作用力）為盪，不發勁力，輕柔鬆空的往前盪推，一

直至前足湧泉穴踏實，隨即「吸氣」，以意念輕靈的運氣，鬆沉前實足湧泉穴壓地為動，吸地之氣（反作用力）為盪，輕柔鬆空的往後盪回後足坐實，其架式動作中，為極致輕靈鬆柔而微剛，是無勁道而極致鬆柔空透的養生太極拳。

4. 動功與動禪之別

太極拳氣功為「動功」，練動功都是使一整套固定的招式，直接引導內氣在特定的氣路中運行，所以發展的是這些招式相應的聯合氣路，數量很有限，難以達到高級的境界，若是光練與肢體有關的動功或武術，只會重點發展下半身和腹部下丹田及胸部中丹田的經脈穴道之相關氣路，很難更上一層樓發展頭部上丹田的經脈穴道氣路，只能達到煉氣化神，幾乎沒有人能光練「動功」而達到很高的境界，煉神化虛，也不能發展出特異功能，所以自古以來就有這樣的說法「練武不練功（導引、吐納），到老一場空，道為本技為末」，又說「練拳要練到拳無拳，全身是拳，無拳是真拳。氣要練到氣無氣，全身是氣，無氣是真氣。意要練到意無意，無意方為真意。」這就是要我們練太極拳，要修煉到意、氣、拳三者皆鬆柔透空，不執著，拳意禪心的「動禪」的養生太極拳之最高境界。

因而煉動功或武術有成的人，都兼修煉靜內功和禪坐，又稱「動禪」，一般來說越高級的「動功」，越接近靜功，亦即招數越簡單，意念越輕靈，呼吸和動作越鬆、柔、慢、勻、靈巧，眼神下垂禪靜，身心鬆空，以拳載道，天人合一，拳禪一體，而且內氣所走的氣路，比較集

中在上半身腹、胸和腦部，容易入靜，腦波頻率以阿爾法波 8～13 赫茲最佔優勢的氣功狀態，而且隨著內功能量的增強，腦波頻率逐漸下降。

內功高深者，在煉功時，腦波頻率可下降到睡眠狀態的波段範圍 7 赫茲以下，一直保持在極佳的氣功靈動狀態，煉神化虛，謂之「動禪」，這是由高階太極拳氣功的「動功」，轉為「動禪」，心導氣行身隨氣動，煉神化虛的養生太極拳氣功。

楊式太極拳大師楊澄甫曰：「太極拳是動中求靜，動靜合一，故練架子愈慢愈好，慢者呼吸深長，氣沉丹田，自無血脈賁張之弊，學者細心體會，庶可得其意焉。」這是提示太極拳可修煉到，意念輕靈禪靜，呼吸細、長、深、勻，拳架鬆、柔、慢、勻完整一氣，拳禪合一的「動禪」之養生太極拳。

曼青大師曰：「此僅言煉精化氣，煉氣補腦（煉氣化神）而已，更有進乎此焉，煉精化氣，煉氣化神，煉神還虛，則可以通乎靈矣，此余所未能也。曹子曰，止矣，可以聞而知之，有此理必有此事，留證於異日可矣。」（《鄭子太極拳自修新法》第十三篇 14 頁）這就是大師提示我們，其研創之鄭子太極拳，可以轉修煉養生太極拳，而進入「動禪」，達到煉神還虛，則可以通乎靈的「太極拳自發動功」，也就是古道家，靜坐、禪坐煉神化虛，煉虛合道的修行和煉內丹功的最高神秘奧妙境界。

禪坐是「靜功」，可以使人神經系統鬆馳，身心靈靜禪定，使腦波頻率下降到副意識的腦波頻率，打拳是「動

功」，動、靜是相反的，禪坐是靜功，要進入禪定的「靜禪」，煉神化虛，是不易的事，相反的打拳的「動功」，要進入禪定靈靜，拳意禪心，拳禪合一的「動禪」，煉神化虛，更是難上加難，極為不易之事，若加上禪坐功夫，則可加速拳禪合一，進入「動禪」，煉神化虛之境。

曼青大師的提示，就是告訴大家必須修煉太極內功，煉精化氣，煉氣化神，內功高深者，可以兼修或轉修煉動禪的養生太極氣功（內功），可以達到「煉神還虛，則可以通乎靈矣」。

本人三十餘年來，用心尋師指導，細心研讀太極拳和氣功諸大師之著作，攝取重點，加以研究探討，終於在2004（民93）年習禪坐時體悟到，王禪老祖玄妙真經曰：「以靜為體，以空為用，自在如如，湛然常寂，目於無極之靜，等乎太虛之清。」

故研練養生太極拳時，必須無雜念，攝心歸一，靈靜禪定，猶如道家、佛家之禪坐，眼觀鼻，鼻觀心，心自在，五蘊皆空，眼睛似閉非閉，眼神下垂 30° 凝視前方手掌和地面，則能自然的進入禪靜之中，行拳就能拳禪合一，以心行氣，以氣運身，身隨氣動，由內而外，進入初級階段煉神化虛的「氣功狀態」，因意念與呼氣和動作輕靈、鬆柔、慢、勻完整一氣，意聚氣聚，專氣致柔嬰兒乎，全身鬆空，內氣能量驟增，氣運周身的電能量頻率，下降到與地球磁場電能頻率接近，而產生激盪，致身手強烈氣動振盪，拳架手勢是隨氣而行的，與原形略異，是為心導氣行，身隨氣動的最高境界。

　　再勤練數年後，就能進入煉神化虛之中級階段，「氣功靈動狀態」，因內氣更深厚，除雙腳湧泉穴貼地外，全身劇烈氣動振盪，部分拳架手勢與原勢差異很大，眼睛自然閉合，腦波頻率下降到與副意識（本靈、阿賴耶識）接近，而由副意識主掌動作，再持續勤練數年後，打拳若能拳禪一體，身心進入動禪之中，就能煉神化虛，於收勢之時，心神完全化虛通乎靈，由副意識主導自發動功的程序，此即達到曼青大師所曰之：「煉氣化神，煉神還虛，則可以通乎靈矣。」亦即「太極拳自發動功」。

　　至此煉神化虛的最高階段程度，是可由心意來控制的，因氣隨意行，意愈輕靈則氣愈鬆柔，腦波頻率愈低，煉神化虛的階級愈高，會自然使出自發動功，意愈重則氣愈剛強，腦波頻率愈高，煉神化虛的階級愈低，只會進入氣功狀態，而不會進入自發動功之境，故養生太極拳氣功的，氣功狀態、氣功靈動狀態、自發動功等三階段的程度，是隨心所欲而可控制的。

　　太極拳和養生太極拳，其基本功法、姿勢、練法均一致，無有差異，但必須獲得太極高級氣功（內功）之後，才可以兼修煉或轉修煉養生太極拳，只要行拳時，將眼神改為靈靜下垂 30° 凝視前方手掌和地面，攝心歸一，心神如禪坐靈靜禪定，意念和呼吸與動作，要極致輕靈、鬆、柔、慢、勻、空透，拳禪合一，一套拳 12 分鐘以上，則可達到動禪煉神化虛，而且養生太極拳氣功，增強五臟六腑器官機能、袪病養生之功效，較太極拳氣功為佳。

5. 內功養生與長壽

我們應正確理解，生命在於運動，而運動不等於長壽，長壽是由體質的先天基因和後天調養決定的，每個人的身體器官機能、免疫功能等基因不同，適合自己的運動才是最好的，因為心率和壽命成反比，強烈威猛的運動，導致新陳帶謝加快，細胞分裂和老化，也必然加快。

例如笨重的大象，行動緩慢，心率每分鐘 40 次，平均壽命 80 歲，烏龜行動緩慢，心率每分鐘 10 次，壽命百歲以上，虎、豹、獅子凶猛，壽命只有 20 年，世界上有名的威猛運動選手，壽命也不長，長壽在於靜養之道。張三丰祖師曰：「欲天下豪傑，延年益壽，不徒作技藝之末也。」故不宜狂奔、狂跑、狂跳，而宜瑜珈、太極拳氣功，急走、禪坐……等等較鬆柔的運動，太極拳和養生太極拳內功秘訣，就是詳述養生在動，養心在靜，心不清靜，思慮妄生。心神安寧，病從何生，閉目養神，靜心益智，知足常樂，無求常安，及修煉導引和吐納之術，使呼吸細、長、深、勻、禪、靜，動作鬆、柔、慢、勻、圓、整一氣，五臟六腑機能增強，精、氣、神旺盛，使心率慢勻平穩，延年益壽，所以鄭子 37 式養生太極氣功之拳意禪心，天人合一，煉氣化神，煉神還虛，是身心禪靜養生之道，而益於長壽。

6. 拳經拳論及諸大師的名著，內容極為深奧，若無名師教授內功和外功訣竅，待築基已備，是無法看懂、理解、體悟其深義。

吾經吾師教授內功之意與氣和拳架的基本功法之後，

築基已備，方能看懂拳經拳論和諸大師名著的內涵，而深入研究、理解、體悟，參拾幾年來已研讀多本書籍，體悟摘取重點融入拳術後，書就贈於同好參考，近十餘年，因王老師要我傳授太極拳內功秘訣，故留存十四本，均鼓勵學生借取研讀，互相切磋。

茲將勤修苦煉內功的方法細述如下：

（1）多練築基

太極拳首先要從練意，練氣，練拳架、練站樁同時下工夫，勤修苦練達到嫺熟，再依太極拳的拳理，拳法和意導呼吸與動作開合行氣的規律，意、氣、拳三者緊密結合為一勤練，打拳千遍其理自現，築基穩固。

（2）尋師指導

為了準確掌握太極拳功夫要領，要尋太極拳內功高深的名師指導，邊學邊問，多問修煉內功的訣竅，多揣摩體會，以便深入理解內功秘訣，以求解惑。

（3）多看書

祖師的拳經拳論極為深奧，須經名師指導，打好意、氣、拳三者築基，再從盤拳中，用心體會拳理，才能看懂太極拳內功高深者的著作，而茅塞頓開，找到通往修練太極拳內功的門道。

（4）多切磋研究

當太極拳之內外功勤修苦練功成，然後在紮實的拳理，拳法和內功的基礎上，與同好互相切磋研究，深入體悟，從練拳中悟得拳神合一，進而拳禪一體，修練太極拳氣功之真諦與養生太極拳氣功的奧妙。

論 太極拳
養生太極拳 內功(氣功)秘訣圖解

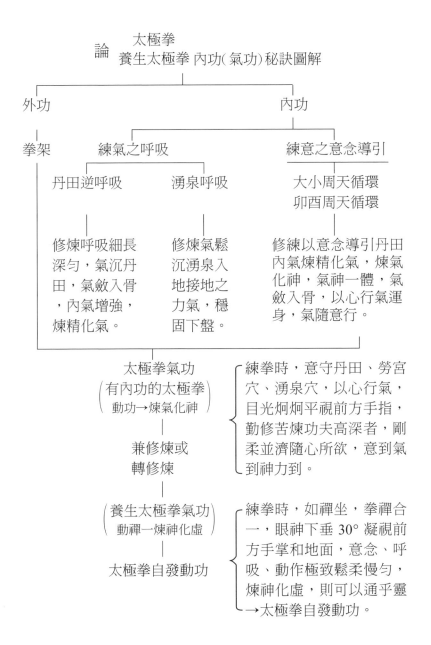

外功 ──────────────── 內功

拳架　　練氣之呼吸　　　　練意之意念導引

丹田逆呼吸　　湧泉呼吸　　大小周天循環
卯酉周天循環

修煉呼吸細長　修煉氣鬆　修練以意念導引丹田
深勻，氣沉丹　沉湧泉入　內氣煉精化氣，煉氣
田，氣斂入骨　地接地之　化神，氣神一體，氣
，內氣增強，　力氣，穩　斂入骨，以心行氣運
煉精化氣。　　固下盤。　身，氣隨意行。

太極拳氣功
（有內功的太極拳
動功→煉氣化神）

兼修煉或
轉修煉

練拳時，意守丹田、勞宮
穴、湧泉穴，以心行氣，
目光炯炯平視前方手指，
勤修苦煉功夫高深者，剛
柔並濟隨心所欲，意到氣
到神力到。

（養生太極拳氣功
動禪一煉神化虛）

太極拳自發動功

練拳時，如禪坐，拳禪合
一，眼神下垂30°凝視前
方手掌和地面，意念、呼
吸、動作極致鬆柔慢勻，
煉神化虛，則可以通乎靈
→太極拳自發動功。

壹

論太極拳內功
之練氣秘訣

（呼吸調息氣功心法）

　　古道家修煉內功祕訣：「息調則心定，心定則息愈調，回光返照，凝神丹穴，真息往來，呼吸之機，自能奪天地之造化，心息相依，是調息之根，命之蒂也。」

　　太極拳祖師張三丰太極煉丹秘訣說：「神抱住氣，意繫住息，在丹田中婉轉悠揚，聚而不散，則內之氣與外來之氣，交結於丹田，一出一入心息相依。」

　　明代趙台鼎《脈望·卷七》的內丹功之築基修煉要點有說：「採混元未判之氣，則覺一物如黍大，落下丹田，而今日之丹成矣，然後出息綿綿，合於自然，常常顧戀之，不可須臾離也。專氣致柔，抱元守一，默默成功，用於百日。煉精化氣，填平缺陷，謂之築基。」

　　這就是練丹田逆呼吸使氣沉丹田之法。

　　曼青大師曰：「然學者，對於煉氣（丹田逆呼吸）應從何著手？有何步驟？庶可以其效能。茲舉余所知者，約述梗概，丹田逆呼吸以氣沉丹田為先，為煉氣之初基，丹田位於腹中，低於臍下一寸三分，先以意導引，心與氣相守，緩慢吸入丹田，稍使逗留，由丹田緩慢呼出，沉氣要緩緩逐漸而下，不可太驟，太驟氣浮起，其訣為細長靜慢，久久漸能宿氣。初學氣沉丹田逆呼吸不易，久久習之，未可量也。丹田者氣海也，其能喻之謂海，則其容量，載力大且深，則可知之矣。氣若能歸海，日積月累而弗輟，三年有成，可吞天地之氣，則必大有可觀者矣，既能嫻習，則謂意氣君來骨肉臣，至此則築基功夫已，為太極拳內功二階一級。」

　　丹田是腸與腸相連網膜中之皮囊，並無路徑可通，後

天氣不可達，先天炁亦必須修煉，我們吸進來的是空氣，可是體內器官所吸取的，是空中所含的氧氣和能量，再轉化為精，再經丹田逆呼吸修煉轉化為炁（煉精化炁），而沉到丹田，炁沉丹田而又自能運化周身（煉炁化神）。若不經修煉而能達到氣沉丹田又自能運化周身，那有什麼可貴之處？

故曼青大師曰：「心與氣相守於丹田，猶置火於釜底，使釜之水乃於滾沸，漸漸可以化炁（煉精化炁），其炁之熱譬猶電然，電之能透度乎水土及金屬，莫不能禦，況尾閭、脊骨，而達乎頂，布乎四肢補腦（煉炁化神），灌溢乎骨中，炁斂入骨，則骨純剛，無堅不摧。」（《鄭子太極拳自修新法》）

氣沉丹田，呼吸細、長、深、勻、鬆、靜，並非嘴巴說說就可得，必須勤修苦煉丹田逆呼吸調息法亦即呼吸法。練氣不外乎練呼吸，達到深沉、細長、均勻、鬆靜的呼吸，其目的要你進入微弱鬆沉的呼吸狀態，使神內斂，氣鬆沉丹田。所以氣功者，講究龜息，講究冬眠的呼吸法。因人高度放鬆入靜，血脈不會賁張，內氣會自動調節身體器官的多種功能。在氣功狀態中人的吸氧率、利用率和儲存率均可增強，所以，練太極拳氣功的人打拳不會累反而功力高增，尤其練養生太極拳者，更能悟到。

太極拳以丹田逆呼吸為主，習拳架時，同時分開練氣之丹田逆呼吸、湧泉呼吸法。當拳架練到嫻熟後，再與呼吸法配合練，每一個動作都要在意念的導引下與呼吸有一定節奏的自然結合。其練氣法（調息法）如下：

一 丹田逆式呼吸法

（一）簡述

①練時必須空腹，最好是早晨，在樹蔭下或沒有陽光照射的地方，雙腳分開與肩同寬。

②雙手掌中指尖頂住肚臍之下三個手指頭之處（一寸三分）的下丹田中心點。胸微陷，背微弓。

③舌頂上齶閉上雙眼，全身放鬆，攝心歸一，將注意力集中在丹田和中指尖。

④吸氣時，意想丹田採吸前方的外氣。心與氣相守，以意領氣，慢慢進入丹田，猶如氣入山洞，小腹慢慢自然向裡回收凹陷。初學者並同時提肛，以增強丹田往後縮收之力，雙手中指尖協助微微內壓上半身微前傾，下丹田的內氣上升胸腔，吸到無限，但要留一點力，不要憋氣，稍使逗留。

⑤呼氣時，隨之鬆肛，意想胸腔的內氣，緩慢下沉丹田，氣自丹田向外呼出，小腹自然膨出，上半身恢復原狀，以意領氣慢慢鬆沉丹田，而丹田往前膨脹。呼氣的狀態是沉魚落雁，自由落體，慢慢鬆放，呼到不存，但要留一點力，初學者膨脹到開始的原位就停，換為吸。勤練一年後才可增加膨脹的力道，吸氣時，丹田凹陷愈緩慢、愈深、愈好，呼氣時，丹田膨出愈鬆沉、愈緩慢、愈膨脹、愈好，從而形成丹田部位的起伏開合逆呼吸，收功時要把氣息收穩於丹田。

⑥初學者，腹膜肌彈韌性不強，膨脹度可不必過分求之。每天練的呼吸次數漸漸增加，慢慢練就好，只求呼吸自然，周身舒適即可，否則屏壓抑制，勉強便硬氣降沉田，勢必易入歧途。一年後即能順暢，胃腸機能增強，便秘消除，大便增為每天1～3次之最佳功能。

（二）詳述

丹田逆呼吸亦稱胎息、真息、龜息、吐納術，是氣功練到高深階段的一種呼吸法，如胎兒在母腹中的呼吸。這種呼吸法的頻率比自然呼吸的頻率要低得多，每分鐘可以練到只有1～4次。

具體練法：

必須空腹，最好是早晨，在樹蔭下或沒有太陽照射的地方，雙腳分開與肩同寬，右手掌放在丹田，肚臍下方，三個手指頭之處，左手掌放在右手背之上。亦可用比較容易意聚、氣聚的方法，雙手掌中指尖頂住下丹田中心點。舌頂上齶（舌下有兩條神經，謂之陰陽兩竅，左邊的稱金津通心屬陽，右邊的稱玉液通腎屬陰，為透心腎之神經。故舌頂上齶，有兩條神經帶動心腎相交，道家曰「雙龍取水」，下吸海底湧泉之水，上接天河之甘露水。）閉上雙眼，全身放鬆，胸微陷，背微弓，則下腹鬆柔，丹田的伸縮較富彈性，則氣較易沉至丹田。但收練後要恢復正常，靈靜禪定，攝心歸一，將注意力集中在丹田心與氣相守，注其心力，才能專氣致柔，沉於丹田。

吸氣時意想丹田前方的外氣，慢慢進入丹田，或意想

丹田採吸前方外氣慢慢進入丹田，猶如氣入山洞（這是意念導氣而已，其實氣是由鼻子吸入的），小腹自然向裡回收，丹田慢慢往後縮收凹陷（初學者，吸氣時可以同時緩慢提肛，以增長吸氣時間和肺活量，呼氣時鬆肛，但熟練後，吸氣時不可提肛，全身才能鬆透。修煉到功夫高深時，丹田之內氣盈實，肛門被丹田內氣攝取而緊窄，使清陽上升，濁陰下降，滋榮百脈，平時就會自然微微鬆柔上提）。雙手中指尖協助微微內壓上半身微前傾，下丹田的內氣上升中丹田，擴張胸腔，吸到無限，但要留一點力，不要憋氣，稍使逗留。

呼氣（吐氣）時，意想胸腔的內氣，緩慢下沉下丹田，氣自丹田向外呼出（這是用意念導氣而已，其實氣是由鼻子呼出）。小腹膨出，丹田慢慢往前膨脹，上半身恢復原狀，呼氣的狀態是沉魚落雁，自由落體，慢慢鬆放，呼到不存，但要留一點力，從而形成丹田部位的起伏開合，但初學者，呼氣時丹田膨脹到開始的原位就停止，換為吸氣。只求呼吸自然，周身舒適而已，不得便硬氣。每天練的呼吸次數，漸漸增加，慢慢練就好，必須勤練一年後腹膜肌增厚，彈韌性增強，才可以增加膨脹力。

吸氣時，丹田凹陷，猶如氣入山洞愈緩慢、愈深、愈好，氣自然深入尾閭、命門、夾脊，斂入脊骨純剛，氣貼背，呼氣時，丹田膨出愈鬆沉、愈緩慢、愈膨脹、愈好。愈勤練則彈韌性和內氣愈強，可達到腹鬆淨氣騰然，續練數分鐘後收功，收功時要氣息鬆沉於丹田。

丹田逆呼吸是使氣沉丹田的唯一快速有效捷徑，且能

快速增強胃腸機能，勤練一個月以上便秘消除，大便變為每天 1～3 次之最佳機能。

其原理為胸腹中之氣，出自中焦可分為上下二層，俗稱先天氣與後天氣。吸氣時上層氣（後天氣）由鼻子吸入，同時下層氣（先天氣）由丹田逼上，因吸氣時丹田往後縮收，下腹變虛，而將存於丹田之先天氣往上提升至中焦（中丹田），擴張胸腔橫膈膜，使肺部擴張吸入後天之氣上腹變實。

呼氣時（吐氣），上層氣（後天氣）由鼻子呼出，同時下層氣（先天氣）反降入下丹田。因呼氣時胸腔橫膈膜縮收，上腹變虛，而將下層氣反降入下丹田，而使下丹田慢慢往前膨脹。小腹膨出，下腹變實，此意守丹田逆呼吸法之所以聚氣快，是因意守是虛心靜默，凝神在氣穴，順其往來，綿綿延延，勿令間斷，久之則神自凝，息自定，息定而氣聚，氣聚而丹成之故也。

吾人如果不知養生之道，丹田之內炁就如一儲存電量之電瓶一般，隨著歲月之流轉而漸漸消失電力，一直至老電用盡，三寸氣亦斷絕。若能將天地賦予吾身優越萬物之能，而知善予利用者，即可彌補人身失去之元真電源，而減緩衰老。

那如何補強元真之氣呢？唯有練丹田逆呼吸法，始能獲得氣功能量，增強體內元真之氣，此亦為練氣沉丹田的正確、快速方法。

此法練氣，氣在短時間內，就能練到氣沉丹田和意守丹田，及神內斂，氣斂入骨，氣鼓盪，專氣致柔，腹鬆

淨，氣騰然，煉精化炁（氣）且能輕易的獲得氣功。

初學者，是以鼻子的外呼吸，帶動丹田的內呼吸，由外而內，互以貫之，久久修煉之，三年有成，氣沉丹田築基已備，獲初級氣功。十年後功夫高深，內炁盈實鬆柔時，反而由丹田的內呼吸，帶動鼻子的外呼吸，是由內而外，精妙的胎息，自己亦不知覺有氣出入，並逐步達到呼吸深沉、細長、緩慢、均勻、高度鬆靜，若有若無之境界（一分鐘 1～2 次呼吸）是為神息相依，至此丹田之內氣能量無窮。

（三）丹田逆呼吸有四種訣竅

修煉丹田逆呼吸（胎息、真息、吐納、龜息）功成，才能使氣沉丹田，以心行氣、氣斂入骨純剛，內氣盈實，可極剛極柔，剛柔並濟隨心所欲，腹鬆淨氣騰然，增強五臟六腑機能，祛病強身，延年益壽，其訣竅依據吾師鞠鴻賓老師、曾盛初老師、王錦士老師，及《鄭子太極拳自修新法》，多本太極拳內功高深大師著書所論述之訣竅，和本人三十餘年來修煉的體悟，綜合成四種方法，此四種方法必須依序漸進，由第一階的風櫃練法，練熟後再進入第二階中級練法，練熟後再進入第三階練法，功成後再進入第四階高深精湛的氣通先天真息法。

早上或空腹時，在樹陰下或無陽光照射的地方，雙腳分開與肩同寬，雙手中指尖頂住下丹田中心，臍下 1 寸三分，閉上雙眼，靈靜、五蘊皆空，攝心歸一，應無所住而生其心，修煉如下：

第一階：

心與氣相守於丹田，吸氣，觀想（意想）丹田如風櫃，往後拉手把，緩慢採吸前面的外氣，丹田和小腹往內收縮，雙手中指尖隨之往內壓，上半身微前傾，同時提肛以增加內縮的力道，吸到不能吸，拉到不能拉，但要留點力氣，稍使逗留。

呼氣，肛門放鬆，觀想氣鬆丹田後，緩慢往前呼出，猶如將風櫃的手把緩慢往前推，風櫃的氣往前打出去，呼的狀態是沉魚落雁，放鬆緩慢的呼氣，像氣球緩慢的消氣，呼到不存，但要留點力氣，下半身和小腹恢復原狀，從而形成丹田部位起伏開合，周而復始。

第二階：

心與氣相守於丹田，吸氣，觀想前方外氣緩慢進入丹田，丹田和小腹往內收縮，雙手中指尖隨之往內壓，上半身微前傾，同時提肛以增強內縮的力道，氣一直進入丹田達脊背，吸到不能吸，但要留點力氣，稍使逗留。

呼氣，肛門放鬆，觀想氣鬆沉丹田後，緩慢往前呼出，呼的狀態是沉魚落雁，放鬆緩慢呼氣，像氣球緩慢的消氣，呼到不存，但要留點力氣，上半身和小腹恢復原狀，從而形成丹田部位起伏開合，周而復始。

第三階：

心與氣相守於丹田，吸氣，觀想前方外氣緩慢進入丹田，丹田和小腹往內收縮，雙手中指尖隨之往內壓，上半身前傾，同時提肛以增強內縮的力道，氣一直進入丹田達尾閭、命門斂入脊骨，吸到不能吸，但要留點力氣，稍使

逗留。

呼氣，肛門放鬆，觀想氣鬆沉丹田後，緩慢往前呼出，呼的狀態是沉魚落雁，放鬆緩慢呼氣，像氣球緩慢的消氣，呼到不存，但要留點力氣，上半身和小腹恢復原狀，從而形成丹田部位起伏開合，周而復始。

第四階：

心與氣相守於丹田，吸氣，觀想前方外氣緩慢進入丹田，如入山洞，越深越好，丹田和小腹往內收縮，雙手中指尖隨之往內壓，上半身前傾，同時提肛以增強內縮的力道，氣一直進入深洞，吸到無限，但要留點力氣，稍使逗留。

呼氣，肛門放鬆，觀想氣往後深沉再往前緩慢呼出，呼的狀態是沉魚落雁，放鬆緩慢呼氣，像氣球緩慢的消氣，呼到不存，但要留點力氣，上半身和小腹恢復原狀，從而形成丹田部位起伏開合，周而復始。

修煉至功成，進入氣通階段時，八次呼吸後，會慢慢進入氣通之先天真息，下丹田微微起伏開合，細、長、深、勻、鬆、靜的逆呼吸，一呼吸約一分鐘以上，十數分鐘後，自然進行氣通之湧泉呼吸。

二 湧泉呼吸法

湧泉呼吸亦稱踵息，這是武術內功（氣功）修煉到較高水準時的一種築基煉功呼吸法。古道家莊子曰：「真人（仙人）之息以踵，眾人之息以喉。」《太極拳體用歌》

謂：「湧泉無根腰無主，力學垂死終無補。」曼青大師曰：「氣沉丹田後，可由心驅遣，便使氣至胯至膝至踵，此即所謂至人之息以踵，為二階二級。」（《鄭子太極拳自修新法》第十三篇）。

夫踵若地基，身如大廈，地基不固，大廈難載，不知其法，焉能載身。湧泉呼吸法，可用最簡單實用的方法，具體練法如下：

（一）初階練法

練時必須空腹，最好是早晨，在樹蔭下或沒有太陽照射的地方。雙腳分開與肩同寬，右手掌心放在下丹田，左手掌心貼在右手背上，舌抵上齶，閉上雙眼，靈靜禪定，攝心歸一，將意念集中在雙腳掌湧泉穴。意想在湧泉穴呼吸，亦即意守湧泉穴，這是用意念將丹田內炁導引往下鬆沉而已，其實還用丹田逆呼吸。

其呼吸愈慢愈好，不論呼或吸，均須同時用意念，把內炁導引往湧泉穴鬆沉入地三尺。猶如練站混元樁時，雙腳入地三尺的意念。因湧泉穴和內炁往地下鬆沉，而使下盤穩固，愈練愈沉穩，猶如高樓大廈地基愈堅深愈穩固。此快速築基之功，習太極拳或推手者，必能深深體悟祖師之遺訓，其奇特奧妙之功效。

（二）高階練法

勤練初階功法五年築基已備，內炁已能隨意鬆沉湧泉穴，再進步修煉高階湧泉呼吸。

　　雙腳分開與肩同寬，右手掌心放在下丹田，左手掌心貼在右手掌背之上，舌抵上齶，閉上雙眼，靈靜禪定，攝心歸一，將意念集中於雙腳湧泉穴。意想在湧泉穴呼吸，亦即意守湧泉穴，這是用意念將丹田內炁導引往下鬆沉而已，其實還是用丹田逆呼吸。

　　其呼吸愈慢勻愈好，不論呼或吸，均須同時用意念把內炁導引往湧泉穴鬆沉入地丈尋，愈練入地愈深愈好，功夫高深者，會有鬆沉入地心的感覺。

　　吸氣時，會感覺湧泉穴和內炁鬆沉入地且與地心感應，湧泉穴吸取地心之能量或地心之氣，從腳跟上雙腿的後中心線，經尾閭入夾脊、命門回歸丹田，這是接（吸）地之氣。

　　呼氣時，會感覺湧泉穴和內炁鬆沉入地且與地心感應，湧泉穴與地心有一股強勁的感應力，亦即反作用力，上盪至雙腿的後中心線，經尾閭入夾脊、命門回歸丹田，這是接地之力。

　　勤修苦練後，練拳或推手時，一吸氣，就會感覺內炁和湧泉穴鬆沉入地，而接地之氣回歸丹田，且氣貼背，蓄氣待發，一呼氣，就會感覺內炁和湧泉穴鬆沉入地，而接地之力，反作用力，勁發於腿。

　　不論吸或呼腳根鬆沉穩固，有學生勤練數年後，告訴我，他已體悟到，若觀想內氣和湧泉穴鬆沉入地心，則下盤更沉穩舒暢。我答曰：「你已開悟有成了，將進入與地心感應了，且要將有意修煉到無意，無意是真意（意輕靈，氣神一體），神化矣。」

三　練氣（氣功、內氣）之捷徑

　　氣功（內氣）就是練吐納、練呼吸所獲得的成果。練氣功（內氣）時，必須全身鬆靜無雜念，心與氣相守於丹田，方知氣沉丹田與否，方可至柔，使身心進入一種介於清醒與睡眠之間的氣功狀態，全神貫注，用意念觀想導引，才會有立即而明顯的成效。

　　若欲使丹田之內氣（氣功）能量快速增強，則下列三種方法，可擇一勤練。

　　（一）

　　請於練意守丹田逆呼吸法練到純熟之後，當吸氣時，觀想丹田之內氣慢慢收縮成一點，呼氣時，觀想丹田之內氣慢慢膨脹得好大好大，動作愈慢愈好（吾師王總教練告訴我，只知道其師叔羅邦禎老師，亦有修煉此功）。

　　（二）

　　或者觀想，丹田是一朵大蓮花，吸氣時，觀想蓮花的花瓣慢慢的收縮成一朵未綻放的小花蕊，呼氣時，觀想小花蕊慢慢的長大，花蕊慢慢的綻放得好大好大，蓮花大如車輪，動作愈慢愈好。

　　（三）

　　或者觀想，丹田之內氣，吸氣時，反時針方向左旋轉，慢慢的聚集成一個小球，呼氣時，觀想丹田之內氣，順時針方向右旋轉，如颱風眼般慢慢的旋轉增強，擴大得好大好大。

　　因為我們練氣是要配合研練養生太極拳，所以要練柔

氣功，因此呼吸要深沉、細長、緩慢、均勻、高度鬆靜，每天只要練 20 分鐘，一年後，丹田之內氣會變得飽滿，數年後，內氣會更為硬實飽滿，可極剛亦可極柔，剛柔並濟，隨心所欲，可用拳頭捶打測試。

四　結論

（一）

上述呼吸調息法，是練氣功、內功的心法，只要勤練，必能獲得強大的氣功、內功能量。且氣是隨意導而化之（變化）的，意重則呼吸快而短，氣為剛，意輕則呼吸細長，氣為柔，剛柔並濟，隨心所欲。

練氣亦即同時練意，意與氣之合為內功，是不可分的一體二面，缺一不可。若我們要練的是配合養生太極拳的柔性氣功，則呼吸和動作愈輕靈緩慢愈好，但請注意，女生在月經期間，懷孕期間，生產期間，必須停練，手術後三個月才可以練，咳血、咯血、便血、胃出血等病，須停止出血後三個月視情況決定。

（二）

呼吸緩慢，可以影響自律神經，使腦波頻率下降，使身心靈靜。因此呼吸愈緩慢，愈深沉、細長、均勻（每分鐘 1～4 次），則血脈不會賁張，而進入微弱鬆沉的呼吸狀態，此時身心愈能高度放鬆入靜。是故，呼吸愈緩慢，行拳之速度就能愈慢，能愈鬆透，能愈無拙力，意念導引丹田之內氣運行四肢勞宮穴和湧泉穴，就能愈輕靈，內氣

能量反而快速增強，身心亦能快速進入氣功狀態和氣功靈動狀態。

（三）

正確的緩慢鬆靜、呼吸調息的丹田逆呼吸，不僅是練柔性氣功內功，更是帶動增強五臟六腑機能的內臟運動。

如能持之有恒，對吾人身心裨益良多，能改善肺的通氣和換氣功能，增強人體的吸氧和利用能力，能預防中老年人慢性氣管炎和肺部疾病，有效降低疲勞和情緒緊張，提高睡眠品質，增強胃腸的蠕動和血液循環能力，減少胃炎、腸炎，消除便秘，大便變為每天 1～3 次的最佳胃腸機能，增強肌肉活動能量和關節靈活性，能祛病強身，延年益壽，返老還童。

（四）

練丹田逆呼吸，必須在飯前空腹，或飯後二小時之後方可為之。

有胃下垂或胃腸功能不佳者，最好是早上 5～7 時，未早餐前空腹，呼吸要鬆柔慢慢練，使氣鬆沉丹田，勿急促呼吸使硬氣，一年後能不藥而癒，且胃腸壁彈韌性增強，消化功能增強。

本人就是胃下垂和胃腸功能不佳，中西藥不離，以丹田逆呼吸自癒，且煉成消化機能極佳，已三十餘年者。

（五）

曼青大師曰：「氣之分別有三；一、在內，乃血氣之氣，是為本，二、在體外，為空氣，協助呼吸貫注於丹田，與先天真氣互為貫之。三、丹田乃氣海，亦為藏精之

室，久事養氣調息於丹田（丹田逆呼吸），使精暖而化氣，此之謂元炁，此炁不獨能貫注於全身網膜而已，且能透達骨中而純剛。」

（六）注意事項：

極少數交感神經敏感的人，若初學閉目專注，攝心歸一，練丹田逆呼吸、湧泉呼吸、周天循環時，丹田之內氣會全身四肢竄動，影響練功者，請將雙眼微微張開凝視地面，則內氣就能平靜，正常隨意導引練內功的正確動作，當丹田逆呼吸、湧泉呼吸、周天循環練熟後，就可閉目練功了，而交感神經敏感的人，練內功的各種動作的進度較快純熟。

再論氣

一 再論丹田逆呼吸

丹田逆呼吸，古稱先天真息、胎息、吐納、龜息，胎息學的基本理論是《黃帝內經》：「萬事萬物法於陰陽，陰陽者天地之道也，萬物之綱紀，變化之父母，生殺之本治，神明之府也。」陰陽的互生互動，是宇宙萬事萬物發展、運動、變化生生不息的內在根本動因，而胎息會促使人體內部循環，陰陽互動而自我創造生命能源。

中華民族從古至今，認為修煉胎息能使生命元氣能量旺盛，而胎息是「挖掘人體自身潛能」的根本途徑。人體的奧秘就在於生命的本源，父母的基因和宇宙的道根做為因素，以潛在的方式完整的潛在人體內，而修煉胎息就可以把它充分地展現出來，讓它重新發揮創生作用，在人體內形成自我再生機制，為祛病強身，青春永駐提供元氣能量，這就是潛能開發的原理。由此可以看出人體一旦重新實行胎息，就找到生命奧秘的源頭，也探索到了生命現象的本源，和陰陽的玄機。生命的本源就好像人體的總開關，胎息就是找到開啟生命總開關的方法。總開關一打開，生命元氣能量，就會不斷的流出來。修煉到一定階段，就會發現別有洞天的新天地。胎息就是人體生命的總樞杻，淵源流長，創於老子，老子是透過胎息修煉而達到「復歸於嬰兒，復歸於無極」的，是道家、武術家修煉內丹術不可缺的高層次胎息之深呼吸（丹田逆呼吸），是古今健身長壽功法，最簡單完美至上的真法，故道家修煉丹藥丹書曰：「日日陰陽顛倒三百息，息息入臍，壽與天

齊。」它的本義是指，令人體生命的後天狀態回歸到胎兒生命的先天在母體中的呼吸狀態。胎息最重要的作用是從生命的源頭先天氣入手，激活奇經八脈，促使元炁內部陰陽互動，溝通人體與外界能源的連接。就如同在體內，建造了一座生命能量的加工廠和蓄電池，生命元炁將源源不斷的創造出來。煉精化氣，煉氣化神，不足的補足，且累積儲存，穢氣排掉，精、氣、神增強，生命力加強，人體五臟六腑機能增強，袪病強身，延年益壽，返老還童。

《性命圭旨》書中說古稱下丹田異名有數十，常見的有：氣海、氣穴、關元、玄竅、玄關竅、精路、神寶、華池、金華、靈根、嬰兒、玉兔、蓬壺、造化爐、元藏、無盡藏、真金鼎、曲江……等，下丹田位於臍下一寸三分處，是腹部腸與腸相連之網膜中有一皮囊。運動家之囊皮比一般人要厚，如以棒或拳擊之，則能產生一種彈力，可以上下、左右抗之，我們稱之為丹田。這是吾人身體的中心點，原動力之根源，呼吸粗淺的人，其壽命短，呼吸細、長、深、勻的人，其壽命長。

呼吸分四種相：

①喉頭呼吸：呼吸短而淺，僅喉頭出入，這是最差的一種。②胸式呼吸：呼吸可以達到肺部，一呼吸約只有 4 秒鐘左右，吸入的新鮮空氣少，且不能深達全部肺細胞，只有 1/5 肺細胞在工作活動，吸氧量和排碳量亦有限，不能發揮最大的功能，這是一般人的呼吸。③腹式呼吸，亦稱丹田呼吸、吐納、胎息、先天真息，呼吸細、長、深、勻肺活量大，可達小腹，肺細胞全部活動，是身體最有益

的呼吸，也是道家靜坐、修煉武術內功、煉內丹的調息。

④體呼吸：是丹田細、長、深、勻、鬆、靜，似有似無的深呼吸，彷彿氣息從全身毛孔出入，這是道家修煉調息的極功，亦稱龜息。

丹田呼吸分順呼吸和逆呼吸二種：

①丹田順呼吸：為一般人平常養生的呼吸和練醫學氣功、一般氣功者，以順呼吸為主。②丹田逆呼吸：為道家修煉內丹功和太極拳、武術的內功、氣功者，必修的課程，但不練時乃以順呼吸為主。

為何練武術內功（氣功），必須修煉丹田逆呼吸呢？因丹田逆呼吸是以外呼吸之後天氣，接內呼吸之先天氣，互以貫之，先天氣不能自歸爐中，必以後天氣採攝之，先天成，後天化，而留沉於丹田，是煉內功的初基。吸氣時，上吞天之氣（上接天河之甘露水），下接地之氣（下吸海底湧泉之水），沉於丹田。丹田之內氣（炁）會自然經會陰由尾閭上衝夾脊督脈，斂入脊骨炁貼背，上玉枕、百會，並擴張胸腔。呼氣時，真炁經任脈回歸丹田，且自然運行於四肢，炁遍周身。這個丹田逆呼吸的過程，就是使炁沉丹田，煉精化炁，煉炁化神，丹田內炁增強。修煉到功夫高深時，丹田內炁盈實，因意聚、氣聚於丹田，而肛門（會陰）被丹田內炁攝取而緊窄，使清陽上升，濁陰下降。故平時或打拳時，肛門會自然微微鬆柔上提。丹田後面一寸三分有一真炁穴，正對腰椎，丹田下面二寸有一內陰蹻竅，正對骶骨當中之八個洞，只要心意動，這二個穴竅的真炁一動，真炁即貫注於腰椎、腰胯，全身的炁都

動，飄閃騰挪，須得此炁之助。太極拳內功修煉高深者，打拳能以心行氣（炁）。真炁一動，身體特別輕靈。其炁由胎元發出，是意動而後炁動，而後引導外形，身隨炁動，用意而不用力。這種功力是必須修煉丹田逆呼吸才能達到的。只靠每天簡單的打拳，到老還是一場空。

丹田逆呼吸是練心靈靜、意聚、氣聚、專氣致柔，氣鬆沉丹田之唯一法門。吸氣時，上腹實、下腹空。呼氣時，上腹空、下腹實，引導外氣牽動丹田內炁之鼓盪。上、下腹和胸腔肌肉時鬆時緊，上下、左右弧形的緩慢帶動腹腔、胸腔的五臟六腑器官運動的深呼吸。

丹田逆呼吸是煉精化炁、煉炁化神的修煉和腹鬆淨氣騰然的內功，故練氣亦含練意。功夫深厚者，內氣盈實，囊膜肌肉厚實，好像打足氣的皮球，極富韌性彈力，同時有助於胃腸蠕動和韌性，增強膀胱與腹壁肌的韌彈力，增強五臟六腑器官的動能與機能，所以是養生大道。

丹田是炁穴，是真炁補炁、生起、歸藏的地方，是男子精室、女子胞宮所在，是精炁與經絡匯集處，可以培養、調動、聚集，使真炁順著一定的經絡運行全身。

廣義的下丹田是指整個骨盆腔，前至肚臍，後至命門、陽關，下至臍下三寸，包括神闕、氣海（肚臍下 1.5 寸）、關元穴（臍下三寸）這三個穴位的區域。丹田內炁之運行在經絡學上前通任脈，後通督脈，中通衝脈，橫通帶脈，下通陽關，上通心、肺、肝、膽、脾、胃，上後通腸、腎，上前通臍，散則通於周身，為百脈之總根，經絡與炁的匯海。在生理上，丹田是五臟六腑之源，神元歸藏

之門,是保生延年之根,是真炁升降開合之樞杻,刺激俞穴、經絡,使全身各部位協調動作,激發生命力,作用於五臟六腑,而調和全身神經、消化、內分泌、泌尿、生殖、免疫系統,從而改善各組織器官的機能。

曼青大師曰:「煉氣以能沉丹田為先,氣能沉丹田,則氣壯,氣壯則血盛,氣血壯盛則有裨益於臟腑大矣。」所以丹田逆呼吸振盪上述三個穴位就可以達到培元、固本、強心、定神,旺肺調和氣血,舒肝利膽脾,益氣助胃腸,固腎通利三焦,調順經絡,平衡陰陽的作用。因此丹田逆呼吸和意念導引大小周天循環,練到意、氣結合拳架,功夫高深時就能獲得元氣充足,氣血日旺,氣機暢通,筋骨剛強,步履輕捷,動作靈敏,意到、氣到、神力到,祛病強身,延年益壽。

無論練太極拳、武術、內功、靜坐,所謂「氣沉丹田,氣鼓盪,以心行氣,以氣運身,氣遍周身不少滯⋯⋯」等所說之氣都是丹田的內炁、先天之真炁,是一種「電能、能量」之質量。氣運身就是電能在體內運行。故練拳或靜坐,功夫高深者,會感覺著有一股「炁」遍於全身運行,炁隨意行。雖是意導氣行,但丹田之內炁卻會發熱。勤修苦煉十五年以上,內功高深者,由初階之「意通」,進入高階之「氣通」。

練功時,內炁會在丹田自行鼓盪帶動外呼吸,亦會與外氣鼓盪,內炁會在丹田左右順逆旋轉,上下、內外旋轉、反轉,並進入化境,炁化為神,自動循環大小周天⋯⋯吞天之氣,接地之氣,煉炁化神,煉神化虛,身體

會動盪擺動，會感覺炁血沿背脊上行蠕動循環周身。打拳時身隨炁動，這炁就是電能，「非誠修力行，不能達其的。」

丹田逆呼吸的功效

人的五臟六腑重要器官的心、肺、肝、膽、脾、胰、胃、腸、腎等均在胸腔、腹腔之中，丹田逆呼吸是一種腹式與橫膈式深呼吸，一呼一吸，俱能帶動臟腑器官鬆柔動盪開合的活動的運動。胸腔橫膈膜擴張，肺細胞全部活動，肺活量增大，吸入大量的空氣，並吸取大量氧氣，溶解於血液，使全身器官得到充分的氧氣補充，增強精、氣、神，且因橫膈肌的一張一縮，使腹壓不斷改變，使心臟收縮彈韌力增強，血液循環動力增強，又由於橫膈肌的收縮與舒張，給肝臟有規律的按摩，增強肝臟功能。

曼青大師說：「太極拳是治療肺病的特效藥。」（但須練意、練氣、練拳三者合一，勤修勤煉方有效。）又因橫膈肌與腹肌的運動，對胃、腸、腎之刺激，膀胱的鼓盪，改善消化、內分泌、泌尿、生殖、免疫系統之血液循環，預防男性膀胱攝護腺疾病，促進消化機能，消除便秘，且每日排便增為 2 次或 3 次。總而言之，能增強五臟六腑及全身器官機能及精、氣、神，祛病強身，延年益壽。

楊峰醫師亦論述：「腹式丹田深呼吸時，橫膈肌上下活動範圍加大，胸腔容積得到最大範圍的擴展和回縮，肺泡全部活動鍛鍊，亦是五臟六腑的運動，防止肺纖維化，延緩老化，保持良好彈性，增強肺活量，增加吸氣量，增

強氣血通暢，疏經絡穴脈，及五臟六腑機能增強，使人精力充沛，性功能增強，祛病強身延壽的奇效，尤其促進腸胃道蠕動加快，使腸道內糞便和毒素儘速排出體外，每天1至3次，對預防呼吸道感染，習慣性便秘，內外痔，大腸癌等病大有益。」（摘自「旺報健康人生」A17）

曼青大師曰：「張三丰之太極拳乃內家拳也，內家尚氣耳。練氣以氣沉丹田為先，氣能沉丹田，每一呼吸，則臟腑器官俱能空靈動盪，不獨宗筋日見其強，則濕熱皆能透達，祛陰濕氣之效，而不足為病。心與氣相守於丹田，煉丹田逆呼吸、河車倒運任督二脈三關、煉精化氣、煉氣化神有利氣血循環，其功大矣。且臂力、心力、腦力，亦隨之而長，其所獲益可概言焉，太極拳內功之裨於臟腑無他，不於外之是求，尚氣積氣已耳。」（《鄭子太極拳自修新法》第十三篇）

二　再論湧泉呼吸

道家修煉內功曰：「上吞天河甘露之水，下接海底湧泉之水。」曼青大師曰：「得天之氣，則位於上之頂顛泥丸一穴，可以增長靈氣，沉於丹田，下則為地，接地之力，則足心之湧泉要穴可以增長其根。在意所及時，便欲將足心貼地，進而則欲足陷入地，久之則欲我之足力與地心吸力相接，能至此，則我之足已有根矣。」

從古至今煉武術功夫者，必修煉湧泉呼吸，以求根基穩固，湧泉呼吸為何能使根基沉穩呢？因練湧泉呼吸時，

必使意守湧泉穴，無論呼或吸氣，都用意導丹田之內炁和湧泉穴往下鬆沉入地三尺，足掌鬆沉貼地，重心自然穩固，久久習之不息，熟能生巧，會感覺湧泉穴深沉入地數丈，甚至達地心，湧泉穴與地心之吸力會自自然然的相接感應。

　　吸氣時，自然吸取地心之氣沉於丹田，亦即下接海底湧泉之水，呼氣時，接地之力，反作用力行於四梢，此意導氣行之練功法稱為「意通」。持續勤修煉十年後，內功高深，由「意通」之初階而進入「氣通」之高階者，練湧泉呼吸時，當意守湧泉呼吸片刻，內氣勃然而自動。一吸，內氣自動從湧泉穴急速跳動，吸取地心之氣，經雙腿後中心線，衝開尾閭，上督脈、玉枕達百會，稍停 20 秒鐘左右；一呼，氣急速下通任脈入下丹田，再經雙腿前中心線，鬆沉湧泉入地與地心相感應。約六秒鐘左右再次一吸，共五次吸呼循環全身振盪。第六次吸氣時，湧泉穴立即自動吸取地心之氣，由雙腿跟往上盪動經腿後中心線，衝開尾閭上命門，稍停數秒鐘，呼氣時沉入丹田，再經雙腿前中心線下湧泉，稍停數秒鐘再次一吸，共連續五次吸呼循環。第十一次吸氣時，湧泉穴就自動吸取地心之氣，急速上衝雙腳後中心線尾閭至命門入丹田，再經雙腳前中心線下湧泉，繞湧泉穴和下丹田循環 50 圈。

　　呼氣時，湧泉亦自動接地之力，急速上衝雙腳後中心線尾閭至命門入丹田，再經雙腳前中心線下湧泉，繞湧泉穴和下丹田循環 50 圈。連續二次吸呼，第十三次吸時，湧泉穴立即吸取地心之氣，雙腿跟盪跳，衝開尾閭、上督

脈、玉枕達百會，稍停 20 秒鐘左右，呼氣，下任脈回歸下丹田，稍停數秒鐘，丹田內炁又自發進行大小周天、卯酉周天、環狀周天循環，最後內炁在丹田鼓盪 110 次後自然收功（每次氣通的呼吸次數和周天循環的次數均不一定，且因人而異，因功力增強而異），是為古道家煉丹功所謂的「氣通」之神奇奧妙。

湧泉穴為通腎之穴。這腎經之經氣，猶如水井之泉水從這裡不斷地湧出，故稱湧泉穴。而意導內氣下沉湧泉穴呼吸，猶如以熱水浸泡搓此穴，既可溫補腎經，益精補髓，舒筋活絡，舒通心腎，平衡陰陽，滋生腎水，增強腎機能，增強下肢氣血，舒肝明目，清肺理氣，祛風濕，助排泄體內穢毒，且因氣鬆沉湧泉穴，刺激雙腳掌的經脈、穴道、神經系統，促使腳趾末梢神經和氣血循環旺盛，故勤練一年之後，會感覺腳掌氣血蠕動、熱熱、麻麻、涼涼似流汗，循環旺盛，腳掌皮膚紅潤，掌底皮增厚，寬平貼地。久久修煉之，內功愈高深，氣血愈旺盛，感覺愈強烈，步履快捷有勁，80 高齡仍能慢跑、急走，健步如飛，用意不用力，此乃因意到腳氣即隨意鬆沉湧泉，接地之力，是意與氣帶動行動，意到氣到神力到，呼吸自然慢勻，一呼吸可以急走或慢跑八大步以上，或二十步以上快步。太極拳內功勤修苦煉有成者，可以試之，體悟之。又因湧泉穴為通腎之穴道，湧泉呼吸能增強腎機能，自古以來，更有能增強性功能之說（男性夜眠會無欲而剛，八十以上亦然）。學生均稱，只要每日修煉丹田逆呼吸和湧泉呼吸30 分鐘以上，一年後均能體悟到真實增強腎臟功能。

參論太極拳內功之練意秘訣

（意念導引調心通百脈之內功心法）

太極拳祖師張三丰《太極煉丹秘訣》云：「回光返照，凝神丹穴，使真息往來，河車倒運，內中靜極而動，動極而靜，無限天機，即是煉氣化神之功也。」《道極太清養生篇》曰：「身有丹田者三，腦者，上丹田也，神舍，煉神還虛；心者，中丹田也，氣府，煉氣化神；氣海，精門者，下丹田也，精區，煉精化氣。」

古道家丹書曰：「內丹修煉小周天，當吸機闔，我則轉而至乾，以為進也（進陽火），當呼機之闢，我則轉而至坤，以降為退也（退陰符），呼接天根，吸接地根，子午卯酉定真機，顛倒陰陽三百息（一息一周天），延年益壽也。」

曼青大師曰：「氣沉丹田後，築基已備，可由心驅遣，便使氣越尾閭，復衝開夾脊督脈玉枕（尾閭、夾脊、玉枕為後三關），達乎泥丸，再由泥丸而下，印堂，膻中任脈，下丹田（泥丸、膻中、下丹田為前三關），此謂通三關之法（小周天循環），是為煉精化氣，煉氣化神。蓋由骨中行，入骨純剛，無堅不摧，氣神化而生神力，所謂技也進乎道矣，何止英雄所向無敵而已，亦即河車倒運之嚆矢，此為入門，此即任督二脈通，而心腎交矣，然非一朝一夕之故，苟能臻此，則不獨太極拳有登峰造極之望，祛病強身無論矣。」（《鄭子太極拳自修新法》）

內氣和血液在體內的循環運行，平時都是依生命本能自行運轉。但是，我們也能夠運用意念導引，暫時用意念操控丹田之內氣，導引練大小周天，卯酉周天，環狀周天循環，久久勤修苦練之，就能以意導氣而化之，為煉精化

氣（炁），煉氣（炁）化神，氣神一體，神化也，而達到
氣斂入骨純剛，能以心行氣，以氣運身遍四梢，氣隨意行
的運行狀態。古人說：「氣隨意行，意到氣到神力到。」
又說：「氣為血帥，氣行則血行。」意念能夠支配丹田內
氣的運行大小周天循環，打通任督二脈，任督二脈通，則
百脈通，全身氣血旺盛，並因而間接影響血液的流動。當
我們的意念貫注在身體的某一部位，氣血很快就會匯集到
此處。意守的基本原理是以意念操控內氣，和血液匯集到
特定部位，如丹田或重要穴道……，因而引發得氣的感
覺，或產生治病的作用。

　　「意守丹田」的做法，通常將意念集中在下丹田，讓
氣血匯集到下腹部，這樣做比較容易「得氣」。意即可明
顯感覺到氣的效應，如腹部溫熱震盪，或是有氣團在旋
轉。意守能夠治病，因為意念集中在生病的部位，可將內
氣匯集至此處，或是提升相關經脈的運行量，提供治病所
需的大量能量。所以通常都會有發熱、疼痛的感覺，而且
在大量內氣的帶動下增加該部位的血液、淋巴液之流量，
增強免疫系統的活動力，因此能夠治好疾病。

　　練意與氣的結合，就是好像我們訓練狗或海豚一樣，
要有耐心、愛心、恒心，慢慢引導出它，讓它知道你的意
識方向。跟著你的意識走慣了，久久訓練之，它就會自然
而然的跟著你的意識走。只要你以意導之，它就會依你的
意識行動。

　　而我們練意之意念導引丹田之內氣，繞大小周天，卯
酉周天循環，也是同樣的道理。久久習之，達到煉精化

氣，煉氣化神，氣神一體，氣隨意行，就能神內斂，以心行氣，以氣運身，氣遍周身四梢，打通任督二脈，氣斂入骨而純剛，意到氣到神力到，意與氣合謂之神勁。

故有練太極內功而功夫高深者，打拳或推手是用意而不用力的。練氣和意念導引，可快速增強丹田之內氣（氣功）能量。

練功時，若能進入禪靜的氣功狀態，則氣功能量的增長更快。打通任督二脈後，煉功時，交叉神經敏感的人，會感覺有股電流在任督二脈中熱熱的運行，有的人舌尖頂上齶之處，會跳動湧出唾液。雖然手腳不做任何動作，但因電能在體內循環，氣血旺盛，體溫略升，而會微微出汗，同時有下列生理現象的感覺：

癢癢麻麻——氣在衝開微血管加速運行時，手指頭和腳足頭，會感覺好像有許多螞蟻在爬，癢斯斯麻麻的。

熱熱——身體的內氣能量增加，電流和電磁增強，自然就會提高了體溫。

涼涼——如果氣在驅除肺裡寒氣或體內臟腑穢毒之氣時，會感覺涼涼，有些人還會冒冷汗。

高而大——練功時，進入高度禪靜的氣功狀態後，緩慢吸氣，並觀想身體採天地精華之氣時，會出現身體越來越高大而輕的幻覺。

小而沉——練功時，進入高度禪靜的氣功狀態後，緩慢呼氣，並觀想氣沉丹田時，會出現身體越來越矮小而沉的幻覺。

竄——練功時，內氣能量增強，低頻率電流在全身運

行，而產生竄動的感覺。

振盪——練功時，當氣聚集在某個部位治療，或貫氣加強機能時，該處可能會振盪的感覺。

放屁或打嗝——練功或打拳時，當內氣運行到消化系統，貫氣加強機能時，因排除體內穢毒之氣，而放屁或打嗝，且增加排便，排尿的次數，比較會流汗，毒素隨之排出。

意是指練功者的意念導引活動，氣是指人體丹田的真氣和呼吸之氣。意氣相合即是練功者應用自己的意念導引活動去影響呼吸和內氣活動，使意念導引活動與氣息運動相結合、統一起來。

練功時，呼吸要隨著意念導引活動進行，做到緩慢、柔細、勻長，內氣則以意領氣，意氣相隨，內外相貫，進而達到意氣合一。

如何練意和意念導引運氣？當練丹田逆呼吸法已獲得氣沉丹田，亦即丹田內氣增強後，內功之築基已備。如果氣沉丹田而不動，不導而化之，則為死氣，非但無益而有害，那有什麼用呢？必須開始用意領氣，亦即用意念導引丹田之內氣練「周天」。

我們的人體是個小宇宙，人體的能量圍繞身體轉一圈，就叫小宇宙循環，也叫周天循環。古稱河車倒運打通任督二脈，亦稱內功心法。這就是以意導氣而化之為神，煉氣化神，氣神一體，氣斂入骨，以心行氣，以氣運身，氣血循環往復，氣貫周身，是打通任督二脈、百脈通的功法，練法細述如下：

一　小周天（子午周天）

　　小周天循環是古今修煉武功和氣功者，煉精化氣，煉氣化神，打通任督二脈的基本功法。分為逆行反時針小周天循環，由先天氣往後天氣，與順行順時針小周天循環，由後天氣往先天氣二種：

（一）逆行小周天循環——由先天氣往後天氣

1. 簡述

　　逆行小周天循環為修煉武術、氣功、煉丹術所採用而必修煉之法，古稱河車倒運。要練時最好在樹蔭下或無陽光照射之處，雙腳分開與肩同寬，閉目凝神，一切萬緣都要放下，全身放鬆，全神貫注，不分男女右手掌貼在下丹田，左手掌心貼在右手背之上，舌抵上齶，然後吸氣，用意念導引丹田之內氣。

　　意想丹田有一股氣球，以吸氣，初學者請提肛，藉提肛之力（練熟後只用意，不可提肛），將這股氣球，往下走，下達於海底（會陰），抄尾閭而起，緣脊上行，經命門、督脈、玉枕等後三關（尾閭、夾脊、玉枕）而達乎頭頂，至天靈（百會）穴。然後呼氣將這股氣球往下過前額印堂、人中、喉結、膻中（心窩、絳宮、金闕）、任脈、臍輪等穴前三關——百會、膻中、下丹田——而仍歸於丹田原處。此為打通任督二脈，則百脈通之小周天循環，亦即煉氣化神。

2. 詳述

雙腳分開與肩同寬，不分男女，右手掌心放在下丹田，左手掌放在右手掌背上。閉上雙眼，意守丹田，身心鬆空，神內斂，心無雜念，攝心歸一，靈靜禪定。

以丹田逆呼吸，吸氣時，提肛以增強內氣的上行循環衝力。周天循環練到熟後，就不必提肛，小腹和丹田才能鬆柔。隨即觀想（意想）丹田之內氣，縮成一個小氣球，用意念導引小氣球下行，經會陰，過尾閭氣斂入骨，入夾脊督脈上行，經轆轤關，再上腦後枕骨稜下的玉枕，通後三關（下關為尾閭；中關為夾脊；上關為玉枕），達乎顛頂泥丸（百會，雙眉間入內三寸）。由尾閭上行後三關至泥丸宮為上督脈升陽火，督脈屬火主氣，為氣脈，陽脈之海，管壽命，稍息一秒左右。

呼氣時，鬆肛，由泥丸用意念導引小氣球下行，經印堂而下任脈、膻中、神闕回歸下丹田通前三關（上關為泥丸，中關為膻中，下關為丹田）。由泥丸下前三關至下丹田為下任脈降陰符，任脈屬水主血，為血脈，陰脈之海，管生命。打通任督二脈，則百脈皆通，是為煉精化氣，煉氣化神，此為逆行小周天循環。

呼接天根，吸接地根，亦即古道家煉丹之《丹經》云：「河車旋轉，運坎水以逆流，則取腎中之精，以充於腦，乃煉丹初步工夫也，河車倒運，逆成仙。」

（二）順行小周天循環──後天氣往先天氣

即用意念導引丹田之內氣，意想丹田有一股氣球，以

吸氣，初學者請提肛，藉提肛之力（練熟後只用意，不可提肛），將這股氣球，往上過臍輪，任脈、膻中、喉結、人中、印堂等至天靈（百會）穴，上行前三關（下丹田、膻中、百會）。然後呼氣將這股氣球往下，經玉枕、督脈、命門緣脊而下，下行後三關（玉枕、夾脊、尾閭），抄尾閭，過而達於海底（會陰），往上仍歸於丹田原處，此為順行小周天循環。

打通任督二脈，任督二脈通，則百脈通，這是中醫氣功和一般氣功所採用的。其氣順行，由任脈而上泥丸，此直為剛氣而已，祇行乎筋絡，不得化神，故古道家修煉者稱「順成人，逆成仙」。

這兩種周天循環法，每當吸氣之終，氣到頭頂百會，呼氣之終，氣歸小腹氣海丹田，這樣一個呼吸接一個呼吸，就成了小周天循環。其功效者，為真氣（內氣）一旦流轉任督兩脈，就會帶動全身的經絡，因此任督兩脈一旦被真氣打通，其他經絡自然開通，故二脈通、則百脈皆通，自然真氣周身流轉，貫通上、中、下丹田，是為修煉，意導氣行而化之，為煉氣化神，氣神一體，氣隨意行，吞天之氣入丹田，神內斂，氣鼓盪，氣斂入骨純剛的功夫，這對身體的健康，就會莫大的助益，而延年益壽。

請注意，當你周天循環練熟後，只要用意念導引即可，不必再去管呼吸之事，且意念的導引，可快可慢，隨心所欲，亦不必提肛，而講究鬆柔，輕靈，圓活，自然，內固精神。當氣運行至督脈時，身體會往後仰，氣運行至任脈時，身體會往前傾。氣行速度愈快，前後晃動的速度

也愈快，至此功夫深厚者，已達煉氣化神，氣神一體，氣隨意行，能以心行氣，以氣運身於四梢，神化矣。

　　練拳時用意不用力，剛柔並濟，隨心所欲，意到氣到神力到。在小周天的修練當中，以意導丹田之內氣循環的過程中，用意要適當，不能太過與不及，「太過」是耗能，「不及」等於沒煉。正確的做法是，忽忘忽助，要掌握一個「中」字，不可執於無為，不可泥於存想，不可盲修瞎煉。初學者，對氣的運行的感覺甚為渺茫，不易體悟個中的奧秘，須數年後始能獲得。小周天循環圖如下：

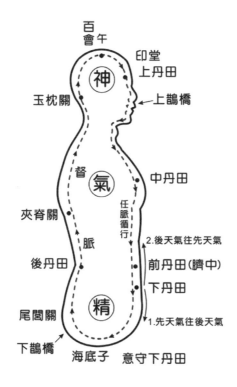

百會午
印堂
上丹田
上鵲橋
神
玉枕關
督　氣　脈
中丹田
夾脊關
任脈循行
2.後天氣往先天氣
後丹田
前丹田（臍中）
下丹田
精
尾閭關
1.先天氣往後天氣
下鵲橋
海底子　意守下丹田

小周天循環圖

二 大周天（大乾坤周天）

練時最好在樹蔭下，雙腳分開與肩同寬，不分男女右手掌貼在下丹田，左手掌貼在右手背之上，閉上雙眼，鬆靜全神貫注片刻。呼氣用意念導引，將丹田之內氣打出來，往下走經由關元，分二線走雙腳的前中心線，達湧泉穴，吸氣經雙腳之後腳跟，往上走雙腳之後中心線，達尾閭會合後，走脊椎、督脈、命門，往上玉枕至百會。然後，呼氣下行任脈，經印堂、人中、膻中、臍輪仍回歸丹田，為一大乾坤周天。此為修煉，以意導氣而化之，打通任督二脈，和貫通百會、湧泉二穴，呼吞天之氣，吸接地之氣，煉氣化神，氣神一體，氣隨意行，神內斂，氣鼓盪，氣斂入骨純剛的功夫。

三 卯酉周天

卯時是陰陽（夜、日）的交換時刻，酉時是陽陰（日、夜）的交換時刻。卯酉周天就是內氣由百會走身體的陰陽交界線，即身體的左右兩側的中心線。練時最好在樹蔭下或無日照之處，雙腳分開，與肩同寬，雙手貼身體外側。閉目凝神，鬆靜，自然片刻後，吸氣用意念將丹田之內氣，導引至百會，然後呼氣再將內氣導引往下，走身體左外側的中心線，過左腳底，往上走左腿內側中心線，達海底（會陰）。

吸氣過會陰往下走右腿內側中心線，過右腳底，往上

走身體右外側中心線，過肩而達百會，為一卯西周天。繞幾周後內氣仍歸回下丹田，亦可左右雙同時繞行，這是修煉，以意導氣而化之，為煉氣化神，氣神一體，氣隨意行，神內斂，氣鼓盪，氣斂入骨純剛的功夫。

四 環繞螺旋經脈（環形經脈）

練時最好在樹蔭下，雙腳分開與肩同寬，不分男女右手掌心貼於丹田，左手掌心貼於右手背，閉目凝神鬆靜，全神貫注，呼吸自然。

用意念導引丹田之內氣，用一片式的，而不用點或小球式的方法，順時針繞小腹和腰部，螺旋經脈 36 圈；再上升至肚臍（臍輪），繞螺旋經脈 36 圈；再上升至腹部，繞螺旋經脈 36 圈；再上升至中丹田（胸部），繞螺旋脈 36 圈；再上升至上丹田頭部，繞螺旋脈 36 圈。然後再用反時針，繞上丹田螺旋經脈 36 圈；再往下至中丹田，反時針繞螺旋經脈 36 圈；再往下至腹部，反時針繞螺旋經脈 36 圈；再往下至臍輪螺旋經脈，反時針繞 36 圈；再往下至下丹田，反時針繞螺旋經脈 36 圈。

再分兩條路線走雙腿，至雙腳膝蓋，各同時繞 36 圈；再往下至雙腳的湧泉穴，反時針各繞 36 圈。然後改用順時針方向，再繞 36 圈；而後上升至雙腳膝蓋，順時針各繞 36 圈；再上升至小腹部和腰部順時針繞 36 圈，然後將內氣回歸丹田。同時提肛呼氣，用意念導引丹田之氣下降海底抄尾閭，往上經脊椎、督脈、玉枕至百會，而後

加重意念往天空上衝，並採宇宙精華之氣。

然後吸氣下衝，順原路線收歸丹田增強內氣，連續八次。而後打開全身毛細孔，吸氣用意念採天地精華之氣，經由毛細孔吸入體內。

呼氣時將毛細孔關閉，氣歸丹田，俾增內氣，持續八次後收功，內氣仍回歸丹田。這是修煉，以意導氣而化之，為煉氣化神，氣神一體，氣隨意行，神內斂，氣鼓盪，氣斂入骨純剛的功夫。

五　卯酉周天與子午小周天合一

卯酉周天是導氣運行身體左右兩側之中心線，子午小周天是導氣運行身體上半身，正前面之中心線（任脈）和背後面之中心線（督脈），任督二脈打通，則全身百脈皆通。

如此結合運行，則內氣能量能打通全身經脈、穴道、五臟六腑及各器官之氣血，故對全身氣血的循環，助益良多，亦為修練以一意念帶萬念導引運氣法的捷徑。

練時最好在樹蔭之下，雙腳分開與肩同寬，雙手貼在身體左右兩外側之中心線，閉目凝神，鬆靜片刻。然後吸氣，用意念將丹田之內氣，收縮成一個小球，導引至百會，呼氣再將內氣分成二路線、二小球，往下導引，右線走身體右側之中心線，經右耳、右肩、右手、右腳外側之中心線，過腳底，吸氣走右腳內側之中心線，往上至海底。

同一呼氣時左線走身體左側之中心線，經左耳、左肩、左手、左腳外側之中心線，過腳底，同一吸氣時走左腳內側之中心線，往上至海底與右線會合。然後右線往上，走身體正前面之中心線任脈，經下丹田、肚臍、膻中、人中、印堂、百會與左線會合，呼氣再往下，走身體背後面之中心線督脈，經尾閭至海底。

同一吸氣時左線往上，走身體背後中心線督脈，經尾閭、脊椎、命門至百會與右線會合，同一呼氣時再往下，走身體正前面之中心線任脈，經印堂、人中、膻中、肚臍、下丹田至海底與右線會合。

然後右線往下，走左腳內側之中心線，過腳底，吸氣往上走左腳外側之中心線，經左手、左肩、左耳直達百會，左線往下，走右腳內側之中心線，過腳底，同一吸氣時往上走右腳外側之中心側，經右手、右肩、右耳直達百會，左右二線會合，此為卯酉子午周天。連續四回後，內氣由百會下降，回歸下丹田。

上述為雙線導引運氣法，亦可用單線導引運氣。久久勤修苦煉之，嫻熟後就能意導氣而化之，煉氣化神，氣神一體，而能以一個意念導引丹田之內氣，同時運行於多個方向，這是修煉以一念帶萬念的功夫。

練拳時意守丹田和雙手勞宮穴與雙腳湧泉穴，意、氣、拳三者合而為一，勤修苦煉，功成則如《太極拳經》曰：「意無意，全身是意，氣無氣，全身是氣，意氣一體，剛柔並濟，隨心所欲。」

導引路線圖如下：

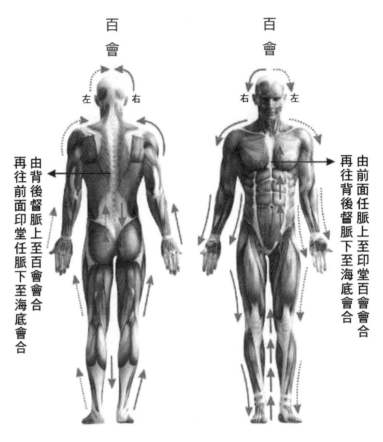

百會

左　右

右　左

百會

由背後督脈上至百會會合
再往前面印堂任脈下至海底會合

由前面任脈上至印堂百會會合
再往背後督脈下至海底會合

六 以上五種練意運氣法，請先勤練小周天循環，練熟後，再練其他四種功法

　　練意念導引分二階段，第一階段，以意引丹田之內氣，內行周天循環，在體內任督二脈和十二經脈運行，使

全身百脈通。練意導氣行，帶動經脈氣血運行增強，內臟活動增強、機能增強，當周天循環熟練後，已達煉氣化神，氣斂入骨純剛，氣已導化之為神，氣神一體，能以心行氣，以氣運身，氣隨意行，內功築基已備，再進入第二階段。

第二階段，以意念導引丹田之內氣外行，引領體外有形的動作，練意導內氣與呼吸和拳架配合，依形開氣合、形合氣開的規律自然協調，使三者合而為一。先意動，而後內氣動，而後外形動，由內而外，內外合一，意導氣行，帶動身軀四肢發勁（意與氣之合為神力）制敵的運動，增強筋骨體能和勁力，增強五臟六腑機能。

拳藝內功精湛高深者，行拳就能達到用意不用力，意到身到氣到神力到的功夫，故太極拳是練意導內氣運行周身和導氣發勁，發揮技擊的拳術。

初學時對氣運行的感覺甚渺茫，需要勤練，日久才能達到意到氣到神力到的境界。最後階段要練到「以一念帶萬念」，練拳時全身鬆靜，全神貫注，且必須同時意守，下丹田和雙手勞宮穴及雙腳湧泉穴等五個穴位，不為外境引導。四肢的動作均由主意識主宰，並將丹田之內氣導引至全身四肢，亦即運氣（行氣）於雙手勞宮穴和雙腳湧泉穴，最終達到意到氣到，意氣相隨（合一）。而且，初學者練拳時出拳、收拳、進退、出腳、收腳每一個動作都必須有假想敵和打倒對方的假想，且要練到一個主意識（意念），能同時指揮二個方向、三個方向、四個方向、五個方向……等更多方向。亦即一個意念能同時指揮丹田之內

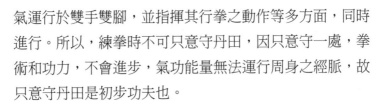

氣運行於雙手雙腳，並指揮其行拳之動作等多方面，同時進行。所以，練拳時不可只意守丹田，因只意守一處，拳術和功力，不會進步，氣功能量無法運行周身之經脈，故只意守丹田是初步功夫也。

研練太極拳氣功者，行拳時除意守丹田之外，還必須意守雙手勞宮穴和雙腳湧泉穴，主意識同時多方指揮身軀手腳之動作配合呼吸，且動作和呼吸愈慢愈好，也必須同時導引丹田之內氣持續緩慢運行於四肢之勞宮穴和湧泉穴，致氣遍全身。尤其按、倒攆猴、雲手……等架勢最能感受到全身氣血劇烈流動的快感——太極拳氣功。此功夫必須練意，練到能以「一念帶萬念、意守多處」才能達到。

尤其練養生氣功的目的，不是要將內氣聚集於某一點，發強大內氣和動勁制服對手，而是要將內氣能量團持續緩慢運行於周身經脈、穴道、五臟六腑及全身器官，俾增強器官功能，袪病強身。故功夫達到某一程度者能「以一念帶萬念」，同時將內氣運行於全身，而後仍將內氣全部導引回歸丹田。

道家和太極拳家特別重視煉精化氣、煉氣化神的功夫，勤苦煉之，久久而成仙。此即《太極拳經》所謂之「以心行氣，以氣運身，氣斂入骨純剛，氣神一體，氣隨意行，意到氣到神力到」的功夫，不是普通人所能看得見的。練的人固然不容易達到這種境界，看的人更難看出練的人已經達到了這地步，惟其體健，袪病強身，則可知之。

七 練功時間

最好選擇在陰陽交替的時間點，即卯酉時辰（上午5～7時，下午5～7時），或是一天當中最興奮的時間，或是最佳的氣功狀態之下。

方向可以選擇朝南或朝北或朝太陽、月亮為主，地點選擇大樹蔭下，以及當你進入氣功狀態時感覺磁場能量最大，氣功循環周天速度最快、最強、最中正的地點與方向，則採天地精華之氣最強，氣功能量增長也最大。

且練功時必須鬆靜無雜念，使身心進入一種介於清醒與睡眠之間的氣功狀態，全神貫注，神內斂，用意念觀想導引，則氣功能量增強快速，成效最大。

八 結論

1.練意和意念導引調心的方法很多。

以上五種功法為本人每天練拳前必修的功課。每一種功法，均能增強器官功能，袪病強身，如果時間有限，則練拳前，先練小周天和卯酉周天即可。

以意念導引內氣運行，是打通任督二脈，及全身百脈、經絡、穴道、氣血的內功心法，是研練太極拳氣功的重要功課。但請注意，女生月經期間，懷孕期間，生產期間，必須停練內功和打拳，手術後三個月才可以練，咳血、咯血、便血、胃出血等病，須停止出血後三個月視情況決定。

2. 要勤練意和意念導引，才能獲得以「一念帶萬念，意守多處」的功夫。

因研練太極拳，必須全神貫注，無雜念，身心靈靜、禪定、鬆透，行拳時，也必須以一念，同時意守丹田和雙手勞宮穴及雙腳湧泉穴等五個穴位，並於呼氣時，用意念緩慢導引丹田之內氣，運行於四肢勞宮和湧泉穴，吸氣時，緩慢將內氣導引回歸丹田。藝高時，必能獲得太極拳氣功、養生太極拳氣功、以及太極拳自發動功。

3. 大小周天、卯酉周天、環狀周天勤修苦煉數年有成，能以意導氣而化之，煉精化氣，煉氣化神，氣神一體，氣斂入骨純剛，以心行氣，以氣運身，氣隨意行。

其循環運行速度之快慢隨心所欲，則內功已高深，隨時便覺上頂泥丸宮，得吞天之氣，沉於丹田，增長靈氣，行動或暇立時，便欲將足心之湧泉穴貼地，進而則欲陷入地，與地心吸力相接，接地力，增長根力。

4. 注意事項：

極少數交感神經敏感的人，若初學閉目專注，攝心歸一，練丹田逆呼吸、湧泉呼吸、周天循環時，丹田之內氣會全身四肢竄動，影響練功者，請將雙眼微微張開凝視地面，則內氣就能平靜，正常隨意導引練內功的正確動作，當丹田逆呼吸、湧泉呼吸、周天循環練熟後，就可閉目練功了，而交感神經敏感的人，練內功的各種動作的進度較快純熟。

肆

再論意，意導氣行

心為主，意為副，心動而後意起。意指的是思考功能的大腦，是意識層面，無論做任何事情，必須先心無雜念，五蘊皆空，靈靜禪定，攝心歸一，專注一意，精心思考，計劃後執行，均由心動意起而後行動。故意為主帥，身為驅使，意動便關係著事情成功與失敗的關鍵。

　　靜能生慧，靜心用意的練法，也同時訓練神經的靈活性，平心靜氣，靜到極點自然會動。這種動完全是內心意導之引之，所謂一動全身俱要輕靈，四肢百骸，無不隨意之所向而俱動，輕靈活潑舒暢自然。這種心意靜篤的功夫，不是一學便會，一蹴可幾之，必須日日練，久久習之，才能漸漸隨心所欲。

　　無論任何武術功夫，均須意導之，意聚才能氣聚，才能專氣致柔，意守丹田，以意領導「丹田逆呼吸」，使氣沉丹田，心與氣相守於丹田。

　　意氣君來骨肉臣，久久修煉之，內氣盈實，意守雙腳湧泉穴，以意領導「湧泉呼吸」，使丹田之內氣下沉湧泉入地，吸地之氣和接地之力，久久習之根基穩固，至此內功築基已備。

　　順序而進，以意導引呼吸和丹田之內氣逆行，河車倒運，逆上行後三關，下行前三關，是為「周天循環，煉精化氣，煉氣化神」，猶如訓練狗一樣，久久訓練之，狗就會聽主人的指揮而行動。氣亦須經訓練才會聽從意的指揮，故久久修煉之而達氣神一體。氣隨意行，能以心行氣，以氣運身，氣遍周身而達四梢。

　　太極拳每一招一式，均須以意行氣導引呼吸和動作，

形象開合依生理與運動規律協調結合，意守丹田和雙手勞宮穴與雙腳湧泉穴等五穴，以意導丹田之內氣、領導呼吸、動作三者合而為一去練拳，古稱導引術，所謂「勢勢存心揆用意，意動身隨，內外合一」。亦即「心帶身動，導氣內行」，勤修苦煉之，可達「心導氣行，身隨氣動」，意到氣到身到神力到，用意而不用力之拳術最高境界。

至此亦可更上層樓，兼修或轉修煉養生太極拳，如禪坐以拳載道，天人合一，拳禪一體，勤於修煉以達煉神化虛，發揮潛意識的作用，超越大腦，超越思考，達階及神明。此亦即曼青大師所謂之「煉神還虛，則可以通乎靈矣」之「太極拳自發動功」，是養生太極拳氣功神奇奧妙之動禪境界。

太極拳的修煉，意為主帥，以心行氣練拳，意念越輕淡越好，意越輕淡，則動作越靈活。從身心內外雙修，周身透空，本力就能漸漸退去而內功上身。修煉到意無意、無意是真意（意極致輕靈，似有似無，且意中有氣和拳）的輕淡境界，則氣亦達到氣無氣、無氣是真氣（氣斂入骨純剛，氣神化而隨意行，意到氣到神力到），拳亦達到拳無拳、無拳是真拳（意動而後氣動，氣動而領拳動，一動神力到）是為太極拳功夫最高境界。

論太極拳內功之意
與氣之關係秘訣

　　練氣之丹田逆呼吸、湧泉呼吸，必須心與氣相守，意與氣結合同時練，練到意領氣沉於丹田或湧泉。練意之意念導引大小周天、卯酉周天等循環，亦必須心與氣相守，以意導丹田之內氣運行，亦是意與氣同時結合練。練到氣化為神，煉氣化神，氣神一體，意氣相隨。初學者練氣，練意的過程雖然分開，但意與氣實際上是必須結合不可分的。氣沉丹田之後，內功築基已備，便應導而化之為神，亦即意導丹田之內氣，練大小周天、卯酉周天循環。猶如訓練狗和海豚一樣，訓練到它聽主人之意而行，亦即意導氣行而化之，為煉氣化神，氣神一體，達到氣隨意行，能以心行氣，以氣運身。內功高深時，氣神合體就能發揮到淋漓盡致，意到氣到神力到，那氣沉丹田才有用，否則硬沉丹田，不導而化之為神，則而為死氣，不徒無益而有害。故意與氣結合為太極內功，仍不可分的一體二面。

　　意與氣在人身中，無影亦無色，非吾目所能睹也。須知氣於人體之中，佔極重要地位，因氣乃體之充也，用以催血，用以養血，氣之成乃由於命門火與精液涵煦覆育而成。道家稱之謂水火既濟或謂內丹，其所在之處在丹田，道家異常珍視之。常人咸以血為身中之至寶，所視為最貴重者，卻不知氣實較血尤為貴焉。因為氣與血，以氣為主，血為副。人之一生全賴血氣，若有血無氣，則不運，有氣無血，則不和。易言之，氣為重，血為輕，血不足尚可暫生，氣不足則立危矣。故養氣甚為重要。

　　太極拳之特點，除養身之外，尤其以養氣為主。諺曰：「外練筋、骨、皮、力、剛勁，內練一口氣、柔勁、

精、氣、神。」凡練太極拳者，不論你練半小時或一小時或更長，其呼吸仍覺自然，面色亦不變更，而內部氣遍及周身，反較未運動前更為舒適。足見能養氣，功效最大，絕無急促勞頓之弊。進而言之，氣充則血足，血足則體強，體強則意堅，意堅則魄雄，魄雄則神旺，神旺則可延年益壽也。

至於意，或曰意即是心，心即是意。實則心與意，其間亦略有區別。心為意之主，意為心之副。心動則意起，意生則氣隨。換言之，心、意、氣三者，有循環相連之關係，心亂則意散，意散則氣浮。反言之，氣沉則意堅，意堅則心定，故三者相互為用，實相繫而不離也。至於氣隨，則能催血，又能運神，迨至此，方可運用。

夫意氣者，理也；拳術者，法也。有理無法，不能豁然貫通，有法無理，等於捨本逐末。故意氣與拳術，實有相互之關係。太極拳之用意與氣，在初學者雖甚困難，但並非無入門方法（請詳見第壹篇及第參篇）。同時練拳時，必須從假想（觀想）兩字著手，譬如雙手作按式時，即假想前方有敵人。此時乃假想氣由丹田貼於脊，然後由背、而臂、而腕、而掌，以透出之發於敵身（亦即用意念導引丹田之內氣至四肢勞宮穴、湧泉穴、發勁制敵）。此種假想，初學時雖屬渺茫，但習之既久，即能運用自如，隨意導引，亦即意氣相隨，意氣合一。至氣在人體內部，其用於四肢，意之所至，氣則隨之，也就是氣充於中，力貫於外，力從氣出，力隨氣發，即意到氣到神力到也。無論何處，均可行運，意與氣之合謂之勁，神力，神速。

太極拳之開合、鼓盪、呼吸、進退、即練其氣於周身。尤其練太極拳時，必須以一意念，同時意守丹田和勞宮穴及湧泉穴等五個穴位，動作和呼吸必須緩慢是不發勁功的。呼氣時只用意念緩慢導引丹田之內氣，行於四肢勞宮穴和湧泉穴，且必須配合呼氣持續導引丹田之內氣一直到換氣，而吸氣時仍緩慢導引回歸丹田。周而復始，故行拳時氣遍周身，身心進入氣功狀態。

氣指的是氣功中醫概念上的氣，指的是個人先天的因素和後天相結合的因素的綜合性物質（空氣中之氧氣，食物中之營氣，意念內之衛氣）、能量（電磁、電流能量，生物電能，人的生命能源）、訊息（生長因子，細胞的通信兵，神經系統）。概念中的氣包含物質之氣、功能之氣、精神之氣。總而言之，氣是物質、能量、訊息的統稱。內氣能量之電能（低頻率電流），在人體經脈穴道運行，帶領氣血暢通全身。意指的是心念、意念，統稱意識之意。意分為主意識和副意識，主意識是身體各種動作的主宰者，副意識（下意識）者，亦稱本靈、元神、阿賴耶識，比主意識能力強，層次高，有高智慧，也能從外界擷取所需的訊息，發揮不可思議的神通。副意識必須在禪定中或入定中，當腦波頻率和內氣能量頻率降至 7 赫茲阿爾法波後才會作用。例如一個人的靈感，不是發自人的主意識，而是來自副意識。有的人搞創作、搞科研，絞盡腦汁也搞不出來。或遇到難題，先放下休息，無意之中靈感來了，馬上奮筆疾書，創造出來了。這是主意識很強時控制著大腦，腦波頻率高，當主意識放鬆時，腦波頻率下降，

而副意識起了作用。故練養生太極拳氣功時，當人寧靜時，腦波頻率下降至與內氣能量頻率接近時，身心會進入氣功狀態。若再下降與副意識頻率接近時，副意識會進入靈動狀態，身體的一切動作則由副意識主宰。

當行拳時氣功（內氣）能量高增，而與外氣磁場強烈激盪，而使身體強烈振盪時，若是主意識主導，則為養生太極拳氣功靈動狀態，若氣功能量再驟然增強，腦波頻率再下降至與副意識頻率接近，致使副意識進入靈動狀態而由副意識主導時，則為養生太極拳自發動功，亦即曼青大師所謂：「煉神還虛，則可以通乎靈矣。」

太極拳內功之丹田逆呼吸、湧泉呼吸、大小周天、卯酉周天……循環，功成則築基已備，意與氣結合化為煉精化氣，煉氣化神，氣斂入骨純剛，氣神一體。這是意導氣行，稱為意通。以此「意通」之法，勤修苦煉 15 年以上內功深厚者待功純火候到，練功時，只要攝心歸一，意守丹田，內氣會自然而然鼓盪，全身氣動，由丹田的內呼吸帶動外呼吸，內外互為貫之，且內氣會自自然然的下湧泉穴進行湧泉呼吸，採吸地心之氣及接地心之力（反作用力），約十三呼吸，再從腳跟上行越過尾閭，復衝夾脊，度玉枕，後三關，上泥丸，再下前三關至丹田，自動循環大小周天、卯酉周天……。每天的循環周數不一定，練功程序完成後自然收功，殊為奧妙，這是由意通晉升到最高級的「氣通」。本人自初學太極拳內功之意與氣，日日以 30 分鐘，久久習之，持之有恒，勤修苦煉 15 年才獲得功純火候到。此即是曼青大師所謂之：「氣沉丹田，待功

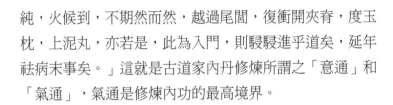

純，火候到，不期然而然，越過尾閭，復衝開夾脊，度玉枕，上泥丸，亦若是，此為入門，則駸駸進乎道矣，延年祛病末事矣。」這就是古道家內丹修煉所謂之「意通」和「氣通」，氣通是修煉內功的最高境界。

結　論

1. 氣與意結合則為氣功。

練氣功（內功、內氣）必須氣與意結合勤練，密切配合，缺一不可。如果練得內氣能量強大，卻無法用意念導引內氣運行，則百脈、經絡、穴道無法打通，氣血無法大量運行周身，只能依生命本能的內氣系統自行運轉。反之，若意念導引之術已練得純熟，但內氣能量卻不足，則導引內氣運行的功效有限。所以，意氣結合勤練至藝精時，於研練太極拳氣功或推手時，就能以心行氣，以氣運身，氣遍身四梢，意到氣到神勁到，意與氣之合為神速之勁。於研練養生太極拳時，只要緩慢將丹田之內氣導引運行於四肢勞宮穴和湧泉穴，則氣遍周身，身心立即進入氣功狀態，全身強烈振盪。

2. 平時空閒，行住坐臥，若能隨時隨地意守丹田，則可獲得養氣之功。

道家謂：「以意導氣（後天之氣），練氣化精，練精化氣（元胎之氣），練氣化神。」下丹田乃吾人精、氣歸藏之府，用意鼓盪。練氣功，練周天循環，練太極拳，則可練精化氣（元胎之氣），斂入脊骨，達百會，而得增血髓，補腦之益，致氣旺而沉，血足筋柔，進而練氣化神。

化神者，即生神力，神之所至，氣已隨之，神氣合一。因功夫進入神化之階，意到氣到神力到，故稱精神，而不言氣。因氣已斂入骨純剛，氣隨意行，不單獨行動，是無著氣之相也。拳經曰：「意在精神不在氣，有氣（氣未神化，而使硬氣）者無力（無神力），無氣（氣已神化）者純剛。」（如小周天循環圖所示精、氣、神）。

3. 有練太極拳內功者吸氣時，氣貼背於督脈脊椎，呼氣，由泥丸下行任脈、膻中、下丹田前三關，且內氣行於周身四梢發勁力。

曼青大師曰：「尾閭、玉枕、泥丸三關，生理學曰副交感神經，謂主恢復。脊椎膂骨曰正交感神經，謂主消耗。究如何使消耗得恢復，其說約謂橫膈膜向下擴張，壓迫腹腔內臟，刺激副交感神經之興奮時，使呼吸及脈搏從緩，唾液增加，血糖量減少及血壓降低，以及利尿退熱等作用，此即氣沉丹田，以至於尾閭中正，神貫頂而已矣。」勁力由脊發而消耗內氣，而吸氣時，胸腔擴張刺激副交感神經，且內氣經尾閭上夾脊、玉枕、泥丸三關，氣貼背脊椎，恢復原來的精、氣、神。

導引（意導氣行）與吐納（丹田逆呼吸）是國人自古以來修煉武術氣功、內功、修心養生的重要法門，可以通利九竅，調和氣血。有練太極拳內功者行拳時，意、氣、拳三者合一，一舉一動，一呼一吸，都要鬆柔慢勻，縱然連續打拳數小時，仍無呼吸急促的疲累現象，反而精、氣、神更旺盛，內氣更盈實，這就是太極拳氣功，可以祛病養生的主要原因，且有悠久歷史。

4. 拳經曰：「氣貼背，力由脊發。」不是說脊椎是力量的源泉，而是說脊椎是關鍵樞紐。

所有向內向外的力量都是經過它的傳導和分配，因為丹田的內氣是經由督脈脊椎分配發散，是心導氣行，力從氣發。故意與氣必須結合勤修煉，達到煉精化氣，煉氣化神，才能意到氣到神力到，由脊椎導出神速之力。

附註：穴位圖

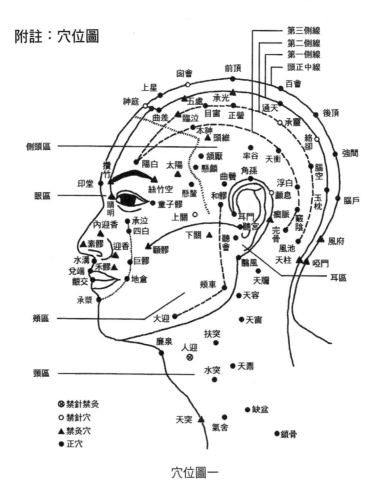

穴位圖一

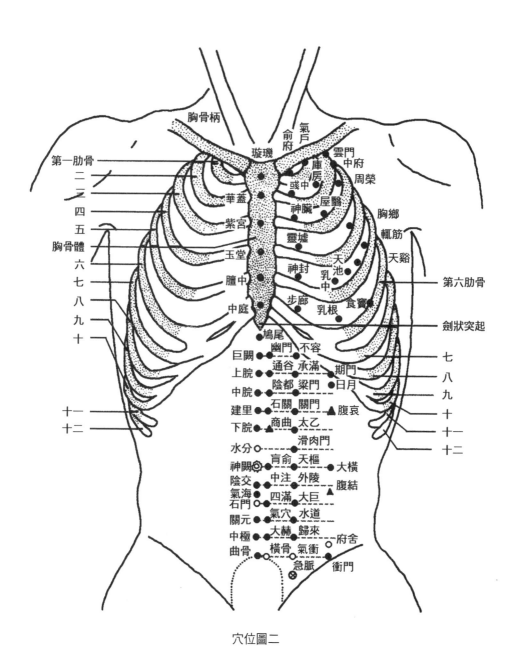

穴位圖二

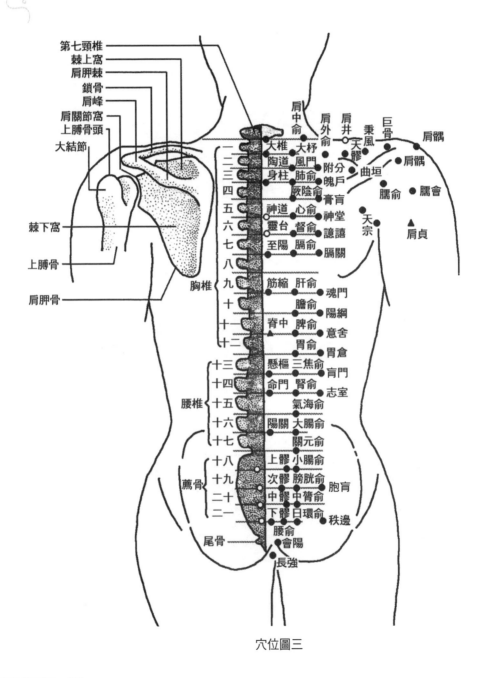

穴位圖三

陸

再論意與氣之關係

太極拳內功為意與氣之合，二者是不可分的一體二面。因練氣之丹田逆呼吸，必須以意領氣歸於丹田，久久漸能宿氣，意氣之合才能氣沉丹田。

練氣之湧泉呼吸，必須以意領丹田之內氣鬆沉湧泉入地，亦為意氣之合才能鬆沉下湧泉入地。練意之意念導引周天循環，亦必須以意領丹田之內氣，意氣之合才能導引周天循環，煉氣化神，氣神一體。練氣也同時練意，練意亦同時練氣，故內功之意與氣是一體不可分的。

古道家、醫家、武術家都特別重視內功的意、氣修煉周天運行，打通任督二脈，則百脈通，周身氣血通暢，精、氣、神旺盛。中醫家將任督二脈與十二經脈合稱十四經脈，任督居奇經八脈之首，任脈心主之，主血，為陰脈之海，督脈脊主之，屬腎，主氣，為陽脈之海。以體用分而言之，則脊為體，心為用，合而言之，則心腎相交。任督二脈分別對十二經脈中的手足六陰經脈與六陽經脈起著主導作用，任督二脈氣血旺盛，就會流溢於十二經脈。故曰：「任督二脈通，則百脈通。」

中醫經所謂，任督之氣在人體運行是生理自然規律，就正常人而言，任督二脈本來就是通的，何須打通？意導內氣運行任督二脈，就是增強其氣血的循環，促進全身器官機能，祛病強身。

道家《太平經》認為，只要以意導引丹田內氣的訓練，從「逆」的方向，上奪天地之造化，凝煉精、氣、神，提高生命品質。道家藉由周天的行氣煉丹鍛鍊，以丹田逆呼吸（真息、胎息、吐納），將先天之精與後天之氣

（水穀精微）結合在丹田凝煉成「炁」，而稱為「煉丹藥」，此即使氣沉丹田，煉精化炁，又稱「初關」，為九月關。爾後再進入大小周天、卯酉周天，煉炁化神、炁神一體、炁隨意行、炁斂入骨階段，謂之「中關」，為十月關。最後，再進入大定階段，達「上關」，為九年關之煉神還虛，而入道體。此關不易，必須有耐心毅力，勤修煉靜禪的內功兼禪坐。這個修煉的脈絡清楚的標示著從身到心靈、從有形到無形、從物質到靈性的幻化過程，是具體可循的（摘自張維良：打通任督二脈的迷思）。

中醫家與道家對任督二脈行經的說法，其差異可從丹田順呼吸與丹田逆呼吸鍛鍊區隔。經書曰：「順成人，逆成仙。」即督脈逆上行而任脈下行。只要練法得要，行功者斡旋人體原氣，並從「入靜」、「禪定」、「調心歸一」著手，河車倒運，而使身形固養，任督二脈氣機通暢。

人身的前面有延髓是任脈，管生命，內炁入延髓可滋潤補充五臟六腑能量。後面有脊髓是督脈，管壽命，內炁入脊髓，可以滋潤補充全身經脈氣血及入骨純剛。中醫針灸、按摩原有很高的療效，但尚有無法達到人身內部組織之深處。然而，導引氣血運行則可達患處深點。故呼吸行氣可稱為整體自療，其療效非常獨特。

人有三寶精、氣、神。道家丹書說：「陽之陰其名曰「精」，陰之陽其名曰「炁」。兩者相需，精是炁之母，神是炁之子。」務使精充、氣足、神定，方足與言煉養鍛化之功，煉精可以補氣，煉氣可以補神，煉神亦可以補

氣，煉氣亦可以補精。人之身心、生命在全精、氣、神之旺盛。精、氣、神不足則病，過虧則衰，衰則老，竭則死。所以古道家和武術家修心養生，修煉內丹的過程是四個步驟十六個字——「築基入手（丹田逆呼吸、真息、胎息、吐納），煉精化氣（丹田逆呼吸、意導周天循環），煉氣化神（大小周天、卯酉周天、太極拳），煉神化虛（禪坐之靜禪功、鄭子 37 式養生太極拳之動禪功）」——這就是修煉修心養生的精、氣、神三寶。

古代修煉內丹功的築基的煉丹藥，就是胎息（丹田逆呼吸）入門，煉精化氣，丹藥練到功成（氣沉丹田）。然後採藥煉藥，煉氣化神（周天循環、河車倒運、陰陽顛倒），煉神化虛，日日陰陽顛倒三百息，息息歸臍，壽與天齊。最後收功，精、氣、神歸存下丹田，就能還精補腦，長生不老，返老還童，故意與氣是生命的根源，缺一不可。

有一大學張教授，練太極拳（無內功）30 幾年，因腎結石開刀後，精、氣、神虛弱，服藥年餘無法根治，經友介紹來學太極拳內功，為求身體快速康復，極為專注用心，每天早上練功 30 幾分鐘，下午 5 點下課再練 30 幾分鐘，六個月後精、氣、神不但恢復而更增強，且能慢跑，上下課不搭電梯而改走樓梯三樓，殊為奧妙。

太極拳內功之意（導引）和氣（吐納和胎息），自古以來修煉消濁、生元、祛病強身的最佳法門，修煉功成之後，在生理和心理上要經歷「推陳出新」的過程，推陳就是排濁，排濁時經由身體局部出現熱汗、冷汗、小水泡、

紅斑點，小便突然惡臭，大便突然惡臭、黑糞，百會、印堂出現熱熱，和湧泉穴熱熱、麻麻、涼涼似流冷汗、小水泡等現象，排除體內不利於健康的穢毒之氣，和病理性的五臟六腑的穢毒之氣，出新就是生元，生元是產生元氣，補充消耗、累積儲存，增強血液循環系統、運動系統、呼吸系統、內分泌系統、消化系統、生殖系統、神經系統、感覺系統、減輕高血壓、糖尿病等等疑難雜症，精、氣、神旺盛，湧泉穴（腳掌）會熱熱、麻麻、涼涼，勞宮穴（手掌）會熱熱、麻麻，百會、印堂會熱熱，臉部、額頭變得紅潤光澤，男性夜眠會無欲而剛，年輕婦女在陽旺的情況下，也會月經回潮，故修煉內功能使五臟六腑機能和免疫力增強，祛病強身，返老還童，延年益壽。

　　古道家在內丹修煉當中，對內氣通任督兩脈的過程分為兩個階段——初階為「意通」，高階為「氣通」。

　　詳述如下：

意　通

　　所謂「意通」，就是當修練之初，在丹田真氣尚未充盈之前，就加以意念的誘導（導引），以意領丹田內氣，以求在短的時間內出現周天循環的感覺，令氣血暢通，有強身祛病之功效。其法者，當回光返照，收視返聽，一志凝神丹穴。當吸氣時，即以意默運（導引）真氣，撮提穀道（提肛），轉過尾閭、循夾脊而上玉枕，達泥丸。略停一停，又乘氣外出之機，呼氣，以意送此氣下任脈歸丹田，是為意領氣行小周天。長期修練，氣斂入骨純剛，煉

氣化神，氣隨意行，氣血旺盛，面色紅潤，頭髮烏黑。而「氣通」，它需要長時間勤修苦煉「意通」。初學太極拳內功時，吾師即授於「意通」之法，練丹田逆呼吸、湧泉呼吸，和意念導引丹田之內氣運行大小周天。每天先練意通之內功約 30 分鐘，然後再練拳架共約 1 小時。每天費時越多，越快功成，5 年後功夫築基已備，持續勤修煉，10 年之後才獲得「氣通」之功。若能攝心歸一，五蘊皆空，無所住而生其心，勤修若煉每天 60 分鐘以上，則一年即可獲得「氣通」，亦有學生不到一年即獲得。

氣　通

　　當丹田真氣，日積月累，達到旺盛充盈，在精、氣、神旺盛的基礎上，待功純，火候到，勃然而動。自行發動的任督周流，衝開督脈，以通任脈，運行周天，有水到渠成之妙，是氣自動，非覺非動，實覺實動，古丹書說這「氣通」是真機。曼青大師曰：「氣沉丹田，待功純，火候到，不期然而然，自越過尾閭，後衝開夾脊，度玉枕，達泥丸，亦若是，此為入門，則駸駸進乎道矣，延年祛病末事矣。」這就是「氣通」。宋朝真人張銳說：「意者氣之使，意有所到，則氣至。氣功練到精湛之處時，可以用意識帶領丹田之內氣運行的，這是丹田逆呼吸的煉精化氣，修煉到大小周天、卯酉周天……循環的煉氣化神，這就是『意通』。」又說：「凝神於丹田，得真氣累積至一定的程度後，真氣會自動衝開關竅，而循經運行，這是意念跟隨真氣循行，而不是意念領真氣走。古人說，彼是主

來我是賓，這是由煉氣化神修煉到煉神化虛，這就是『氣通』。」故內功的「意通」修煉到高深精湛時，即能獲得「氣通」之功。亦即有意修煉到無意，無意是真意，有氣修煉到無氣，無氣是真氣，這是真機。

太極內功修煉到「氣通」之功者，晨間打拳前先修煉內功時，閉上眼睛，攝心歸一，靈靜禪定，意守丹田輕靈逆呼吸 3 次，內炁勃然而動，自動鼓盪丹田「腹鬆淨，氣騰然」的逆呼吸，吸氣，丹田內縮，下腹內凹，雙手中指尖隨之內壓，上半身前傾，深達夾脊，氣從尾閭上命門，稍微逗留，呼氣，氣從命門下沉丹田，丹田往前膨脹，上半身恢復原狀，第八次在命門逗留五秒鐘左右，共約 10 次左右，細長深勻的深呼吸後，內炁急速下湧泉，鬆沉入地，與地心感應。數秒後一吸，內炁勃然而動的吸取地心之氣，從湧泉急速跳動，經雙腿後中心線，衝開尾閭，上督脈、玉枕達百會。稍停 15 秒左右，一呼，內炁急速通任脈下丹田，再經雙腿前中心線，鬆沉湧泉入地與地心相感應。約停 10 秒左右，再一吸，湧泉又吸取地氣，急速跳動，衝開尾閭上百會。共 5 次吸呼循環，全身振盪。

第 6 次吸氣時，湧泉穴吸取地心之氣，急速跳動，經雙腿後中心線，衝開尾閭上督脈命門。稍停 15 秒左右，一呼，急速入丹田，再經雙腿前中心線，衝下湧泉鬆沉入地。稍停 10 秒左右，再一次吸，湧泉又吸取地氣，急速跳動，衝開尾閭上命門，共 7 次吸呼循環，全身氣動。

第 11 次吸，湧泉吸取地心之氣，急速跳動，經雙腿後中心線，衝開尾閭上督脈命門入下丹田，再經雙腿前中

心線衝下湧泉，再衝上命門，循環 50 周圈。然後一呼氣，亦依同樣經路循環 50 周圈，共 2 次吸呼。

第 13 次吸，湧泉吸取地心之氣，急速跳動，經雙腿後中心線，衝開尾閭，上督脈、玉枕達百會。稍停 15 秒左右，一呼，急速通任脈下丹田。稍停 10 秒左右，勃然而動，下會陰，衝開尾閭，上督脈通後三關，下任脈通前三關，急速運行小周天 160～250 周，每天周數不一定。然後再急速運行大周天 160～250 周，每天亦不一定周數。然後再急速運行卯酉、環狀周天，每天周數亦不一。最後，自發丹田內炁鼓盪 110 次，自發「氣通」練功約 30 分鐘左右，程序完成後，自然然自動收功，足證內功之意、氣修煉，極為奧妙神奇。

「氣通」是內功已修煉到最高境界的煉神化虛（動禪），是由副意識主導「氣通」的，而每個人的副意識不同，所以氣通時全身的氣動、振盪次數、時間、程序，每個人均不相同，上述只是本人目前的氣通程序和動盪，再過一段時間功力增強，程序與動盪即隨之變化，修煉無止境，則內功能量的變化亦無止境。

太極拳內功之導引、吐納術，就是古道家、武術家修煉丹藥之術，丹書《還丹復命篇》論述內丹修煉名言曰：「時人若要長生藥，只向華池覓魄魂，精氣元為本，神靈共一家，但能擒五賊（佛經曰：五識，眼、耳、鼻、舌、身），自可結三花（精、氣、神），煉丹不用尋冬至，身中自有一陽生。」功成則有真炁還丹和玉液還丹之功，詳述如下：

真炁還丹

丹書說：在小周天的煉丹藥（導引、吐納術）過程中，丹田真炁（精氣）經後三關、前三關打通任督二脈而百脈通，補足還原充實，身體五臟六腑耗損的精氣（元氣）增強機能，祛病強身，而後回歸下丹田，謂之回轉氣穴的真炁還丹。

玉液還丹

丹書說：在小周天的煉丹藥過程中，會感覺到津液（唾液）增多，降入口中，似冰片香，若薄荷涼，口中溫潤，徐徐下咽，是為玉液還丹或金液還丹。此津液極為煉丹家所重視，《黃庭內景經》認為可以使用「顏色生光金玉澤，齒堅髮黑不知白」，其原理是舌下玄膺穴有兩竅，兩條神經，謂陰陽，為通心腎之神經，左邊的稱金津為通心；右邊的稱玉液為通腎，修煉太極拳內功時，舌頂上齶，有二條神經（兩竅）帶動心腎相交，如道家所謂「雙龍取水，下吸海底湧泉之水，上接天河之甘露水。」精氣經過玄膺穴（舌下）與池玉（口腔）之唾液分泌腺舌下

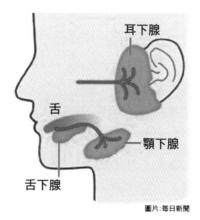

耳下腺

舌

顎下腺

舌下腺

圖片：每日新聞

唾液分泌腺圖

腺、顎下腺、耳下腺，而促使唾液分泌增多，《性命圭旨》中說：「玉液滿口，如泉水然，微漱數遍，徐徐以意引下重樓，漸過膻中尻尾，中脘神闕，至氣海而止，此玉液還丹也。」

　　曼青大師曰：「煉氣化神，氣斂入骨純剛，氣得化境，而進乎精神作用，而神可挾氣而行，是為神力，亦可謂神速，物理學以速乘力，其效能未可限量，故神力即神速也，學者，類多捨近求遠，不知丹田積氣之妙用，更何論神力、神速，誠有電之意，存乎其間。」

　　《十三勢行功心解》曰：「意在精神，不在氣，在氣則滯，有氣無力。」練太極拳內功有成者丹田內氣盈實，且已斂入骨純剛。煉氣化神，氣神一體，氣隨意行，而不單獨行動，此「氣」為先天之「炁」，正因先天之炁，炁隨意行，是以意領之，以神挾之，不可以蠻力使之，如果以蠻力使之，則為硬氣，反而使氣停滯於經脈穴道，轉動（動作）不靈，則為呆力、蠢力、蠻力，而無神速之神力，且對身體不徒無益而有害。又曰：「無氣則純剛，無堅不摧。」因氣已斂入骨而純剛，氣已化為神，氣隨意行，至此功成，亦是內功從有氣修煉到氣無氣，無氣是真氣，只要用意而不用力，意到、身到、氣隨之、神力到，無堅不摧。欲達此太極拳聖境，則須內功之意、氣與外功之拳架、推手合為一，如爐煉丹一樣，朝夕勤訓，千錘百煉，始克有濟。

柒

太極拳之基本功法秘訣和基本姿勢要點

太極拳分外功之練拳架和內功之練意念導引，與練氣之丹田逆呼吸及湧泉呼吸二部分。若內外功練習得法，則氣血旺盛，能得其益。否則，練非其法，即每次盤全套架子數遍，亦無功效可言。惟練時必須舌抵上齶，脣齒相合，以鼻呼吸，身體鬆直中正，含胸拔背，沉肩垂肘，頭正頂懸，落步分虛實，處處求圓滿，周身輕靈，眼神目光炯炯平視手之前方。練意、練氣、練拳三者合而為一，勤修苦煉數年，獲得高深太極拳氣功後，若要兼修或轉修研練養生太極拳氣功時，須改為以禪定視線下垂 45°～30° 的眼神，視線下垂凝視手掌勞宮穴或手掌，以防眼神被外景事物所轉，並增強意守丹田、勞宮穴、湧泉穴，及導引丹田內氣運行於四肢的功效。呼吸自然、深沉、細長、均勻，用丹田逆呼吸，上下左右相繫一致，陰陽剛柔分清，澄心斂神，無思無慮。而沉氣鬆力亦須顧及，因氣沉則呼吸調和，力鬆則拙力消除。

每勢每式求其外形勢順內部舒適，毫不強梗，意氣與拳架配合為一，亦即三合一，呼吸細、長、深、勻、鬆、靜，和動作鬆、柔、慢、勻、圓、整配合，打拳愈慢愈好，如此自能胸膈開展，血氣調和，對於身心有莫大功益。

一　練太極拳和養生太極拳之基本功法

學習拳架之前必先練混元椿、川步椿、和金雞獨立。

此三種步法，能使下部有勁，不致輕浮，正如建造房屋之地基，基不固焉能持載高堂巨廈。

惜今學者多不從此著手，以求漸進。初練即為盤架子，須知不經此步功夫，則下部無功，重心易偏，故欲太極拳真功夫者，非先練樁步不可，太極拳推手大師及吾師均曰：「每日早晚練拳前，堅持站樁二小時及練氣、練意之術，以增強功力和耐力，十數年風雨無阻，從不間斷，數十年對鬆的追求，無時或忘，欲求高功，必須多站樁，站樁為換勁之根，習而久之，能使弱者變強，拙者化靈。」拳諺曰：「練拳不練樁，等於瞎晃蕩，樁功是個寶，健身技擊不能少，拳法無樁法，房屋無樑柱。」此外，亦必須分開練氣和意的功法，如此才能獲得太極拳之精髓。茲將基本功簡述如下：

（一）混元樁

舌抵上齶，兩足並行分開，距離較兩肩略寬，身體下蹲兩膝屈，重心分於兩腿，上身正直懸頂鬆腰，含胸拔背，沉肩垂肘，尾閭中正，眼神視手，斂氣凝神，同時意守丹田、雙手勞宮穴，及雙腳湧泉穴。以鼻呼吸，兩臂屈彎，雙手向前，掌心相對，宛如抱球。同時，動作分為一升一降，一升即身體略往上升，兩手稍往外開，氣為吸，沉於丹田。總之，一開與一升為吸氣（用丹田），一合與一降為呼氣（用丹田），意導丹田之內氣行於四肢，鬆沉於湧泉穴，入地三尺。

動作愈慢愈好，初學時，一次只須練五分鐘，漸久漸

加。日久以後，除下部穩實有功及周身四肢內勁加厚外，而丹田之氣亦充實功力增強。

（二）川字式站樁

立正，右足向前踏出半步，足跟著地，足尖略提起，屈左腿，兩足距離約一尺左右，勿過近或過遠。上身正直，含胸拔背，虛靈頂勁，尾閭中正。不管呼氣或吸氣，均須左足心貼地，氣沉湧泉穴入地，意守丹田、雙手勞宮穴、雙腳湧泉穴，眼神視手前方，手腿姿勢狀如提手上勢，此勢為右式，狀如手揮琵琶則為左式。

兩式可視腿的支撐力而輪流更換，練習此樁步，不論時間長短，如能持之有恆，對人體內部意氣，周身內勁及腰腿功夫，皆有莫大之益助。此式含有前進、後退、左顧右盼、中定以及攻守等勢，故在太極拳中極為重要。

（三）金雞獨立

練金鷄立，左右腳輪流。腳掌外撇 45°～30°，腳掌貼地，重心在腳掌心，無論呼氣或吸氣，均須以意領氣，貫於湧泉穴和腳掌鬆沉入地，氣略內偏於湧泉穴和大拇趾和足跟。站立的時間愈久愈好。

練此功能使單腳站立的穩定度增強，而使內勁及腰腿功力增強，使分腳、蹬腳、轉身擺蓮等拳架子穩而不亂。曼青大師曰：「是以腳部之喫苦，有益於心臟和腦部，初學者每日早晚五分鐘，一腳立地，再左右調換，逐漸加久低坐，足心貼地，久之自然更穩。」

（四）練盤架子

詳見第捌篇，每招每式都單練熟記。

（五）練　氣

詳見第壹篇。以丹田逆呼吸法和湧泉呼吸法慢慢練，不必急於短時間練成。唯必須達到呼吸深沉、緩慢、細長、均勻、鬆透，則丹田之內氣能量日日增長。此法為練氣沉丹田、意守丹田、氣沉湧泉之捷徑。要練到每分鐘呼吸 1～4 次，則行拳時必能達到鬆透、靈靜、不用力。

（六）練　意

詳見第參篇。勤修苦練大小周天、卯酉周天、……循環，達到煉精化炁、煉炁化神、炁斂入骨純剛，能以心行炁，以炁運身。

練拳架時，要意念集中，不可分心，全神貫注，意守丹田、雙手勞宮穴、雙腳湧泉穴等五個穴位，意識必須引導每一招一式的四肢動作運轉。

出拳出腳則呼氣，收拳則吸氣，開吸合呼，升吸降呼，攻呼守吸，或小呼吸，且都必有假想敵的意念。久而久之，練拳時意氣相隨，當拳架和意氣三合一練熟後，呼氣時，就能用意念導引丹田內氣運行於四肢勞宮穴和湧泉穴，而使氣遍周身，能達到意到氣到神力到之境界；吸氣時，內氣仍導引回歸丹田。

請注意，行拳呼氣（吐氣）時，意念必須持續導引丹

田之內氣行於四肢勞宮穴、湧泉穴，且不可有斷續，否則內氣能量不會增強。

二　練太極拳和養生太極拳基本姿勢要點

（一）簡述

1.虛靈頂勁。

2.無思無念，凝神貫注，攝心歸一，也就是入禪的境界。靜若禪定，練太極拳氣功者，行拳時，眼神為目光炯炯，平視正前方手指。當功高深後，欲修煉養生太極拳氣功者應改為禪靜的眼神，視線下垂 45°～30°，凝視手掌和正前方地面。但初學拳藝者，眼睛視線為平視正前方。

3.含胸拔背，鬆直。

4.尾閭上提，身體中正。

5.沉肩垂肘。

6.坐腕伸指。

7.鬆腰鬆胯，鬆沉湧泉。

8.膝部如鬆非鬆。

9.足掌貼地，必須練湧泉呼吸法和站樁。

10.分清虛實。

11.上下相隨，周身一致（一動無有不動，一靜無有不靜。）其根在腳，發於腿，主宰於腰，不獨手腳隨腰轉動，自顛頂及踵與眼神皆隨之，決不可自動，否則即散亂

也。

12.內外相合（內者氣、意也、外者拳架子也。）

13.呼吸緩慢自然（當呼則呼，當吸則吸）與動作配合。必須練丹田逆呼吸，練到呼吸細、長、深、勻、鬆、靜。

14.用意不用力（必須意、氣、形三者合一，勤修苦煉，煉到氣神一體，氣隨意行，意到氣到神力到）。

15.氣遍周身，深沉丹田（必須意、氣、形三者合一，勤修苦煉）。

16.式式勢順，鬆柔緩慢均勻，綿綿不斷（意氣與內勁亦然），周身舒適。

17.姿勢無過或不及，當求其中正。

18.動中求靜（心靜，無思無慮），靜中求動（內氣運行）。

19.鬆則靈，靈則動，動則變。

20.只意守丹田是初步功夫，必須以「一念帶萬念」，同時意守四肢勞宮穴、湧泉穴等五個穴位。意、氣、拳架相隨合一，呼氣時，必須用意念緩慢導引丹田內氣行於四肢勞宮穴和湧泉穴；吸氣時，亦緩慢將勞宮穴和湧泉之內氣導引回歸丹田，則行拳時身心立即進入氣功狀態，雙手氣動振盪。

（二）詳述

拳經論曰：「重意不重形，不在形式在氣式，不在外面在內中。」這是指習拳很久，動作定形，拳藝內功高深

之人而言。他們是「心動而意動，意動而氣動，然後氣導外形動」，是「心導氣行，身隨氣動」，亦即意導丹田內氣動，而帶引外形拳架的極細緻的鍛鍊方法。

說動全身俱動，說到一齊便到，這必須從太極拳內功之練氣之呼吸和練意之意念導引，氣神合一，氣隨意行上專心鍛鍊，再與拳架三合一鍛鍊，達到「內外合一，神形俱遣」，這種拳藝內功境界很高深。

但初學者，必須在拳架的基本姿勢上追求正確，舉凡動作的陰陽、虛實、開合、呼吸、意導、進退、往來、升降、蓄發、剛柔、順逆、打化、黏走，每一個姿勢和整套拳架動作形成定形之後，才可進一步加上呼吸法，再進一步加上意念導引法。最後，內功之意、氣和外功之拳架必須緊密結合為一勤練（詳見第捌篇），著著貫串，處處合住，由內而外，以外引內，即為內動帶外形動，則外之所形，無不是內之所發。亦即拳經論曰：「以心行氣，以氣運身，意到、身到、氣隨之、神勁到。」這是有內功的太極拳，亦即太極拳氣功。打拳時是煉精化氣，煉氣化神，氣神一體，氣隨意行，修煉意、氣、形一體的動功。

當拳術內功高深後，再兼修或轉修養生太極拳氣功。鄭曼青大師曰：「僅此言煉精化氣，煉氣補腦而已，更有進乎此焉，煉精化氣，煉氣化神，煉神還虛，則可以通乎靈矣，此余所未能也，曹子曰，止矣，可以聞而知之，有此理必有此事，留證於異日可矣。」（《鄭子太極拳自修新法》第十三篇第 14 頁）。這就是說，拳藝內功高深者，若轉修煉鄭子養生太極拳氣功，可更進一步，達到

「煉神還虛，則可以通乎靈矣之自發動功」的神奇奧妙之境界。

所以，修煉養生太極拳，必須將一般目光炯炯平視前方打拳的動作改為眼神似閉非閉下垂 30°，凝視前方手掌和地面，心身才能極致靈靜禪定。呼吸細、長、深、勻、鬆、靜，動作鬆、柔、慢、勻、圓、整，才能拳禪合一，進入動禪煉神還虛之境。這是研練太極拳和養生太極拳兩者相異之處。

而兩者之基本姿勢均相同無異，都是頭要正，肩要沉，肘要垂，腕要坐，手要舒，胸要含，背要拔，腹要鬆，腰要塌，臀要斂，襠要圓，胯要落，膝要扣，足要穩。要快速達到以上目標，必須習盤架子時，同時勤練氣之丹田逆呼吸、湧泉呼吸、站樁，使氣鬆沉丹田和湧泉，和練意之意念導丹田內氣運行大小周天……循環，達到煉精化氣，煉氣化神，氣隨意行，才能以心行氣，以氣運身，剛柔並濟，隨心所欲，全身關節肌肉鬆柔。故練意、練氣、練拳非下苦工夫絕難有成。

基本姿勢要點詳述如下：

1.頭

（1）頂頭懸：

似頭頂有繩索懸著，從頭頂到頸項必須自然正直，不可強硬或軟塌擺動。曼青大師曰：「頂頭倘有擺動，秘傳所謂，雖練三十年不得成功。」

（2）虛領頂勁：

百會穴虛虛往上頷起，下頷自然微向內收，頭部自然

垂直，可防止前傾後仰，可與氣貼背相結合，拳經謂「上下一條線」，便是百會穴與會陰穴保持垂直的姿勢，才能神貫頂。

（3）習拳要注意，口齒輕合，舌尖輕抵上顎，眼平視前方隨身轉。

呼吸自然與拳架配合，該吸則吸，該呼則呼，緩慢相協調，全身關節肌肉才能自然鬆柔，頭、頸椎、脊椎、尾閭為整體，頭頷不可隨意單獨擺動，才能達到頂頭懸，虛領頂勁，太極拳體用歌所謂「御風何似頂頭懸」。

2. 眼

先聖曰：「眼為心之苗，心中正，則眸子了然，心不正，則眸子眊然。」一個人的心緒動靜，從他的眼神可以看得清楚明白，因神聚於眼，目光炯炯，則攝人心弦。眼神下垂，似閉非閉微張，則習靜、養神、禪定。

習太極拳必須隨動作的轉移，將目光平視正前方，這樣可以鍛鍊視力靈活性，意志專注，勁氣充足，精神旺聚，令人一看即感覺神氣十足。神聚於眼，是練健身禦敵共有的要求。

練拳先用意導引眼神，預定前進的方向，然後步法、手法、身法跟上去，眼神要大方、舒展、嚴肅、沉靜的神氣，才能顯現出氣象萬千。久久習之，便可一轉眼，則周身俱動，眼到、意到、身到、氣隨之、神力到，神形合一。這是練意、氣、形合一的功夫，意與氣合生勁，勁由意發，則無堅不摧。

練養生太極拳，則改為眼神下垂凝視正前方手掌和地

面，不發勁制敵，以勁合於筋骨血脈之中，與六神合為一體，進而與天地之電能合一，所以可增強五臟六腑機能，祛病養生。

3. 胸

挺胸則氣擁於胸，上重下輕，腳根易浮。含胸是胸部平正略含，放鬆肩鎖關節，兩肩微向前含，兩肋微斂，使氣沉丹田，上身輕靈，下身沉穩稱之空胸。

丹田逆呼吸是胸腔橫膈膜的伸張和收縮，使腹腔和胸腔的五臟六腑，受到時緊時鬆的腹壓運動，有助於血液循環及機能活動之促進，先賢謂：「含胸拔背，是胸背的蓄勢待發，胸背隨手轉。」

4. 背脊

能含胸就能拔背，含胸有利化勁，拔背有利發勁。當胸部放鬆自然會內含，背部肌肉下鬆，兩肩中間脊骨便鼓起上提，便是拔背或稱圓背。背脊為督脈、氣脈、陽脈、五臟六腑之俞穴均在背部，所以習高階太極拳，必須練太極拳內功之丹田逆呼吸、湧泉呼吸，和意念導引。

吸氣時，丹田之內氣會自然斂入骨，經尾閭上督脈、背脊，即拳經曰「含胸拔，氣貼背」，呼氣時，意領氣由背脊、肘、手發，拳經曰「力由脊發，腰脊為第一主宰」。故太極拳特別重視背脊的鍛鍊，要勤練意和氣的內功，才能靈通於脊，意導氣行，意到、氣到、神力到。

背脊連接著上下軀幹及牽掛著四肢百骸，力量向外的傳導及所有外力的化解都要靠背脊，所以要保持背脊的自然鬆直，神貫頂。所謂「力由脊發」，不是說背脊是力量

的源泉,而是說背脊是所有內向或外向的力量都要經過它的傳導和分配的樞紐。這發是分配的意思,而不是指源頭,因為勁是由意導丹田之內氣而發。

5.肩

沉肩是太極拳重要法則之一。先鬆肩才能垂肘,並可幫助含胸拔背和氣沉丹田。但肩要如何沉呢?

①膊不貼緊肘,肘不貼肋,腋下約可容一拳。

②兩臂鬆沉微向前,肩與胯成一垂直線。

③兩肩平齊,骨節一線,貫通相呼應。

④以意念引導肩關節鬆開,習拳時不要太注意肩的動作。練拳要循太極拳規律,一開一合,一陰一陽,一呼一吸,以輕靈退去肩的本力,不能有任何的隨意性。

6.肘

太極拳嚴格要求沉肩垂肘,肘不離身。在任何一個動作,肘關節總是自然微屈下垂之勁,同時能加強坐腕。如果肘尖上提,肘部即遠離身軀外突,不但影響沉肩沉氣,且兩肘太突出易受制於人。

拳經曰:「肘尖上抬全身空,肘尖下垂全身鬆。」例如,提手上勢,手揮琵琶,兩肘在前後、左右、上下都要互相呼應合住。而肘尖和膝關節也要上下互相呼應合住,沉肩與垂肘也必須要互相呼應合住,白鶴亮翅,肘尖仍有下垂勁。

7.腕

肘要鬆垂,肘關節微屈,用意貫注,使手臂伸縮運轉時輕靈沉著而不飄浮,便是坐腕。

就是手臂在伸縮纏繞的過程中，腕部是柔活而有韌彈性的隨手臂運轉，是隨著身法鬆而有定向的沉著下塌，並使手掌貫注內氣勁。故坐腕不僅可以避免手掌在運轉中內氣勁的斷續，且能控制對方的勁路，適時發勁功。練拳時應注意旋腕的動作，不管進退屈伸均應形成圓形，所謂「太極拳是掤勁，動作走螺旋。」這是最高拳術。

8. 手

相傳所謂「美人手」，就是手指非併亦非撐，非曲亦非直，要從開中求合，曲中求直，坐腕而手背不露筋絡。在太極拳架中，手的變化最多，最為靈巧，故曰「形於手指」。

太極拳手上五指的運用，拇指主自家的重心，食指不著力主輕套路動作，中指主中心或對方中心，由中指領掌發勁，無名指主引領向前的動作，而最小的小指，在太極拳綜合內功運用中，起著沉肩垂肘，統領周身放鬆的角色。練拳鬆小指，推手鬆小指，技擊同樣要鬆小指，否則易受傷（我見過很多習推手者小指受傷）。太極拳修煉要求從腳、九大關節到手放鬆，而鬆小指有益於順暢地放鬆九大關節。手形分為掌、拳、勾三種：

（1）掌

太極拳的掌法，以自然鬆舒為主。五指不可用力並緊或張開，掌心亦不可形成窩形，並應有逐漸虛實的自然展示。例如，手向前伸，在未伸時，意守勞宮穴手掌微窩形，蓄而不張，這是虛掌。往前伸時為呼、為發，以意領丹田內氣貫於掌勞宮穴，手掌慢慢旋轉劃弧舒展，窩形即

逐漸外張，這叫由虛而實。達終點時，微微坐腕展指，掌根貫氣，勁前突，窩形近於消失，意氣、勁貫於指尖，由中指領掌發勁，這叫實掌。在收回時，亦意守勞宮穴，氣為吸、為蓄氣回歸丹田，手掌慢慢旋轉劃弧後縮，逐漸復歸含蓄窩形，這叫由實而虛。這種掌法的虛實，應與腳、腿、腰的整體旋轉動作的虛實相結合。氣運於掌通於手指，尤其鄭子太極拳的美人手，更能達到舒筋活血，氣貫於手指。兩掌按出時不可過膝，應足尖、膝蓋、手掌在同一垂直線上，稱三合一。過膝則失重心，常見練拳者，兩掌按出過度，全身傾出，臀部高聳，站不穩。

練拳如修道，一切以意氣為先，要用意念來放鬆全身關節和拉長韌帶，手掌的動作是走圓弧形、劃圓圈的，不可直來直往。前掌六分實，後掌四分虛，要以意領氣催肩，以肩催肘，以肘催手，膀隨腕轉，腕隨掌轉。

例如手臂向前按推，呼氣，好像氣貫於指尖，由中指用意領掌發勁，手臂外旋，呼氣，小指外側用意領之，好像貫氣於小指外側，向外撐勁，由掌和拇指內側發勁。手臂內旋，吸氣，拇指外側用意領之，好似貫氣於拇指內側裏勁，由掌和小指內側發勁。這是意與氣的變化，完全表現在手掌上。

勁和動作有節奏性圓整變化的太極圓弧運轉，故拳經曰「勁貫四梢」。有練意與氣之內功者，只要打拳時意守丹田和勞宮穴、湧泉穴等五穴，就可達到勁貫四梢，由中指領掌發勁。依據掌的方向和形象，掌分為正掌、立掌、垂掌、仰掌、俯掌、側掌、反掌等。

①正掌

指掌心向前而指尖向上而言。如自鶴亮翅、玉女穿梭等是。

②立掌

指指尖向上或偏向上方而言。如右單鞭之右手立掌、右提手上勢之右手立掌、右搬攔捶之左手立掌、金雞獨立之手立掌等是。

③垂掌

指指尖向下或偏向下方而言。如單鞭下勢、海底針等手掌為垂掌。

④仰掌

指掌心向上或偏向上方而言。如野馬分鬃、雙手合抱球之上手俯掌、下手仰掌等是。

⑤俯掌

指掌心向下或偏向下方而言。如按、摟膝按掌、如封似閉、倒攆猴、擺蓮、起勢等手掌均為俯掌。

⑥側掌

指大拇指尖向上而手掌側立而言。如攬鵲尾掤、右搬攔捶的左手由側掌而立掌等是。

⑦反掌

指大拇指在下而手掌側立而言。太極拳用反掌擊人的地方很多，如左右單鞭、左右摟膝按掌、順手下放左右反掌擊人。

（2）拳

太極拳的握，是四指併攏捲屈，大拇指貼於中指中

段，握成拳形。拳心空鬆有團聚氣勢的意念，出拳落點時，拳背須與臂成垂直，腕鬆柔有意，以拳面領拳發勁。用拳的動作分為搬攔捶、撇身捶、轉身撇身撤、肘底看捶、栽捶、指襠捶。

依出拳的方向和形式而言，則如下：

①立拳

指出拳前伸時拳眼（虎口）在上而言。搬攔捶的拳、左右彎弓射虎的右左手等是。

②平拳

指出拳打擊時拳心向下而言。左右打虎的右左拳、雙風灌身的雙拳等是。

③仰拳

指拳心向上或偏向上方而言。如右、左轉身撇身捶的右、左拳等是。

④栽拳

指拳往下栽或偏向下方拳眼（虎口）斜向下而言。如進步栽捶、指襠捶等是。

⑤倒拳

指出拳打擊對方時，拳眼（虎口）在下、拳心向外而言。如右打虎的右拳、右彎弓射虎的右拳等是。

（3）吊（勾）手

吊（勾）手係指手腕下彎，五指攝攏向內微勾，手指下垂。吊（勾）手用時先以指，繼以手指之骨節，繼以手背，繼以腕骨，如輪之向前、向下、向上劃圓轉動，含有「抓、拿、擺、纏」之捲勁。

9. 腹

拳經曰：「先在心，後在身，腹鬆淨，氣騰然。」欲達此目標，必須勤修苦煉太極拳內功之氣的丹田逆呼吸，使氣沉丹田後，丹田經常用意導氣前後、左右、上下的圓形運轉，時鬆時緊。日久功深，丹田內氣逐漸盈實。

當呼吸練到每分鐘 1～2 次時，自然能細、長、深、勻，腹部丹田之內氣，平時是鬆柔沉靜的，和意的意念導引丹田內氣，循環大小周天……達到煉氣化神，氣斂入骨純剛，氣隨意行，就能以心行氣，意重則剛，意輕則柔，剛柔並濟，自然隨心所欲。腹部丹田發勁時要像打足氣的皮球，富韌彈性；或蓄氣待發時要它鬆空沉靜均可，謂之「腹鬆淨，氣騰然」。打拳時呼吸細、長、深、勻、鬆、靜，動作鬆、柔、慢、勻、圓、整，腹部的伸縮亦自然鬆淨，似有似無，只心導氣行，身隨氣動，意到、氣到、神力到，只用意而不用力。

10. 腰

腰是一切動作的主宰。太極拳對腰部的要求是鬆沉直，是空腰鬆腰，吸氣時，腰部感覺是空心深洞，而呼氣時，感覺深洞擴大超過腰圍，此時周身上、下、內外，有「由腳而腿、而腰，總須完整一氣」的感覺。拳經曰：「腰為主宰，腰一動全身俱動，命意源頭在腰隙。」腰隙即腰眼，就是左右兩腎，二腎管二腿。腰部在動作時，是腰隙交替轉換來帶動兩腿分虛實，但仍須注意虛中有實，實中有虛，以免偏沉或偏浮之病。腰要鬆沉直，動作要圓弧旋轉，虛實變化是減加法漸變，不可突變，不可左右橫

向橫移、橫實送虛、直來直往、直實送虛這種悖於陰陽虛實變化的動作，才能自然旋轉靈活。

曼青大師曰：「練拳切記！一動無有不動，一靜無有不靜。尤須其根在腳，全身重量祇許放在一隻腳，主宰於腰，不獨手與腳要隨腰轉，自顛及踵與眼神，皆隨腰轉動。」先賢曰：「掌、腕、肘和肩、背、腰、胯、膝、腳上下九節，節節腰中發。」

太極拳是以腰脊為中心，以達到一動全身俱動。因腰是左右平行轉動的軸心，脊椎是上下彎曲的根基，將腰脊椎聯合起來，使運動的路線，形成一條既是左右又是上下前後的空間圓弧曲線，以建立一動俱動的基礎，使全身的主要關節貫串，而成為內外相合的節節貫串運動，亦即四肢完全要由腰脊帶動。

有練太極拳內功而功夫高深者，腰椎的運轉能量是由腰椎正對面的真炁穴之真炁。意動而真炁動，炁動而貫注於腰椎，帶動腰椎及全身的炁都動。而帶動四肢飄閃騰挪的是意導炁行，身隨炁動，用意不用力的，身軀和手腳的運轉均由腰帶動圓整一氣。

11. 臀

太極拳是要求斂臀的，斂臀是腰部鬆沉直和尾閭中正後的自然收進姿勢。斂臀能使後臀部易於保持正中平衡，身體重心下降沉穩。

有練太極拳內功，當內功高深時，呼吸自然深沉安舒，氣斂入骨，會陰部位會自然微微上提，斂臀、鬆胯、鬆腰，全身九大關節均鬆。

12. 襠

襠就是會陰部位。太極拳以鬆圓為主，故襠以圓襠、虛襠為宜。胯根撐開兩膝微向內扣，大腿肌肉的外面向裡面包裹，襠自然圓，會陰自然輕微上提，襠自然虛，此即「裹襠含腔」也。發勁時尤須扣襠撐腰。襠圓胯鬆步法自然靈活，陰陽自然變轉。襠不可著力，以虛為要，鬆襠的關鍵是裹襠（扣襠）。裹襠含腔的姿勢可使內氣不外泄。襠是任督二脈的交會處，會陰與百會穴上下呼應相對，自然疏通任督二脈。

13. 胯

胯是腰與腿的轉關之處。胯為運用腰力，直達於腿之主要機關，上承於腰、下達於腿，故腰靈腿活全繫於此。胯是下肢三大關節胯、膝、踝之最重要者。鬆胯就是要求鬆開胯關節而言。

要鬆開胯關節必須圓襠，因圓襠可使恥骨和坐骨關節隙縫擴大，靈活腰和腿部的弧形運轉協調，使內勁上升到腰脊，而達到腰胯鬆柔有勁。

練拳要注意每勢變動時的開胯活腰，每勢完成時落胯塌腰，且須胯與肩合，保持尾閭中正。

14. 膝

膝蓋關節為腰胯帶動兩足虛實、重心之轉換點。虛中有實，實中有虛，以腰胯催膝，以膝催足，以足領膝，以膝領股，可見膝之重要。

很多太極拳同好問我，打拳時膝關節會酸痛是何因？如何防止？打拳要鬆柔，膝蓋與足尖需成一垂直線同一方

向。膝向前屈不可過足尖，不可使硬氣用拙力，否則因氣不順暢，滯於膝關節。拳經謂，有氣（使硬氣）則滯，而致膝關節酸痛。必須練太極拳內功之氣的湧泉呼吸（詳見第壹篇），使氣鬆沉湧泉，使腰、胯、襠、膝、腿、足鬆柔，隨腰胯圓轉，氣順暢，不用拙力，絕無酸痛之弊。

15. 足

足是人身之根，猶如大廈之基，大樹之根。太極拳功夫在腳下，修煉是從腳起始鬆，往上達於手的空鬆，進而達於頂，先賢曰：「上下一條線，腳下陰陽變，頭上虛靈頂，雙手空虛轉。」太極拳步法，要求兩足分清虛實，更要求虛中有實，實中有虛，虛實相互滲透，達到下盤穩固。更須練湧泉呼吸（詳見第壹篇），使氣鬆沉湧泉，雙腳趾、掌、跟平鬆落地，與大地融為一體，足根入地築基，堅強穩固。道家修煉曰：「眾人之息以喉，仙人之息以踵。」足與步法要點如下：

①足尖是每勢轉動中和落點時的定向。足尖正對前方，手的指向也正對前方，目光視線亦正對前方，這樣才能加強意聚氣聚，氣貫於手指，尤其中指尖。

②足尖的上翹、下落、外撇、內扣、前進、後退，都須由湧泉穴和拇趾領勁。所謂以足領膝，以膝領股，其關鍵在以足尖輕領足運行，不可硬，否則不靈。邁步要輕靈，落點要穩健，足與大地融為一體，進退轉換虛實要分明。

③前進時，必須後足跟先離地，後足尖後離地，蓄勁於膝，帶起足跟，足尖斜向下，由屈而伸緩緩踏出，足尖

下垂漸變為上翹，足跟先落地，然後足掌和足尖落地，全面落實。後退時，必須前足尖先離地，前足跟後離地，蓄勁於膝，帶起足跟，足尖斜向下垂，緩緩後伸，足尖先落地，然後足掌和足跟全面落地。前進的前足沉實踏地，湧泉穴和大拇趾著力。後退的後足沉實踏地，湧泉穴和小趾著力，全在隨勢，由腰、胯、襠的變換，來移動兩足虛實比例，並非一成不變的，這是自然的有規律的，才會穩重輕靈。

④前進步、獨立步、立正、平行立等姿勢，足掌貼地，重心在足心，以意領氣，貫於湧泉穴使足掌鬆沉入地，氣略內偏於湧泉穴、拇趾和足跟。後退步、後坐步等姿勢，足掌貼地，重心在足心，以意領氣，貫於湧泉穴使足掌鬆沉入地，氣略外偏於湧泉穴、小趾和足跟。

⑤「雙腳發勁」：呼氣，以意領氣貫於後腳湧泉穴，鬆沉壓地，碾足跟內側扣襠（勁在後），接地之力（反作用力），往前推，經後足大拇趾，貫入前足大拇趾和湧泉穴鬆沉入地，碾大拇趾尖扣襠（勁在前）發勁。吸氣，以意領氣貫於前足湧泉穴鬆沉壓地，接地之氣，經大拇趾盪回，貫於後足湧泉穴和小趾鬆沉入地。若加上同時貫氣於雙手中指，由中指領掌發勁，則為掤、攦、擠、按、採、挒、肘、靠。

⑥「一動全身俱動」的要領是，上肢旋腕轉臂，下肢旋踝轉腿，身軀旋腰轉脊，三者結合，形成基根在腳，主宰於腰，形於手指。

⑦太極拳是虛實與圓弧形動作的運動。弓箭步，前腳

151

七分實，後腳三分虛。太極拳腳下虛實變化是漸變，而不是突變。在虛實變化是減加法，如坐步變弓步，不是左右橫向，以腰胯變重心，不能以腰胯橫移、以實橫向送虛，這種悖於陰陽虛實變化的動作影響腳、踝、膝、胯從下往上關節的放鬆，難以按照拳法從腳到胯的節節貫串。

16. 靜與定

道家修煉安神定息謂：「煉己止念萬緣了，萬緣放下莫心焦，無心予事，無事予心，視聽言動不相交，無天無地無日月，世事紅塵不知曉。」拳經曰：「靜為體，動為用。」靜不是昏睡，而是讓自己感覺更加清明，智慧之光更顯現。靜是為觀察、觀照自己，消除雜念，靜而後能定，故曰：「靜能生慧。」

（1）靜

「一念不生謂之靜」，修道靜坐必須先求五蘊皆空心內靜。打拳要求拳架和呼吸與意念導引行氣三合一，當然亦必須要求心神靈靜的內靜，才能意聚氣聚，專注於三者緊密結合的動作，才能達到外靜，行拳鬆、柔、慢、勻、圓、整。

因太極拳採用「以心行氣，心靜用意不用力」的練法就是意導領動作，一開一合，一陰一陽，一動一靜，動而生陽，動極而靜，靜而生陰，靜極而動。一動一靜，互為根基，係屬外形拳架的動靜。任何一式，心之一動，陽氣一周身，心之一靜，陰氣一周身，係屬內氣之動靜。

一吸一呼（空氣），氣動、氣靜（丹田內氣），真氣之出入皆在於丹田，蓋陰陽之氣，就像一個圓環，動靜無

端，陰陽無始。修煉無欲以靜，無雜念禪定靈靜，這種純一靜篤的功夫，不是一學便會，一蹴可幾的。

（2）定

陰陽無偏是妙手。妙手一著一太極，空空跡化歸烏有。不偏之謂中，不易謂之定，中定係指支持全身重量之中心點。這點就在雙足之掌下，吾人稱之根。拳經謂：「其根在腳，發於腿，主宰於腰，形於手指，由腳而腿而腰，總須完整一氣。」中定是氣鬆沉丹田和湧泉，重心安定沉穩，亦即體形中定，氣沉勢穩，精神安謐，靈明在心，內外靜定合一。

太極拳之所以名為太極拳，因其內外靜定之則合為無極，動之則分陰陽兩儀、虛實為太極。靜定之為山岳，動則為江河。綿綿貫串，一直在動。有中定然後有一切勢，一切勢皆不能離中定。每一虛實，皆先有中定，而後有變化。處處有虛實，即處處有中定。練拳架的過程中，從第一招至最後一招，招招都要中正，式式都中定。一舉動如能做到上下相隨，內外合一，亦即外功拳架與內功意氣三合一，方稱圓滿。中定不倚，神舒體靜，方稱中正。意到、身到、氣到、力到，連綿勻整方稱貫串，能夠這樣才稱「得機得勢」。太極拳掤、攦、擠、按、採、挒、肘、靠、前進、後退、左顧、右盼、中定，無一勢不是以中定為主，無一勢不由中定而生，即所有拳勢都不能離開中定，離開了便不能談任何招勢。

（3）如何練靜定呢？

初習拳架時，必須同時勤練調息之丹田逆呼吸、湧泉

呼吸，和調心之意導丹田內氣循環大小周天……（詳見第壹篇和第參篇），這是修煉內功和內靜內定的唯一途徑。若加習靜坐更好，勤練到純熟後，就能靈靜禪定，呼吸細、長、深、勻、鬆、靜，氣沉丹田、湧泉，根基穩固中定。進而達到煉精化氣，煉氣化神，氣隨意行，再與拳架、意、氣三合一勤練。就能以心行氣，氣斂入骨，心導氣行，身隨氣動，內外合一。因內之靜定而引領外形拳架動作的靜與中定、鬆、柔、慢、勻、圓、整。

有練太極拳內功（氣功）者，行拳是心導氣行，身隨氣動的。故內外的靜與定的功夫極為重要，尤其研練養生太極拳氣功者行拳更要進一步如禪坐，眼神下垂 30°，似閉非閉，凝視前方地面，才能靈靜禪定，進入拳禪合一的動禪之中，腦波頻率才會逐漸下降。身心進入氣功狀態，漸漸達到氣功靈動狀態，再進而下降至與副意識腦波頻率（4～5 赫茲）接近，而進入鄭曼青大師所謂之「煉氣化神，煉神還虛，則可以通乎靈矣。」之鄭子太極拳最高境界的鄭子養生太極拳自發動功。

17. 慢勻

（1）慢

拳經曰：「呼吸細、長、深、勻、鬆、靜，動作鬆、柔、慢、勻、圓、整。」欲達此目標，必須下苦工夫勤練氣之丹田逆呼吸，達氣沉丹田，每分鐘 1～3 次呼吸，和練意之意念導引丹田內氣循環大小周天……，達到氣斂入骨，煉氣化神，氣隨意行，能以心行氣，以氣運身，方可成。因呼吸細、長、深、勻，意導氣行，身隨氣動，用意

不用力，動作才能慢勻。

太極拳是內家拳，首重意和氣，首重養生，尚慢養氣血。動作剛猛必傷心血，短命，拳經曰：「一舉動，周身俱要輕靈，尤須貫串。」故必須慢中求，練慢就能快發，要快必須先練慢，才能慢工出細活。只有慢勻的動作才能鬆柔、活潑、美妙、儀態萬千。所以古拳聖有謂：「太極拳就是呼吸開合慢勻，調心運氣於四梢的拳，呼吸粗淺的人，其壽命較短，呼吸細、長、深、勻的人，其壽命較長。」楊式太極拳祖師楊澄甫曰：「練架子愈慢愈好，慢者呼吸細、長、深、勻，氣沉丹田，無血脈賁張之弊，學者細心體會，庶可得其意焉。」這是提示太極拳是鬆、柔、慢、勻養生的動禪拳術。

（2）勻

太極拳動息均勻，節節（掌、腕、肘、肩、脊、腰、胯、膝、踝）貫串，其根在腳，發於腿，主宰於腰，形於手指。綿綿不斷，周身一家，完整一氣，這必須勻慢才能達到。折疊時的慢必須勻慢，用著之快必須勻快，盤架子時，快慢相間而不亂是為勻稱。

太極拳是一種全身意息與動作勻合、均衡的運動。意導氣行，腰隨意動，而身隨之。亦即手之屈伸，足之進退，身之開合，目之顧盼，皆須上下、前後、左右相隨均勻平衡，內（內氣）外（拳架）相合。無忽快慢，無忽斷續，如行雲流水，綿綿不斷，剛柔並濟，始為貫串、勻合、均衡。不可有下蹲做勢，波浪式動作，以免形成缺陷、凸凹及斷續氣勢。一旦有斷續便形成兩股勁，這是蓄

發相變時，應特別注意的。如果打拳意、息、動不勻，六虛不均，則非真正太極拳。

太極拳一舉動都當以意領氣導引呼吸和動作三者合一而慢勻，才能自自然然輕輕鬆鬆。外表極其柔和，內氣綿綿不斷。拳經曰「運勁如抽絲」，意與氣合謂之勁，必須慢勻不得快。練意、練氣也要慢慢的進行，沒有速成的方法。練拳架要每招式做到恰好，只有練慢勻的功夫到極致程度，才能由慢而練快。快復練慢，快慢相乘勻稱不亂，才能極虛極靈，又能極輕極重，收發自然，剛柔並濟，隨心所欲。若要由太極拳轉修煉養生太極拳氣功，則行拳動作和呼吸與意念導引，都必須從慢勻功夫下手，才能拳禪一體，身心空透鬆柔。煉神化虛，達到曼青大師所謂「煉神化虛，則可以通乎靈矣（自發動功）」之鄭子養生太極拳氣功之奧妙。

18. 鬆柔

鬆柔是太極拳的靈魂。唐代李道子曰：「鬆空、鬆無、無形、無象。」這是追求鬆柔的最高境界。鬆柔功是內修心、神、意、氣，安靜養氣血。外修自腳、踝、膝、胯、腰、肩、肘、腕、手等九大關節均要鬆開，且節節貫串，極柔軟，舉動輕靈，用意不用力。本體力慢慢去除，太極拳內功、鬆功自然增強。

初學須知鬆柔的方法及其深奧之意義。鬆柔是一體的。應從緩慢鬆柔入手。先求鬆靜，由鬆入柔，鬆柔則沉，積柔成剛。而這種鬆靜柔沉的鬆功，並非易事。其重要根基，在於練氣之丹田逆呼吸、湧泉呼吸、站樁，使氣

沉丹田和湧泉，煉精化氣。

內氣鬆柔盈實，呼吸細、長、深、勻、鬆、靜，就能促使拳架動作鬆、柔、慢、勻。和練意之意念導引丹田之內氣，大小周天循環，達煉氣化神。氣隨意行，就能以意領氣，導引呼吸和拳架動作協調，用意而不用力，自然能鬆、柔、慢、勻，故意、氣、拳三者合而為一。勤修苦煉，動作就能逐漸鬆柔、空透、舒暢。

初學拳架時，必須同時練意、練氣，每個動作要把握減少本體之力，周身不掛力，始終保持專一靈靜，處處要求圓整協調、均勻、貫串，不可有拙力僵勁。本力退除後，太極內功自然上身。太極拳架式每一動作都是一開一合、一虛一實、一呼一吸的。如攻擊之發、開、打、放為呼，防禦之蓄、合、化、收為吸，進、往、伸為呼，退、來、屈為吸，上、仰為吸，下、俯為呼。

該吸則吸，該呼則呼，這都是由意念領氣導引呼吸和動作的自然結合，內氣與外形舒適、輕靈、鬆柔。一開一合，一虛一實，一呼一吸，內氣動盪，不斷運轉中，全身關節在肌肉和韌帶的牽動之下，可以得到時鬆時緊，有規律的適量運動，使關節鬆開柔順，才能自自然然的「專氣致柔如嬰兒乎」，進入虛靈鬆柔之境。

太極拳著重鬆柔，並非一柔到底，更不可失意灢氣。而是柔中有剛，是似鬆非鬆，有柔有剛，有剛有柔，不柔不剛，亦柔亦剛，似柔非柔，似剛非剛，是鬆鬆緊緊，柔柔剛剛，幻化無窮，剛柔並濟的。是一種力學的彈力，反作用力，是意與氣結合的神力，是行真氣，養真氣。而這

氣屬於丹田之內氣（須練丹田逆呼吸），亦稱原胎之氣、先天真氣。真氣柔而剛，收放可以自如，隨心所欲（須練意）。意念放鬆輕靈，呼吸放鬆、細長、慢勻，動作就能鬆柔、慢勻、沉穩。

太極拳功夫高深者必能體悟到意、氣、形要求鬆靜柔沉的重要與深奧。例如蓄氣待發，慢中求鬆沉陰柔之功，即虛靈之勁，全身的勁能放鬆與精神（意）合為一。收時，應以勁氣鬆柔凝聚於竅內，發時，應瞬間將勁氣凝聚於四梢發勁。

19. 圓

太極是圓的。太極者，無極而生，陰陽兩儀，動靜之機，圓形的循環往復，運轉不息。太極拳取法於圓形運轉，便是依循宇宙循環的規律，渾然一元，綿綿不斷，周而復始，圓而神通，靡有窮際。拳以太極之名，即效法其積氣運轉，故初學太極拳者其轉圓的幅度均大，而後久久習之逐漸變小，練到最高技藝時動作幅度均變小，唯內氣運轉。故太極拳不論其身法、手法、步法，必須走弧形、劃圓圈，決無直來直往，直上直下的動作。惟有動作螺旋式的旋轉，為大小不等的弧形、環形，才能使關節圓轉柔順，手臂、足腿鬆柔圓活，筋骨肌肉得到舒暢的運動，亦可得到向心力與離心力之妙用。

太極拳每一招式的開合虛實，起落旋轉，都是由一個圓圈構成。所謂「妙手一著一太極」，指的就是每個動作要打一個圓圈。這個圓圈，有一陰一陽兩種力量，一虛一實，一柔一剛，虛實互滲，剛柔並濟。

　　拳術內功高超者，腰一動，內（意、氣）外（形動）、上下、左右無不圈轉。而這個圈有全圈、半圈、有正圈、斜圈、有逆圈、順圈、有直圈、橫圈，在整個拳套內錯綜地交織著。不管前進、後退、上起、下落、左旋、右轉，都是隨腰轉動，走弧形劃圓圈的。因為只有圓形的向心力與離心力的旋轉勁的妙用，才能意到、身到、氣隨、神力無窮，圓整一氣，吾人若能知悉圓中之妙，即是獲得太極拳氣功的妙手。

　　如摟膝步（摟膝按掌），這個架勢在外形上，有手圈圓弧，肘圈圓，胸圈圓，腹圈圓，腰胯圈圓，膝圈圓，足圈圓。在體內，內氣亦在鼓盪旋動，內臟亦作輕微的旋動。尤其按掌，一般的動作是直接按敵胸，須知最正確自然的按法是由上而下，再由下而上旋轉劃弧的旋按，即掌接觸敵胸時，指圈按掌，則其銳尤劍，由下而上搓出掌，而必須垂肘扭腕震動與摧力。這種以旋轉之圓球勢進攻，應之者如不得其法，必跌出尋丈之外。

　　大凡練拳或推手，在長期的練習中，功力高深者，會體悟出，身體各部位的旋轉劃弧，都是由幅度大變得很細微，即所謂「精煉已極，極小亦圈，由有形而歸於無跡」，太極之球圓運轉也。

20. 整

　　太極拳為內功拳，是意、氣、形三者結合為一，氣神一體，以心行氣的拳術。開合是由內而外，內外合一，意動而後氣動，而後形之於外動的現象，其根在腳，發於腿，主宰於腰，腰一動，全身四肢百骸俱隨意之所向而

動，完整一氣。

初學太極拳者，習外功之拳架時，必須同時分開①練氣之丹田逆呼吸、湧泉呼吸，達到氣沉丹田、內氣盈實，呼吸細、長、深、勻、鬆、靜，和②練意之意念導引丹田內氣，循環大小周天、卯酉周天⋯⋯等，達到煉氣化神，氣隨意行。能以心行氣，以氣運身，才能快速達到行拳時呼吸細、長、深、勻，身心靜定，動作鬆、柔、慢、勻、圓、整的太極拳功夫高深境界。

初學拳架，只求動作和緩，姿勢正確，周身舒適即可，不必要求動作與呼吸合而為一，以免妨礙拳勢、姿勢。待學者動作鬆、柔、慢、勻、嫻熟，達到中正安舒，再授於呼吸與動作，依運動原理有一定規律的自然配合。嫻熟後，再授於以意念（意識）導引呼吸和拳架動作。久久勤習之，達到意、氣、形三者合而為一謂之整。

十三勢行功心解云「以心行氣，以氣運身，能呼吸，然後能靈活。」這就是意導呼吸與動作合而為一、完整一氣的意思，否則，意念是意念，呼吸是呼吸，動作是動作，正如肉架上掛肉便是死肉，毫無靈氣，只是空拳、死架、死招。

練太極拳時凡盤拳架子，都必須是氣合為吸，氣開為呼，形開為吸，形合為呼，動作上提、屈、仰、來、入、退、收、蓄、化、引、虛、陰、柔為吸，下落、伸、俯、往、出、進、放、發、打、擊、實、陽、剛為呼。該吸則吸，該呼則呼，而須以意領之，一點也不能勉強做作方為整。

　　如「按」，第一動，當擠後雙掌分開，同時隨身腰後座，兩手後收，垂肘、立腕成俯掌。在形態上而言，這是形開、氣合、收、蓄待發的動作。在虛實上而言，這是實變虛的動作，這時應「吸氣」。

　　第二動，當氣鬆沉足掌湧泉，重心前移往前推，落實右足成弓步，同時兩掌隨勢按出（掌心向前仰角 45°）時。在形態上言，為形合、氣開、進、往、發、擊的動作。在虛實上言，這是虛變實的動作，這時應「呼」。

　　吸氣時，丹田微內收，內氣上升擴張橫膈膜，胸腔舒張氣貼背，而襠勁卻向下鬆沉，這是蓄勢。

　　呼氣時，橫膈膜和胸腔鬆縮，丹田微突，內氣下沉丹田和湧泉，而勁（意與氣合謂之神勁）往前發，這是發勁。這就是氣之一吸一呼，動作之一開一合，一虛一實，一蓄一發的鍛鍊方法。

　　這種「勁由內換」的練法，就是胸部大小肌的「折疊」，腰胯的「旋轉」，與形態上的手法「折疊」，步法的「轉換」，均由意念導引合一的，是整體的。要知道，開合是由意動而後氣動，而形於外動的現象。虛實是勁的輕和沉的現象，而呼吸與動作是運動生理上的自然定律現象，意、氣、形三者是完整一氣的，就能「吸則自然提得起，亦擎得人起」，「呼則自然沉得下，放得人出」。

　　現今各教練場授徒，大多數僅授外功之拳架，而不知道須授於內功之意與氣，已非完整的太極拳。所以，吾師曰「打空拳」。

　　中華民國太極拳總會前理事長、台灣太極拳國際聯盟

主席、國立台灣大學張肇平教授曰：「有什麼樣的老師，就教出什麼樣的學生。這與『近朱者赤，近墨者黑』同其意義。『良禽擇木而棲，良人擇師而事』這是千載不移之論。習太極拳者，應該了解此非常平凡、又非常重要的事，絲毫馬虎不得。練太極拳如果只法全盤架子，那只是死招、死架，如果無意識（意念）導引，只配合有規律而自然的呼吸法而練，那便是一種無意識的動作，猶如夢中打蚊子，則其所得到的功夫，那只是一種呆力和蠢力。必須練意、練氣、練形三者密切結合，久久習之不息，練到氣神一體，內外合一，形神一體，才可達到功夫登峰造極，才得稱為太極拳門中之人。」

拳經論曰：「始而意動，繼而內氣動，然後外形動，不在形式，在氣勢，不在外面在內中，重意不重形。」希望教者、學者體悟之，這就是說若無意與氣的配合，則拳是拳，呼吸是呼吸，意念是意念，怎能練出功夫來。拳首重以意領氣領形，故心導氣行，身隨氣動，腰一動，全身俱動，足、膝、腰、胯、脊、肩、肘、手、肌肉、骨骼和關節均隨之節節貫串，綿綿不斷，完整一氣。且體內神經系統，循環系統，消化系統，內分泌系統，五臟六腑各器官，亦無不氣血增強、運轉動盪之中。如此內外合一，神形合一，上下相隨，左右、前後協調一致，外之所形，無不內之所發，完整無疵之境謂之「整」。

捌

論太極拳氣功和養生太極拳氣功之拳架與意氣合一導引行氣法秘訣

（太極拳內功心法）

　　現代學太極拳者，十之八九，得匆匆學畢一套外功之拳架，便以為了事。殊不知太極拳為內功拳，其內功的意和氣之可貴，真寶山空入，殊為惋惜。內功可稱為換骨金丹，然不是一粒金丹便可換骨。易經所謂「天行健，君子以自強不息。」若能如是，則習太極拳氣功者可獲金丹換骨之效，否則真諦盡失，只能稱為太極空拳。故意與氣和拳架練到相當程度後，如何配合運用，亦不可不加注意。不知其理，即不能達到太極拳之聖境，欲求太極拳功夫高深者必須練意、練氣、練形，三者合而為一，勤修苦煉，非下苦工夫，決難有成，希同好共勉之。

　　太極拳分為內功和外功兩部分。外功者拳架子，為鍛鍊筋、骨、皮和剛勁力道。內功者意氣之運行亦即煉精化氣，煉氣化神，煉神化虛，為鍛鍊一口柔氣、鬆勁、精、氣、神是也。太極拳中氣之呼吸，專尚鼻不尚口，與普通之以鼻吸口呼不同。且至藝高時，胸腹中之氣出自中焦（中丹田），可分為上下二層（俗稱先天氣與後天氣）。吸氣時，下層氣（先天氣）往上提至中焦，擴張橫膈膜，上層氣（後天氣）由鼻子吸入肺部。呼氣時，下層氣（先天氣）由中焦反降入下丹田，使橫膈膜收縮，而上層氣（後天氣）由肺部經鼻子呼出，此種境界俗曰胎息法或丹田逆呼吸法。

　　凡練正宗太極拳術者用此丹田逆呼吸法，可快速達到氣沉丹田，至相當程度時均能達之。然初學者可不必過分求之，以免防礙拳架姿勢。祇須求動作和緩，呼吸自然，周身舒適即可，否則屏壓抑制，勉強使氣降沉丹田，勢必

易入歧途，下部發生痔疾，腸疝之病。但是，至相當程度後，則氣之呼吸及意念如何運用，亦不可不加注意。若因噎廢食，不知其理，即不能達到太極拳之聖境。

《十三勢行功心解》云：「能呼吸，然後能靈活。」意即呼吸與動作當求其互相合拍，應呼者呼，應吸者吸。蓋吸則為虛，呼則為實，知之然後身體自能靈活，虛實分明。至意者為主帥，行拳當中任何動作均須以意導引之，無論呼氣和吸氣，都必須以一念帶萬念，同時意守丹田，和雙手勞宮穴及雙腳湧泉穴等五個穴位。呼氣之時以意念導引丹田之內氣，運行於四肢勞宮穴和湧泉穴，且必須持續到換氣，吸氣之時仍將內氣導引回歸丹田。呼吸與拳架的動作愈鬆靜緩慢，意念導引愈輕靈愈好。如此內氣能量立即快速增強，而致氣運遍周身，且身心立即進入氣功狀態。

練習太極拳必須練氣與意的導引，因意與氣之結合為神力。若不練意與氣之內功，怎能有神勁呢？猶如夢中打蚊子。亦即，須練太極拳內功心法，否則其真諦盡失。因太極拳最注重虛實和丹田之內氣，與意氣之導引。

通常教習授徒分為內外兩部分，內部功為練氣沉丹田逆呼吸法（詳見第壹篇），練意與意念導引法（詳見第參篇）。外部功為拳架勢（詳見第柒篇）。往往老師僅教外部功，而不授內功部分，此乃授之不得其法。但初學者應有之常識，及太極拳術之真諦，不能因噎廢食。昔日老師授徒，除教以外功拳架，並授以內功之意和氣，必須內外合一，無形與有形調合，形開氣合，形合氣開，才能臻於

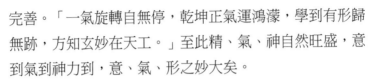

完善。「一氣旋轉自無停，乾坤正氣運鴻濛，學到有形歸無跡，方知玄妙在天工。」至此精、氣、神自然旺盛，意到氣到神力到，意、氣、形之妙大矣。

打拳如習靜坐，必須做到動靜交相養，陰陽得其平，拳打千遍身法自起，拳意禪心現。這不是用言語說得來，用文筆寫得出，必須學者心領神會，參悟才有所得。

從古至今太極拳名師均謂：「內功有成者，大凡盤架子，收為吸，出為呼，升為吸，降為呼，上提為吸，下放為呼，蓄為吸，發為呼……，亦即掤、攦、擠、按、採、挒、肘、靠，前段動作蓄氣待發為吸，發勁制敵為呼，而均以意領氣導之，諸如此類。」呼吸與拳架的配合，則必須每一個動作與呼吸，依生理與運動原理，有一定節奏的規律自然配合，否則不徒無益而有害。

拳經曰：「一呼一吸，足盡拳術之妙。」可知太極拳為意導，一呼一吸，一開一合，使意、氣、拳三者自然緊密結合，即心導氣行、身隨氣動、內外合一之神奇奧妙拳術。詳述如下：

形開氣合為吸，形合氣開為呼，虛為吸，實為呼，蓄為吸，發為呼，伸為呼，退為吸，進為呼，仰為吸，俯為呼，入為吸，出為呼，來為吸，往為呼，上起（提起、擎起，舉起）為吸，下落（下放、摔出、放出）為呼，陰為吸，陽為呼，引為吸，擊為呼，收為吸，放為呼，化為吸，打為呼，柔為吸，剛為呼。該吸則吸，該呼則呼，而須以意導之自然配合，一點也不能勉強做作。

拳架之形開，即身軀關節鬆開蓄勢待發，氣合即吸

氣，氣沉丹田，氣貼背，蓄氣待發，故屈、退、引、收等動作為形開氣合為吸。形合即身軀關節緊合，由腰脊主宰，動用螺旋形的動作，向四梢（手與足尖）去的發勁，氣開即呼氣，以心行氣於四梢，意到氣到神力到發勁，故伸、進、擊、打、發等動作為形合氣開為呼。提升為吸，沉降為呼，開為吸，合為呼。

　　動步轉身及各式渡過之時為小呼吸，小呼吸者即呼吸不長，又呼又吸，而含有稍停息之象也。掤為呼，攦為呼，擠為呼，按為呼，進攻為呼。退守為吸，化為吸。被攦為自然小呼吸，此小呼吸為求心靜，心靜則可視聽對方之行動。如被擠、被按至不能再吸時則改為呼，因使吸進之氣，散於四肢也，故呼之不能再呼時改為吸，吸至不能再吸時，改為呼，呼與吸，原可循環而變更。

　　如何練拳架、意、氣合一呢？練拳架子時，應同時練氣的丹田逆呼吸（詳見第壹篇）。練到每分鐘呼吸 1～4 次，因呼吸深沉、緩慢、細長、均勻行拳時才能鬆靜靈活，動作不費力。亦須同時練意與導引法（詳見第參篇），要練到能用意念導引丹田之內氣繞周天，要練到有氣運行的感覺，練到能用意念導引丹田之內氣，運行於四肢之勞宮穴和湧泉穴，練到藝精時能以一念帶萬念（以一意同時守多方），以心行氣，以氣運身。當拳架練熟而能單獨順暢行拳時，先將上述的呼吸與拳架的配合方法，與拳架配合練，該吸則吸，該呼則呼（詳見第捌篇）。

　　練到拳架與呼吸配合達到動作順暢深沉緩慢、細長均勻、不用力，然後再加上以一念帶萬念，同時意守丹田和

雙手勞宮穴及雙腳湧泉穴等五個穴位，用意念導引丹田之內氣的配合。呼氣時，將丹田之內氣導引到四肢的勞宮穴和湧泉穴。吸氣時，將內氣仍導引回歸丹田（詳見第捌篇）。

初學太極拳者掤、攦、擠、按、出捶、出掌、出腳、攻、守等每一個動作都必須有攻擊的假想敵的意念。舉凡武術之演練都要有一個假想敵，所以練習時沒有敵人，也要視同有敵，真正與敵交手。以意運氣，引領拳架動作發勁制敵，意不動，勁不現。一開一合，一呼一吸，一虛一實，一收一放，都應因敵變化。所謂當場著意，變動不居，上下無常，剛柔相濟，唯變是適。因敵變化示神奇，則可快速練成意、氣和拳架三合一，這是要練意導丹田之內氣和四肢動作一體而行。意之所至，氣與形動隨之，也就是氣充於四肢，力貫於外，力從氣出，力隨氣發，亦即修煉太極拳氣功。久久習之，拳藝功夫有成者，就能達到以心行氣，以氣運身，意到氣到身到神勁（意與氣之合謂之神勁）到，無論何處均可行運。

但如果因我們練的是養生太極拳氣功和自發動功，所以內氣能量只要導引到勞宮穴和湧泉穴，而不發勁功。當吸氣時，內氣能量仍導引回歸丹田，呼氣時，再用意念將丹田之內氣導引至四肢。周而復始，氣只在體內運行而氣遍全身，丹田之內氣不會像有發勁功的太極拳術須用掉一些能量，反而能量會快速累積。

如果練拳時，意與氣時而合一，時而不合一，則氣功能量時而增加，時而減少。故練意氣合一，必須在清靜不

吵雜的樹蔭下，全神貫注，不分心攝心歸一，不播放練拳音樂，且必須個人單獨勤練，才能快速有成。如果群體練拳，則必須依每個人練成就的呼吸細長度打拳，各自打個人的速度，各自發揮自己的成就，愈慢愈好。

楊式太極拳祖師楊澄甫曰：「太極拳以靜制動，雖動猶靜，故練架子愈慢愈好，慢者呼吸深長，氣沉丹田，自無血脈賁張之弊，學者細心體會，庶可得其意焉。」當你意氣結合勤練有成時，內氣能量會高增，你可用雙手做按的招式測試成果。

全身鬆沉以弓箭步坐後腳作按式，意念假想雙手要推倒遠處的目標，一座牆壁或一顆大樹。隨即導引丹田之內氣，至雙腳湧泉穴和雙手勞宮穴，然後後腳湧泉穴壓地，慢慢的將重心往前移動至前腳湧泉穴。同時眼睛平視，目光炯炯，意念觀想（只用意不用力）雙手按倒遠方目標牆壁或樹，你會感覺到一股強烈的內氣從手指頭往前直奔。你若能將丹田之內氣練成螺旋的旋轉氣團，而導引螺旋氣團，則從手指頭往前直奔，衝出之氣團更為強烈。

這是練有發勁功的太極拳套路所用的意氣結合唯一的方式，修練有成者可獲得太極拳氣功。若你的意念只觀想要內氣運行到勞宮穴和湧泉穴，而不發勁功，則氣不但運行到手指頭和腳，且運行到全身經脈、穴道，而吸氣時，內氣全部導引回歸丹田，故氣遍周身（因平時我們以練周天循環、環繞螺旋經脈練意念導引功之故）。這是練鄭子37式太極拳氣功和太極拳養生氣功、自發動功所用的意氣結合為一，導引丹田內氣運行的方式，以此意氣相隨導

引的方式，依第捌篇勤練鄭子太極拳。

若眼神目光炯炯，平視前方手指打拳，則數年後必能獲得煉精化氣、煉氣化神、氣神一體、氣隨意行、意到氣到神力到之太極拳氣功。至此若欲兼修或轉修煉養生太極拳者，打拳必須眼神改為如禪坐，下垂 30°～45° 微開，凝視前方手掌和地面，眼神不為外界景物所轉，身心易靈靜禪定，才能拳禪合一。煉氣化神，煉神化虛，數年後必能獲得養生太極拳氣功。再過數年更能進一步達到曼青大師所說的「煉氣化神，煉神還虛，則可以通乎靈矣。」獲得養生太極拳自發動功的能量。

至技藝高超時，丹田之內氣能量已深厚，可加強意念，將丹田之內氣練成螺旋式的螺旋氣團。這種旋轉氣團類似颱風眼，勁力甚強，行拳時若能於拳架、意、氣三合一意氣相隨時，將螺旋式氣團導引於四肢勞宮穴和湧泉穴，則全身之振盪更為激烈，頂上齶的舌尖亦會因螺旋氣團的運行通過而振盪旋轉，舌尖唾液，如泉水似的湧出。眼睛微張，眼神似閉非閉，有時雙眼會自然閉合，滿臉笑容似的，身心猶如進入禪靜中的氣功靈動狀態，此時已進入煉神化虛之境。

若整套拳架均能維持如此的氣功狀態，則內氣能量立即驟然增強，收勢前必定會激發強烈勁道的自發動功。此時已進入曼青大師所謂之「煉神還虛，則可以通乎靈矣養生太極自發動功」。

由進入靈動狀態中的副意識主導打拳、結手印、採天地精華之氣貫頂、拍打、按摩全身穴道、經脈、貫氣於五

臟六腑各器官、自療，提升免疫力，祛病養生，這是養生太極拳自發動功的神秘奧妙。

結　論

①若是只練與肢體有關的動功之外拳架，而不練內功之意和氣，只會重點發展腹部和胸部的經脈之相關氣路，很難更上一層發展頭部的氣路，幾乎沒有人能　只練拳術之外功，而達到很高的境界。所以，自古以來就有這樣的說法，「練武不練功（導引和吐納），到老一場空」。因而練武功有成的人，要同時練內功之意和氣並兼靜坐。

一般而言，越高級的武功，越接近靜功，亦即招式越簡單，呼吸越細、長、深、勻，似有似無，配合動作越鬆、柔、緩慢，意念導引也越輕靈，而內氣所走的氣路，比較集中在上半身的胸部和頭部，下半身腳部次之。

太極拳內功心法，以打通任督二脈及全身百脈、經絡、穴道、氣血，增強內氣（內功）能量為旨，即所謂任督二脈通百脈通。

②在研練太極拳氣功和養生太極拳氣功、自發動功當中，意、氣最為重要，尤以意為首。任何招式均由意導氣領之呼吸和動作，只意守丹田為初步功，曼青大師之所謂「氣沉丹田後，可由心驅遣，便使氣至胯至膝至踵，後至肩至肘至腕，四肢俱開，然後下可達湧泉，上行乎勞宮，以上於中指尖，則拳論所謂以心行氣，以氣運身，可以從事矣。」經本人細心研究並參閱多本太極拳內功和氣功相關書籍，勤修苦煉，終於十六年後體悟得，此特殊簡易奧

妙的方法必須練到能以一念帶萬念的功夫。

行拳時，同時意守下丹田和雙手勞宮穴及雙腳湧泉穴等五個穴位，則可達到意、氣、拳架三者結合為一，以心行氣，以氣運身，氣遍四肢，身隨氣動，剛柔並濟，隨心所欲。呼氣時，用意念緩慢導引丹田之內氣運行於四肢勞宮穴和湧泉穴。吸氣時，亦緩慢將勞宮穴和湧泉穴之內氣，導引回歸丹田，則雙手勞宮穴和全身採宇宙精華之氣、吞天之氣，雙腳湧泉穴吸地心之能量、接地之力，以增強丹田內氣能量。故舌頂上齶之舌尖唾液會如泉水般湧出，身隨氣動，動作鬆、柔、慢、勻，如行雲流水。

③行拳時，呼吸細、長、深、均、鬆、靜，愈緩慢（每分鐘1～4次）愈好，腹鬆淨（呼氣，用意念慢慢鬆沉放氣，如氣球慢慢鬆氣，吸氣，用意念慢慢鬆沉吸氣，不因呼吸而用力澎縮腹部丹田，以心行氣，導氣運身），則身心愈能鬆靜，意念愈能輕靈禪靜，打拳才能鬆、柔、慢、均、圓、整一氣，則本力（本體的拙力、蠻力）才能退除，內氣能量才能隨意而行，意到氣到神力到，無拙力。依此耐心恒心研練拳架和意氣合一導引的內功心法，則行拳之速度必能輕靈圓活緩慢，意念導引就能輕靈，全身經脈、穴道、氣血、筋骨亦能鬆柔。

行拳時只維持身軀平衡，用意不用力，只要意念導引丹田之內氣運行於四肢勞宮穴和湧泉穴，立即氣遍周身，內氣能量快速增強，而使身心進入氣功狀態。

④行拳時，動作愈慢、呼吸愈和緩、悠長、則血脈不會賁張，立即能進入氣功狀態的練功最佳境界。此時，身

體能大量採天地精華之氣，唾液分泌量增加，脈搏減低、腸胃蠕動加快，消化和內分泌系統增強，有時腸胃會發出「咕嚕、咕嚕」的聲響，並經由放屁打嗝排出積存的穢毒之氣，肌肉會跳動、身軀會振盪等種種生理效應，這是正在進行增強五臟六腑機能，袪病強身的反應現象。

所以，打有內功的太極拳有明顯的排毒效果，是因打拳與練功合一時，一方面經由採氣增強身體的能量，讓身體可以充分發揮清理和排毒的功能；一方面藉由氣功狀態下的種種自發動作，如打呵欠、呃氣、嘔氣、放屁、流汗、增加排便，排尿的次數，毒素穢氣隨之排出，加速清理廢物排除毒素。

⑤太極拳的修煉過程中，要心與意合，意與氣合，氣與力合，手與足合，肘與膝合，肩與胯合，內氣與外形合。拳藝高深者行拳時，萬念俱空，靜而非寂，拳意禪心，靜空無手，妙手空空，渾然無跡，純以心導氣行，身隨氣動，用意不用力。

⑥練氣和意（氣功、內功）是有層次的，是循序漸進的。初學者練拳時，是用意念導引丹田之內氣運行四肢，則氣遍周身，這就是意導氣行，煉氣化神，氣神一體，氣隨意行，以心行氣，故《太極拳十三勢行功心解》曰：「以心行氣，以氣運身，氣遍身軀。」內功和拳藝精者氣隨意行，臂膊如棉裹鐵。

行拳時，只要神靜，氣鬆沉，意守丹田和勞宮穴及泉湧穴等五個穴位即可，不著氣之相。呼吸配合動作，愈細長緩慢愈好，愈符合研練太極拳的要領，即太極練功所練

在神，純以神行，意在精神，不在氣，神為主帥，身為使，則內氣鬆柔沉靜，能量無窮，身心進入氣功狀態。

故《太極拳十三勢行功心解》曰：「全身意在精神，不在氣（有練太極內功者，已達煉氣化神，氣神一體，氣已得化境而進乎精神之作用，氣是隨意而行的），在氣則滯，有氣者無力（氣不可使之，使之則為硬氣拙力，阻塞經脈氣血，動作不靈，而無神力），無氣者純剛（內功高深者已達煉氣化神，氣神一體，氣斂入骨純剛，能以心行氣，以氣運身，氣遍周身，氣隨意行，意到身到神力到，行拳動作是用意，而不用力使氣，只言神意而不言氣。）」這是告訴太極拳初學者，必須以意念導引丹田之內氣練太極拳，至拳藝精時，已經達到練氣化神、氣神一體之境，神之所至，氣已隨之，氣與神已結為一體，故練拳時，意在精神，一開一合，一舉一動，均須以意導之，意動而後內氣動，氣斂入骨純剛，而後引導外形的動，剛柔並濟，隨心所欲，無堅不推，不可執著於使硬氣，用拙力。

玖

再論意、氣、拳
之關係

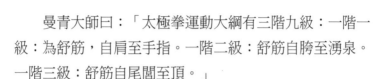

曼青大師曰：「太極拳運動大綱有三階九級：一階一級：為舒筋，自肩至手指。一階二級：舒筋自胯至湧泉。一階三級：舒筋自尾閭至頂。」

初學拳者，欲達此目標，必須勤練丹田逆呼吸和湧泉呼吸，練到氣沉丹田，呼吸細、長、深、勻、鬆、靜，每分針 1～3 次呼吸之後，與拳架配合勤練到動作鬆、柔、慢、勻、圓、整方可成。

又說：「二階一級：氣沉丹田，為鍊氣之初基，氣以細長靜慢為主，與心相守，緩緩吸入丹田，稍使逗留，久之漸能宿氣，日積月累，未可量也，初學不易。」這是提示學拳者，必須勤修苦煉丹田逆呼吸，練到氣沉丹田，內氣盈實，每分鐘 1～2 次呼吸（詳見第壹篇之丹田逆呼吸），方可功成。

又說：「二階二級：氣達乎四肢，氣沉丹田後，以心驅遣，便使氣至胯至膝至踵，此所謂至人之息以踵。」

這是提示學拳者，必須勤修煉湧泉呼吸，以意導丹田內氣鬆沉湧泉入地，接地之力與氣（詳見第壹篇之湧泉呼吸），才能達到根基穩固。

故古道家曰：「仙人之息以踵，眾人之息以喉。」又曰：「後至肩、至肘、至腕、四肢關節俱開，然後下可達乎湧泉，上可行乎勞宮穴，以止於中指尖，則拳論所謂，以心行氣，以氣運身，可從事矣。」

這是提示學拳者，必須勤修煉丹田逆呼吸、湧泉呼吸，並意導丹田之內氣運行大小周天，達到氣沉丹田，內氣充盈，煉氣化神，氣神一體，氣隨意行，能以心行氣，

以氣運身。打拳時，必須意、氣、拳三者合而為一，意守丹田、勞宮穴、湧泉穴等五穴位（詳見第捌篇），才能達到此目標。

又曰：「二階三級：為氣達泥丸，此謂通三關，亦即河車倒運之嚆矢，越尾閭為最難，餘輕易耳。」

這就是提示學拳者，必須勤修煉內功之意導丹田之內氣運行周天循環，逆上行通後三關，尾閭督脈夾脊、玉枕，下行通前三關，泥丸、膻中、下丹田，顛倒陰陽逆行，煉氣化神，太極拳內功修煉之開始，功成則氣斂入骨純剛，氣神一體，氣隨意行，能以心行氣，以氣運身達四肢。

又曰：「氣沉丹田，待功純，火候到，不期然而然，自然越過尾閭，復衝開夾脊，度玉枕，達泥丸，亦若是，此為入門，則駸駸進乎道矣（此為「氣通」），延年祛病末事矣。」

這是提示學拳者，必須勤修煉丹田逆呼吸，湧泉呼吸和意導周天循環，達到煉精化氣，煉氣化神，氣神一體，當太極拳勤修苦煉 15 年以上內功高深精湛，丹田內氣充盈時，才能達到功純，火候到，勃然而動，自然而然的「氣通」，本人勤修煉太極拳內功 15 年才達到（詳見第伍篇）。

又曰：「三階一級：聽勁。三階二級懂勁。三階三級：階及神明，難言之矣。拳論終之曰：意在精神，不在氣，在氣則滯，有氣無力，無氣則純剛，此言甚奇，似視氣若未足重耶，其實不然，氣能得化境，而進乎精神作

用，其所謂無力之力，神力也。物理學以速乘力，其效能未可限量，故神力即神速也。學者類多捨近求遠，不知丹田積氣之妙用，更何論神力、神速，誠有電之意，存乎其間，此謂階及神明。」

這是提示學拳者，欲達精湛高深的太極拳內功，必須勤修苦煉，練氣之丹田逆呼吸、湧泉呼吸，使氣沉丹田內氣盈實，氣沉湧泉根基穩固，和練意之意導丹田內氣運行大小周天，煉精化氣，煉氣化神，修煉達到氣斂入骨純剛，氣得化境，氣神一體，氣隨意行，能以心行氣，氣運周身達四梢，氣修煉至此，已達氣無氣，無氣是真氣的境界，意、氣、拳、推手結合為一。

勤修煉，拳藝內功高深精湛時，就能達到大師提示的目標，只用意而不用力，意到、身到、氣隨之、神速神力到，可發人丈尋的境界。

有練太極拳內功者，每天練拳架前，必須先練內功之意與氣，然後再與拳架結合練拳。若行拳不用拙力、蠻力而用意，則意之所屆，氣即至焉，如是氣血流注，日日灌輸，周流全身，無時停滯，長久習之，氣斂入骨純剛，則真正內勁為意與氣之合，即太極拳經論所云：「極柔軟，然後極堅剛也。」太極拳內功精湛深厚之，令臂膊如棉裹鐵，分量極沉剛，故太極拳首重意與氣的精、氣、神，故云：「意為主，身為驅使。」

太極拳為內家拳，是有內功的拳術。張三丰祖師曰：「練武不練功（導引和吐納），到老一場空，道為本，技為末。」學而不思則罔，思而不學則殆。故初學拳架時，

就必須同時分開練氣之丹田逆呼吸、湧泉呼吸、站樁，練意之意導丹田內氣運行大小周天，當三者練純熟後結合為一，勤修煉之，以達六合通周天。

所謂六合，為內合之心與意合，意與氣合，氣與力（筋與骨）合，外合之手與足合，肘與膝合，肩與髖胯合。凡有舉動，內外開合、一呼一吸均以意導之。

拳經論曰：「意氣君來骨肉臣，著之以意與氣貫之，蓋太極純以神行。」先意動，而後內氣動，而後外形動，亦即打太極拳，無一式不用意，無一式不導其氣，以意領之便覺有氣隨之而至。意與氣是無形的，內在的，看不見的，形乎手指的動作是外在的，有形的，看得見的，而無不與內在無形的意氣，發生關聯，合而為一體。內外合一，如果意不專，氣就不聚，拳架與呼吸也就亂了，意聚專注，氣自然隨動作運行，氣遍周身達四梢，意動身隨氣隨之，毫無斷續之氣，鬆、柔、慢、均、圓、整，一氣呵成，下苦工夫近十年，內功方可精湛有成。

太極拳，「內功之玄，非工夫造詣，無以知其奧。能知之者，不為氣所縛（註：因內功有成者，煉氣化神，氣已斂骨純剛，氣已化為神，氣神一體，而生神力，非力氣之力可比，氣隨意行，而不單獨行動，已達氣無氣，無氣是真氣之境），全以意也（註：氣神一體，氣隨意行，意動內氣動，丹田後面之上陰蹻穴和真氣穴，即貫注真氣於腰胯和腰椎，腰一動，真氣隨之，身體特別輕靈，身隨氣動，飄閃騰挪，妙矣。）誰肯虛心，勤造詣，則目之所注，意至焉，氣隨之，神力到耳，其迅如電，式式如

是。」這叫用意不用力,剛柔並濟,隨心所欲。

曼青大師曰:「煉氣化神,則精氣之氣又化神矣,而生神力,非氣力之力可比,是謂純剛,無堅不摧,所謂技也進乎道矣,何止英雄所向無敵而已,無難矣。」要知意不離氣,氣不離意,形不離意,意不離形,意、氣、形兼備,才能發揮太極拳神勁制敵和養生不可思議之最高妙境,才得稱之為太極拳門中之人。

太極拳之所以慢吞吞,軟綿綿,以意行氣運身,不用拙力,目的在於養血、養氣,延年益壽。練拳時慢而勻,呼吸自然細而長,呼吸細長而達丹田,即是期以後天氣,貫串先天炁,修煉內功。

太極拳是練以意領氣和動作發神力制敵的拳術,千萬不要只注意呼吸,必須每一招式,都有假想敵。集中精神,全以意領導之,以達到心理與生理的變化與感應。久久習之,任何一招式,「吸氣」為「收」,蓄氣待發,氣貼背,意念貫注氣於雙手勞宮穴蓄其勢,則精神凝聚觀敵,隱歸體內,蓄氣待發。

「呼氣」為「發」,左手與右腳,右手與左腳,實力相應,貫注以氣,隨腰向前推進,力從氣出,則氣行於四肢發出神力制敵,收發自如,內外合一。

以心行氣,氣運周身,身隨氣動,一開一合,一虛一實,一收一發,都應因敵而變化,當場著意,變化不居,上下無常,剛柔並濟,因敵變化示神奇,這是無一式不用意,節節貫串,循環無端,著之以意與氣貫之,意動身隨,意到氣到,意動於斯氣隨之,如影隨形。這是練意導

氣行，身隨氣動，力從氣出，勁由意發，亦即意到、身到、氣到、神力到，只用意而不用力。故拳經論曰：「一開一合，一吸一呼，足盡拳術之妙也。」

練拳時，為什麼要求靜、定、鬆、柔、慢、勻、圓、整呢？目的就是要動作、呼吸與意念導引合而為一，互成節律，勢勢如此皆是意。如意欲向上，即寓下意，意欲向前，即寓後意，意欲向左，即寓右意。盤架子時，如果有達到這種意境，就能產生綿綿的氣力，婉曲勻稱，氣勢相連，好像風中楊柳搖曳生姿，裡面內氣騰然，外面架勢顯現，氣象萬千，神氣活現。

太極拳任何一招一式，均以意導氣而動之，意輕則靈，意如空虛而發，是以拳術不只於形式，要在先天之炁圓滿無虧，諸形皆無，渾然一氣，即《拳經論》所謂之：「拳無拳，無拳是真拳，氣無氣，無氣是真氣，意無意，無意方為真意。」亦即所謂氣斂入骨純剛，煉氣化神，氣神一體，氣隨意行。意中有形氣，才是真意。

意與氣是隱歸體內的，看不見的，空而不空，空中有物（意與氣），發人而不見其形。神勁是意與氣之合，是無形的神速神力，如掤、攦、擠、按、採、挒、肘、靠，其勁不在手與肩，而是意導氣貫於腰椎與雙手勞宮穴和雙腳湧泉穴，由雙手中指領掌發勁，搬攔捶是由拳面領拳發勁，在動作的一剎那間，即變化為旋扭轉化為神力，內外一體，無形與有形調和，才能臻於完善，一氣旋轉自無停，乾坤正氣運鴻濛，學到有形歸無跡，方知玄妙在天工，意、氣、形之妙大矣！這是太極拳的最高境界。

太極拳內功修煉到高深時（本人修煉 15 年），丹田之內氣盈實。因意聚氣於丹田，而肛門（會陰）被丹田內氣攝取而緊窄，使清陽上升，濁陰下降，故平時無時無刻，肛門都會自自然然微微鬆柔上提，使身軀輕靈。

我曾在太極拳季刊看到有人說，打太極拳要提肛，才會有勁，這是大錯特錯。提肛是使硬氣，有礙經脈氣血循環，轉動不靈，不徒無益而有害，慎之。意與氣之合為神力，須修煉內功之意與氣才有神勁，《拳經論》曰：「在氣則滯，有氣無力。」內功修煉高深時，平時就會自然整日微微提肛的，不可強求。

太極拳者，為意、氣、形三者內外功合為一體，內外相合，互為表裡，相得益彰。《易筋經》曰：「若專培無形之意氣而棄有形之拳架，則不可。專練有形而棄無形，則更不可。練有形者為無形之佐，培無形者為有形之輔，是一體的兩面，兩面一體的。有形之身必得無形之意氣，相依相成，內外合一。」

《紫清指玄集》曰：「心者，氣之主。氣者，形之根。形者，氣之宅。神者，形之具。」故習拳有成者，須以意氣養形，以內養外是也。

太極拳是意、氣、拳三合一的內功拳。自古以來，國人特有的鍛鍊身體與預防疾病的養生方法，它是道家武當派創造的一種著重內功的拳術。

吾人身心機能靈敏，最為寶貴，凡一切處事接物，皆賴於此，機能靈敏是出於大腦中樞神經，所以太極拳的功夫，首要在穩靜禪定的基礎上練功，以養大腦中樞神經，

但所謂穩靜禪定者，是心神泰然之後，自然之中出來的真穩靜禪定，而不是強制著不動，作出來的表面上的穩靜禪定，這種功夫要從太極拳之意、氣、拳三者合一，勤修著手，煉體以固精，煉精以化氣，煉氣以化神，煉神以還虛四步功夫，學者宜本此方面細心體會，才能練到太極拳之妙境。

吾年 81，修煉太極拳內功 30 餘年，內功已達高階氣通之境，2021（110）年 12 月初清晨，打拳前練內功時，覺得呼吸更進入細長、深勻、靈靜一呼吸一分鐘以上，打拳時極為禪靜，動作更鬆沉緩慢，很多招式的手勢形狀與原式相異，全為意導氣行，身隨氣動，拳禪一體，煉神化虛，一套鄭子 37 式約 20 幾分鐘，而後均同，因此改由學生教練，帶領全場學生打拳。

有位中醫林醫師，勤修煉太極拳內功之導引與吐納術，丹田逆呼吸達到極為細、長、深、勻，一呼吸 2 分鐘左右（吾尚無見聞如此之深呼吸者），打一套鄭子 37 式太極拳 25 分鐘以上，且進入拳禪一體，煉神化虛之境，其教學亦要求學生，勤修練內功之氣的丹田逆呼吸、湧泉呼吸和意的周天循環。

打拳時，要做到全神貫注，攝心歸一，五蘊皆空，以陰陽、虛實、動靜、形氣開合、八大綱領為基礎，以心行氣，氣運周身，動作鬆柔靈活穩健，形氣開合協調，動中取靜，靜中而動。

太極拳氣功有利於肌肉有節奏的舒縮，對調節大腦、神經系統功能具有獨特的作用，可以增強五臟六腑機能，

提升免疫力，祛病強身。

現今太極拳宗旨以養生、健身為主，尤其太極拳內功之修煉，除養生、祛病、強身，更能達到拳禪合一，禪靜合天道之修行，《丹經》云：「氣入臍為息，神入氣為胎，胎息相合，名為『太乙含真』。」（先天真息）。遵循祖訓，以真人之術，於當今做返還態之修煉，去妄欲，合天道，符天數，行大愛，作大善，天必使之常樂，大智慧，神通自得，自會走進神仙之邦。

佛光山星雲大師指示修行大慈大悲訣竅為行三好：「做好事，說好話，存好心」。

修煉養生太極拳氣功，必定會使你心、意、神逐漸轉向妙智慧、溫雅、慈悲，五蘊皆空，行大愛，作大善之佛心。

拾

拳經論常用詞句
之秘訣的體悟

《拳經論》是太極拳拳術內功達最高深境界的用詞，功夫未達那個境界，無法體悟，欲達拳經論所言，並非嘴巴說說就可得，那有什麼可貴之處，必須練意、練氣、練拳三者結合為一，勤修苦練，千錘百煉，方可功成。依本人勤修煉 30 餘年拳術的體悟，其秘訣細述如下：

（一）「神宜內斂」

神內斂則不亂，打拳才不會胡思亂想而錯亂，才能專注攝心歸一，如何練？視而不見，聽而不聞，無思、無聞、無視，則能靈靜禪定，這種打拳的動禪功夫更不易修煉，必須從練氣之丹田逆呼吸、湧泉呼吸，和練意之意念導引丹田內氣循環大小周天和靜坐入門，久久修煉之，即可達到打拳時神內斂，意聚氣聚，專氣至柔。

若進而將平視前方的眼神，改為禪定下垂 30° 凝視前方手掌和地面，就能拳禪合一，修煉養生太極拳的動禪，金剛經曰：「無我相，無人相，無眾生相，無壽者相，應無所住而生其心。」

故打拳時，宜固塞耳目口，勿令發通，外不入內，內自不出，回光返照，凝神寂明於丹田、勞宮穴、湧泉穴，了無雜念，使神氣相抱，則全身意在精神，斂神更有進乎專氣至柔嬰兒乎，能達煉氣化神，煉神化虛之功。

（二）「腹鬆淨氣騰然」

丹田逆呼吸練到純熟後，氣沉丹田，丹田之囊膜極富彈性和韌性，內氣充盈，吸氣時丹田內氣上升，擴張胸腔

橫膈膜，上腹實而下腹鬆空，蓄氣待發，故曰腹鬆淨。

而意念導引丹田之內氣，練大小周天循環，煉氣化神，氣神一體，氣斂入骨純剛，氣隨意行，功成者，就能以心行氣，氣運周身遍四梢，意到、氣到、神力到，故內功高深者，丹田之內氣鬆柔盈實，可極剛亦可極柔，剛柔並濟，隨心所欲，呼氣時，胸腔橫膈膜縮收，內氣下降沉於丹田，且氣運行於周身四梢，發勁為神力，故曰氣騰然。

（三）「以心行氣，以氣運身，全身意在精神不在氣，意到氣到神力到」

欲達此拳譜所言功夫，極難不易，不知入門之道，練拳一生，仍無所獲，還是打無內功的太極空拳。故必須勤修練拳架和練氣之丹田逆呼吸、湧泉呼吸，練到氣沉丹田，內氣盈實，呼吸細、長、深、勻，及練意之意念導引丹田之內氣循環大小周天。

猶如訓練狗一樣，久久訓練之，狗就會聽主人的指揮，與主人同行。周天循環，久久修煉之，就能達到氣斂入骨，煉氣化神，氣化為神，氣神一體，氣隨意行而不單獨行動，才能以心行氣，以氣運身，全身意在精神不在氣，意、氣、拳練到純熟後，結合為一勤練，因太極拳是「精神貫注，用意練意，行氣練氣」的拳，是一舉一動均要以意導之，先意動，而後氣動，而後形動，才能做到意到、身到、氣到、神力到。

換句話說，練太極拳是要始終著重在意，肢體的動作

只不過是意與氣的外部表現而已，這種意識的游動，隱於內的是內氣的活動過程，形於外的是神態和外氣的動盪，內氣可以由內發於外，亦可由外斂入內，故練意、練氣之內功有成者，打拳時只要將意念注於動作中，意守丹田、勞宮穴、湧泉穴，就能以心行氣，以氣運身遍四肢，意到、身到、氣到、神力到，只用意而不使氣力，至此內功已達到，氣神一體，氣無氣，無氣是真氣，是太極拳功夫最高深的境界。

例如，掤攦擠按，只要以意運氣貫於雙手勞宮穴和雙腳湧泉穴四梢，牽引發動的動作，就能產生強大的神力。吾今年已八十，勤修太極拳內功 33 年，已達氣斂入骨純剛，氣隨意行，所以只要用意輕靈的運動，內氣即鬆沉湧泉接地之力，能輕輕鬆鬆的慢跑、急走，健步如飛，一個呼吸可以八大步以上。

（四）「氣斂入骨純剛」

氣斂入骨之捷徑，勤練丹田逆呼吸，待氣沉丹田後，練以意念導引丹田之內氣循環小周天，吸氣，內氣由丹田經尾閭斂入夾脊督脈，上玉枕達百會，呼氣，下行印堂經任脈膻中，回歸下丹田，這是氣斂入骨築基的捷徑。當練意、練氣、練拳純熟後，三者結合為一勤練，打拳時，意守丹田、勞宮穴、湧泉穴，以心行氣，以氣運身，吸氣時，內氣自然自尾閭入脊骨貼背，呼氣時，內氣行於周身四肢，勤修苦煉，久久貫注，氣斂入軀骨而純剛。

曼青大師曰：「氣沉丹田後，心與氣相守於丹田，勿

離，亦即心火與精氣於丹田，猶置火於釜底，使釜中之水乃至滾沸，漸漸可以化氣，煉精化氣，利血液循環，且其氣之熱譬猶電然，電之能透度乎水土及金屬，莫之能禦，而透度尾閭，上脊骨而達乎頂，布乎四肢，使熱氣灌乎骨中，既而漸漸為膩液，復之有質之體骨髓，貼乎骨內，猶若鍍鎳鍍金焉，久之骨髓漸漸填滿，則骨堅強，以喻為純剛，無堅不摧，亦以是也。」故曰氣斂入骨純剛，至此內功已達到，氣無氣，無氣是真氣，是太極拳內功的最高境界。

吾 2020（民國 109）年七月，到原祿骨科醫院健檢，照核磁共振，院長問我，你已八十歲了，你的腰脊椎骨猶如五十幾歲之強壯，你如何養生?我答曰：勤修練太極拳內功 33 年。由此可應證，練太極拳內功之意與氣，為氣斂入骨純剛的秘訣。

（五）「氣宜鼓盪」

曼青大師曰：「氣宜鼓盪，即以我之氣與空氣相摩盪，則有進乎運氣，氣遍周身矣。」氣如何鼓盪的呢？「呼吸二字問端的」，自古以來修煉武術內功者，無不從呼吸著手，所以太極拳經論曰：「能呼吸，然後能靈活。」勤練丹田逆呼吸，可使氣快速沉於丹田，亦引丹田內氣的鼓盪，當丹田內氣充盈後，丹田之內氣會自發鼓盪，或與空氣互相鼓盪，亦即用意念導引丹田之內氣，練大小周天、卯酉周天循環，煉氣化神，氣神一體，氣遍周身與空氣相摩盪，內功高深者，就能以心行氣，以氣運身

遍周身四梢，始而意動，而後氣動，以意運之而動也，動之餘力回盪，亦即物理原理之反作用力，是以動之餘必有其盪，盪之未定復之以氣動，因而復始，永不間斷。

太極是以心行氣，以氣運周身，以意與氣的動盪帶動拳架，剛柔並濟，隨心所欲，綿綿不斷的鼓盪，故打拳或練功時，氣遍周身，內氣與空氣鼓盪，內氣為低頻率電流與空氣中之地球磁場互相激盪，若全身鬆透沉靜，則手和身軀會因內氣與外氣的相摩盪而氣動振盪，而內氣的自發鼓盪，會排除體內的穢氣而放屁或打嗝。

1993（民國 82）年曾盛初老師，教導我練意、練氣時，亦教導加強丹田內氣自發鼓盪的方法，用太極劍之劍柄，頂住丹田，吸氣時，劍柄和丹田快速往內收縮，往內拉回，呼氣時，劍柄和丹田快速往前膨出，往外衝，久久習之，熟練後，丹田之內氣增強，彈收跳動，可隨意導之彈人的手指尖。而我改用右手中指尖頂壓丹田，用呼吸和意念帶動，每天勤練彈收跳動 100 次以上，勤練 10 年（每天練的時間愈長愈快功成）後終於得到曾老師的功夫，丹田有自發鼓盪的彈勁。

太極拳氣與意運用
於採氣練功和排毒法

　　學太極拳必須外練拳架子，內練氣與意，當三者能配合為一，練到呼吸和動作深沉、細長、緩慢、均勻時，就能獲得初步太極拳養生氣功。氣與意仍不可分的一體二面（詳見第伍篇）故可用意念導引氣進行採天地精華之氣，練養生氣功和排體內穢毒之氣的功法，並能獲致祛病養生之功效。

一　採氣練功法

　　擇樹蔭之下，閉上雙眼，雙腳分開與肩略寬，舌頂上齶，全身鬆靜中正，觀想全身毛細孔打開，注意吸氣時觀想吸天地間精華之氣，由毛細孔進入全身細胞、五臟六腑各器官，呼氣時觀想全身毛細孔關閉，所採之氣進入丹田儲存於丹田，增強內氣能量，此為用意念導引吞天之氣，接地之力，採氣練功法。

　　練此功時，呼吸要達到深沉、細長、緩慢、均勻，並且吸氣時要緩慢提肛，觀想全身感覺發脹、發熱，身高增長得好大好高，呼氣時鬆肛，並觀想丹田被氣灌得好大好大，且身體略為變矮小，久練有成後丹田會長大，而內氣飽滿硬實如鼓。

二　養生氣功祛病強身減肥瘦身功法

　　丹田逆呼吸法練到純熟後，方能適合練此高難度之功法，練法如下：

雙腳分開與肩同寬，雙掌相疊，掌心均向上，右手掌在上，尾指外側橫貼在下丹田，閉上雙眼禪靜片刻，意守丹田。吸氣時要緩慢提肛，用意念慢慢將丹田和小腹左右兩側肚皮，往中心點丹田，往內捲收成一小球或一點，此時丹田和小腹捲得很小，腰部縮收得很小，右手掌捲至左腰間，左手掌捲至右腰間。

呼氣鬆肛，並用意念慢慢將丹田和小腹左右兩側肚皮，往前中心點，往外左右兩側外展，丹田和小腹變得很大很大，此時丹田和小腹，氣實飽滿，大而堅硬，來回練數分鐘，若能到每分鐘一～二次呼吸，則功入高境也。

此功可增強五臟六腑機能，尤其腸、胃、腎、膀胱功能之增強更顯著，也是減肥、瘦身、增強體力及增強氣功能量的法寶。

三　排毒排便功法

進入工業社會之後，垃圾食品及含毒食物增多，人類積存在結腸的毒素是造成早衰的最大因素，來自有毒結腸的毒素，會流送到心臟、腦部、腎、肝、肺……等體內各部，使得這些器官提早衰老，練氣功的人，能利用各種方法，將體內毒素穢氣排出體外。

茲將簡易方法述之如下：

（一）採氣排毒功法

擇樹蔭之下，雙腳分開與肩略寬，閉上雙眼，舌頂上

齶，吸氣時觀想全身毛細孔打開，吸天地間精華之氣，由毛細孔進入身體細胞、五臟六腑各器官，身體慢慢變得好大好高，呼氣時毛細孔不要關閉，觀想吸進的氣保住，而將體內各臟腑器官污穢之毒氣，由全身毛細孔向外排出，並觀想呼氣時身體略變矮小，此用意念導引排毒功法之呼吸要練到深沉、細長、緩慢均勻。

採氣排毒，雖對身體有莫大的助益，但仍須注意養生食物，若穢毒太多，再高強的氣功，亦無法排淨。

（二）快速排便功法

每天勤練氣沉丹田逆呼吸法，和練意念導引法，至某一程度時，約半年左右後（每天練的時間愈長，愈快達到，有學生每天勤練 30 分鐘以上，七天後大便就提升每天 1～3 次），早晨排便一次，練拳之後約半小時，未排乾淨的大便會再排一次，而午餐後二小時左右，還會再排便一次。

這是因為食後丹田的內氣會自動鼓盪，而使胃腸的蠕動加快，腸胃的吸收消化功能加速之故，若想要快速排便，則可用下列意念導引法：

1. 雙手上吸下呼

當坐上馬桶後，沉肩垂肘，雙手手臂向前平放與肘成九十度，並向內彎曲成半圓弧，雙手手掌心斜相對並斜向下且雙手手指尖相對，保持微微距離，不接觸，放在肚臍上方腹部，二個拳頭前方，然後閉上雙眼。

意念放在肛門，不要提肛，呼吸要緩慢，吸氣時雙手

掌緩慢往上提升九十度，手掌動作時，仍保持與腹部、胸部、頭部二個拳頭的距離，到九十度時，雙手掌心相對，呼氣時緩慢下降壓回到原位。

呼與吸都要觀想大便從腹部大腸，一直往肛門往下排出，如此一直觀想，並連續動作，排便會快速而乾淨，故大便毒素不會因久留腸內而引發大腸的疾病。

2. 雲手

坐上馬桶後，閉上雙眼，意守丹田、肛門和雙手勞宮穴，左手掌在胸前，右手掌在腹前，掌心均向內，呼氣，雙手和腰往左緩慢雲轉，至左斜方時，左掌心斜向外，右掌在左肘內側下方，掌心向上，隨即吸氣，雙手臂上下緩慢變換，隨即呼氣，雙手和腰往右緩慢雲轉，至右斜方時，左掌心斜向外，左掌在右肘內側下方，掌心向上，隨即吸氣，雙臂上下緩慢變換，隨即呼氣，雙手和腰再往左雲轉。

在雲轉過程中和呼吸，均觀想大便由大腸往肛門排出，只要來回雲手數次，大便就會快速排出。

3. 雙手按

坐上馬桶後，閉上雙眼，意守丹田、肛門、雙手勞宮穴，雙手做按式，意較重放於肛門。呼氣時，雙手往前按出，身體不動，吸氣時，雙手收回原位，呼與吸都要觀想，大便從腹部大腸一直往肛門往下排出，如此一直觀想，並連續動作，大便就會快速排出。

鄭子 37 式
養生太極拳氣功、
自發動功原理之研究
參考養生太極拳氣功網站

　　中央大學物理系林孝宗教授在所編著的《氣功原理與方法》一書中說：「練動功（武功）有成者，就會自動使出自發動功。」

　　曼青大師曰：「心與丹田內氣相守，氣透度尾閭，上脊骨，而達乎頂（百會），布乎四肢（煉精化氣，煉氣化神），氣斂入骨而純剛，無堅不摧，此僅言，煉精化氣（此氣已成丹田之先天氣），煉氣補腦（煉氣化神）而已，更有進乎此焉，煉精化氣，煉氣化神，煉神還虛，則可以通乎靈矣，此余所未能也。曹子曰：『止矣，可以聞而知之，有此理必有此事，留證於異日可矣。』」（《鄭子太極拳自修新法第十三篇》第 13-14 頁）

　　「煉神還虛，則可以通乎靈」就是林教授所謂之「練動功有成者，就會自動使出『自發動功』」。這是養生太極氣功的自發動功，是由高級太極拳氣功，轉修煉養生太極拳氣功。拳以載道，天人合一，如禪坐靈修，煉神還虛，則通乎靈。

　　欲達此境界，練拳者必須內功之意、氣與外功之拳架緊密結合為一，亦即練意、練氣、練形三者合一。

　　有恒心毅力，日日月月久久習之，無始無終，無內無外，力行實踐，有所付出，才能有所收穫，有播種才有收成。達到內功高深時，就能氣神一體，神內斂，氣斂入骨純剛，能以心行氣，以氣運身，氣遍周身四梢，意到身到氣隨之神力到，用意不用力。

　　至此太極內功深厚者，如欲轉修煉養生太極拳氣功和自發動功，則必須轉換身心如禪坐，這是我習拳 10 年

後，習禪坐而悟得。

練拳時意念輕靈，心神禪定如禪坐，眼神似閉非閉下垂 30°，凝視前方手掌和地面，呼吸細、長、深、勻，動作鬆、柔、慢、勻，拳禪合一，才能由煉氣化神的氣功狀態的氣動，進入煉神化虛的氣功靈動狀態，由內而外，身隨氣動，進而腦波頻率下降到與副意識（本靈，阿賴耶識）相近，約 5～7 赫茲阿爾法波時，則通乎靈。而由副意識主導拳架動作，於收勢時使出太極拳自發動功，採宇宙精華之氣，貫頂運行於全身，並導引丹田之內氣，循環全身經脈、穴道、五臟六腑器官增強機能，祛病強身，延年益壽，是為鄭子 37 式養生太極拳氣功的神奇奧妙之境。

一般人在練動功的過程中，時時都在注意姿勢和動作是否正確，呼吸方式是否合乎要求，意識始終極為沉重，所以腦波頻率比較高，很不容易靈靜鬆透。而跨入氣功狀態，一直要等到招式動作極為純熟且意氣相隨，才能夠鬆靜自然，練拳時內氣才能增強，內氣（電能）之電流頻率和腦波頻率才會降低，才能進入氣功狀態。這是心導氣行，身隨氣動，煉氣化神，煉神化虛，必須修煉意和氣之內功才能獲得。

在氣功狀態下，腦波頻率為 8～10 赫茲，再加上意氣相隨，意念導引丹田之氣內行（內氣能量為低頻率交流電），氣遍周身時，內氣能量驟然激增，內氣頻率下降，與外氣磁場電磁波頻率接近，產生強烈激盪，再加上內氣系統的強烈共振，而進入氣功靈動狀態。此時已進入煉神

化虛之境，進而與副意識腦波頻率接近，而使副意識亦進入靈動狀態，而產生太極拳自發動功，此即曼青大師所謂之「煉神化虛，則可以通乎靈矣。」

太極拳自發動功是氣功高能量的效應，是高能量內氣，在全身經脈、穴道中強力運行，和內氣系統的強烈共振，而帶動身軀的動作。

故已練得養生太極拳自發動功者，行拳時，也必須氣功能量累積到一定的高能量，才會產生自發動功，若未累積到發功的能量，既使你行拳數套（次），也不會出現太極拳自發動功的，請見下段詳述。

動功指的是太極拳、各種武術、韻律舞、氣功體操…等等，是以各種千變萬化招式套路的姿勢和動作，由外而內導引內氣在某些經脈中加強運行，以達到強身和治病的效果。另外，也可藉以鍛鍊筋骨、肌肉和關節。

各種動功的招式動作長期做下來，或多或少都會有一些強身治病的效果。武術氣功和各種動功，從理論上講，和養生太極拳氣功或內修氣功的最大區別，在於武術動功是在猛烈的運動中練，沒有入靜。

不入靜，氣走皮下，氣竄肌肉，不斂入骨，不入丹田，所以不修命，也不能修命。不過嚴格講起來，只有在身心鬆靜下來，在煉氣化神、氣神一體、心導氣行、身隨氣動之境時，才能進入一種介於清醒與睡眠之間的氣功狀態。這種狀態下所使出的招式和動作才能使內氣系統（內氣系統的共振頻率為 7～10 赫茲）以特殊的方法運作，導致內氣的運行驟然增強好幾倍，才真正算是練氣功，才會

有立即而明顯的效果。

　　練氣功的真正重點在於內氣系統有沒有進入氣功狀態（圖表說明附後）。沒有進入氣功狀態的形體動作，儘管姿勢是多麼的講究，多麼的美妙漂亮，也只是體操、空拳、韻律舞……等運動，只有活絡筋骨和內臟的作用。

　　練功有成者在練功的時候，身體的生理現象會呈現種種明顯的變化，例如手掌變紅，手指圓潤豐滿，呼吸勻緩、脈搏數減少，體溫升高，內臟的蠕動大幅增加，血流量加大等，或身體的某些部位有熱、脹、麻、癢感覺，甚至有著輕微觸電和刺痛的感覺。

　　而學鄭子 37 式太極拳者，因為要動用意識在擺姿勢、動作和呼吸及意念導引三合一，腦部處於清醒、警覺、判斷的狀態，故所發出的是 14 赫茲以上的阿爾法波，遠高於丹田的共振頻率 8～10 赫茲，和人體內氣系統的共振頻率 7～10 赫茲，通常需要五年（依勤練的情況而增減）後，拳練久了，動作已經非常純熟，不必分心記招式，刻意配合意氣三合一，意識淡化之下。

　　若修煉養生太極拳氣功，行拳時，眼神下垂 30°～45°，神內斂，眼睛微張如禪坐，凝視地面，才能全神貫注、無雜念，全身鬆透靈靜，呼吸細、長、深、勻、鬆、靜，動作輕靈緩慢均勻，拳意禪心的導引丹田之內氣，運行於四肢勞宮穴和湧泉穴，腦波頻率才會下降至 8 赫茲以下，才可能跨入人體電磁振盪系統的共振頻率 7～10 赫茲，而進入煉精化氣，煉氣化神的氣功狀態，而開始手指、手掌、手臂會氣動振盪。

　　內功高深者，到了拳藝有成的階段時（必須勤修苦煉意、氣、形三者合一才能達到），導引內氣的運行，是「由內而外帶動形體，動作圓轉流暢，猶如行雲流水，渾然天成」。內氣驟然巨增，腦波頻率和內氣能量頻率再度下降到睡眠的波段（7 赫茲以下），一直保持在極佳的氣功狀態，就會跨入養生太極拳氣功靈動狀態，此時已進入煉神化虛之境。

　　最好的動功應屬在氣功靈動狀態行拳，打出來的心導氣行，身隨氣動的太極拳「渾身氣血奔馳，滿臉笑容，尤其雲手、倒攆猴、按更是猶如騰雲駕霧的快感，頂上齶的舌尖，分泌流出的唾液，猶如泉水湧出，妙不可言。」在收勢前二招，就會進入養生太極拳自發動功，由靈動狀態中的副意識主導發功程序，此時已進入曼青大師所謂之「煉神化虛，則可以通乎靈矣」之境。

　　鄭曼青大師對中醫學頗有研究，是位名中醫師。對人體經脈、穴道、氣血運行，瞭若指掌，因此將傳統楊式太極拳（目前北京崔仲三老師教授的傳統楊式太極拳為 108 式）簡化為 37 式。

　　除現代工業化社會需求縮短時間外，最重要的是要以意導引內氣運行全身經脈、穴道俾達到養生之目的。尤其大師將太極拳手法，由蓮花掌改為美人手，是一大特點。因美人手在行拳過程中，是不發勁功的，只是意念運氣至雙手勞宮穴和雙腳湧泉穴，吸氣時就導引回歸丹田，所以它能夠舒筋活血，行氣貫於手指。

　　大師又將倒攆猴之傳統老架，腳掌外撇八字步，改為

腳掌與肩同寬平行之直行步，這樣則可使尾閭關節放鬆，而使內氣快速運行，內氣可以透過尾閭，歛入脊骨、經督脈、玉枕、上達泥丸宮，並立即氣遍周身。呼氣時經由神庭、印堂、任脈，歸於丹田，同時丹田之內氣亦下達湧泉穴，並立即氣遍周身。吸氣時內氣仍回歸丹田，這是所謂的吞天之氣，接地之力，導人以柔，強身養生，延年益壽。所以，練鄭子 37 式養生太極拳時，必須依練太極拳和養生太極拳之基本功法秘訣與基本姿勢要點（詳見第柒篇），和太極拳和養生太極拳之呼吸與運氣，意念與氣之結合相隨要點（詳見第捌篇與第伍篇）練拳，則行拳時全身是鬆透之勁，全無拙力。

故整套拳架不發勁力，只要全神貫注、鬆靜，拳架配合意和氣，呼吸深沉緩慢，動作越慢越好，則氣遍周身，丹田之內氣會快速增長。

鄭子 37 式太極拳屬於養生氣功，亦可稱為軟氣功，講究的是鬆柔、輕靈、圓活、自然、內固精神、外柔安逸、用意不用力。初學者不易體悟個中的奧秘，也不易掌握動作要領。所以必須練氣和意（詳見第壹篇與第參篇），否則只能稱為太極拳操，或稱太極空拳。

太極拳亦屬動功，係「心帶身動，導氣內行」。動功在古時候稱為導引，練太極拳氣功，是以意識（心意）指揮身體，使出各種招式的種種姿勢和連續動作，其目的是要以身體的招式導引丹田先天之氣，讓內氣（電流）在某些經脈中加強運行。因此練太極拳氣功的重點，係「心帶身動，導氣內行」。

初學者因拳架和氣與意初結合，對於意與氣和導引，均不太順暢，故對氣的運行的感覺尚為渺茫。須有恒心毅力，歷經五年的勤練，才會有氣運行的感覺，手指手臂才會氣動，才能領悟到「心帶身動，導氣內行」，氣血在體內流動，氣遍全身，舒暢的快感。

　　養生太極拳除在身體姿勢、動作講求外，特別要求特殊的呼吸法（詳見第壹篇）和注重意念的導引法（詳見第參篇）。練動功的過程中，意識始終居於主導的地位，時時注意身體的姿勢和動作是否正確（詳見第柒篇），呼吸和意念配合是否合乎要求（詳見第捌篇）。尤其研練養生太極拳氣功和自發動功，必須以一念帶萬念，同時意守丹田、勞宮穴、湧泉穴等五個穴位。更須達到呼吸鬆柔、靜、深沉、緩慢、均勻、細長、自然輕靈，意念導引丹田之內氣，運行於四肢之勞宮穴、湧泉穴，且拳架與意氣三合一，行拳之速度越慢越好，一套拳十二分鐘以上。因練意與氣已達煉氣化神，氣神一體，氣已神化，蓋太極純以神行，則行拳時能意之所至氣隨之，故氣遍周身。且鄭子37式的套路流程能快速增強內氣，並累積到自發動功的發功能量，進入煉神化虛，則還乎靈之境。

　　至於為何唯有鄭子37式太極拳才能練得養生氣功和自發動功呢？因24式、42式、傳統楊式太極拳108式的拳架式較大，且手掌式為蓮花掌，勁道強，沒有全身鬆透的機會。且行拳時因發勁而消耗些內氣能量，因而丹田之內氣無法累積到發功的能量，且身心亦無法鬆空靈靜到拳意禪心，進入氣功狀態。

　　但傳統楊式太極拳 108 式，若將蓮花掌式的手法改為鄭子 37 式太極拳美人手的手掌式，和身體中正的拳架式，並將行拳速度配合呼吸放慢一倍，則只要用意念導引丹田之內氣運行於四肢勞宮穴和湧泉穴，身心就能進入氣功狀態，而獲得養生太極拳氣功。然而因 108 式拳架動作和意氣放慢一倍後，須時 30 分鐘，在行拳當中，雖意、氣和動作能輕靈鬆透，但不易長時間持續不斷，全神貫注靈靜，導引丹田之內氣運行四肢勞宮穴和湧泉穴。故丹田之內氣，只能累積到氣功靈動之能量，還是無法累積到自發動的發功能量。

　　而 64 式因拳架時時維持，前後、左右、四斜方等多方向的變化，外景易牽引吾人之眼神和意識，致無法達到無雜念全神貫注，靈靜鬆透，意念持續不間斷，導引內氣運行的境界。但若將行拳的速度放慢一倍，則能進入氣功狀態，而獲得養生太極拳氣功。

　　長拳 108 式則因招數較多，行拳時要達到全神貫注、靈靜、無雜念、意念持續導引內氣運行不斷的境界太難，內氣亦無法累積到發功的能量，但若將行拳的速度放慢一倍，則能進入氣功狀態，而獲得養生太極拳氣功，並能累積到氣功靈動狀態之能量。

　　然而鄭子 37 式太極拳的套路流程，及手法腳法，能使人在行拳時，易於達到無雜念，全神貫注，靈靜鬆透，因此意念能持續不斷，導引丹田之內氣運行於四肢勞宮穴和湧泉穴，而能快速增強內氣，使身心進入「心導氣行，身隨氣動」的氣功靈動狀態，並快速累積到自發動功的發

功能量。故鄭子 37 式太極拳，最適合研練養生太極拳氣功和自發動功（圖表說明附於 222 頁）。

　　練養生太極拳氣功比練太極拳氣功更能舒活筋骨、暢通氣血、增強免疫力、改善體質，有更好的祛病強身的效果。外功主練力，內功主練氣、意，外功練剛勁，內功練柔勁，外功練筋、骨、皮，內功練精、氣、神。丹田者，氣之府也（內氣之總樞紐），欲精技擊，必健丹田。練武術氣功必須注重下丹田的根本原因是手和腳的大部分筋脈都以下丹田為源頭，強化下丹田可聚集大量的內氣，運行於手和腳的經脈，這樣才能迅速提供打拳時手腳激烈動作所需的能量。氣功是運用種種方法以增強內氣的功能，進而對生命（身、心、靈、氣）起顯著的作用。

　　研練養生太極拳氣功，著重調形（詳見第柒篇）、姿勢、和動作，調息呼吸方法（詳見第伍篇），調心意念導引法（詳見第參篇），使體內的內氣能量（電流）驟然增強。行拳時，當全神貫注，全身靈靜（無雜念靜若禪定），意與氣必須調合為一，亦即意氣相隨（詳見第捌篇）。體內的內氣能量，就像收音機一樣，調對了頻率聲音就響了，能量就會增強，同時手掌、腳掌，全身會感覺熱熱、脹脹、麻麻像有電流通過似的。

　　若有恒心、有毅力、有研究心，依上述方法勤練五年以上者，行拳時只要意（意念）、氣（呼吸）和動作緩慢輕靈，每套鄭子 37 式養生太極拳 12 分鐘以上，並用意念導引丹田之內氣，配合呼吸導引至雙手勞宮穴和雙腳湧泉穴，就能氣遍周身，且手指頭會產生氣動，這是內氣（電

流）運行於手指頭時與外氣磁場發生激盪之故。此時已獲得初步養生太極拳氣功了。再勤練數年，至藝高時，行拳時手指、手掌、手臂會產生激烈的振盪，腦波頻率與內氣電流頻率同時下降至進入氣功態，是為養生太極拳氣功，（圖表說明附 221 頁）。

練養生太極拳氣功，最重要的是進入氣功狀態，才能煉神化虛。其特點是身鬆、心靜、靈明，氣強能量大。具養生太極拳氣功能量的人，行拳時當你鬆靜，意氣相隨時（用意念導引丹田內氣行於四肢勞宮穴和湧泉穴），則身心馬上就會進入氣功狀態，且氣功能量立即累積。當內氣（內氣是身體內部的電流，不斷的在經脈路線循環運行）電流的頻率降低，與體外磁場頻率接近而產生激盪，手指、手掌、手臂隨之產生氣動振盪。

這是高能量內氣，藉由身心靈靜，讓腦波頻率降低，而誘發「內氣系統」以共振頻率 7～10 赫茲與體外電磁波激盪，內外氣互相轉換之故。而高能量內氣（電流）在體內運行時，就會產生一股強大的內力。此內氣能量累積數年後（時間之長短依你的恒心，用心練氣、練意、練拳的時數而定），當你行拳時內氣驟然巨增，手指、手掌、手臂、腿部產生強烈氣動，而你的意念也控制不住強烈振盪時，則此時身心已進入氣功靈動狀態了，是「心導氣行，身隨氣動」，是太極拳術最高境界的始而意動、意動而後內氣動、內氣動而後引導外形拳動，由內而外，內外合一。故部分拳架的手法（手勢），會隨氣而行，而略有變化，極為奇妙。這是因為強大的內氣，誘發內氣系統的共

振（共振頻率約 7～10 赫茲），在經脈穴道中強力運行，而帶動身體氣動振盪做出的動作。

當內氣能量（電流）頻率降低到與副意識腦波頻率接近，而使副意識進入靈動狀態，此時已進入煉神化虛之境，同時主意識（心識）化為虛退居於二線。此時，即將進入自發動功狀態（通常在 37 式太極拳收勢前 1 至 2 招會發功），而由進入靈動狀態中的副意識（元神、本靈、或佛經中第八意識的阿賴耶識）主導，以本靈為師，以「靈御氣，身隨氣動」，亦即靈→氣→身。

因每個人的副意識都有很高的智慧，也能從外界擷取所需的訊息，發揮不可思議的神通，更知道怎麼做可以讓身心更健康。而且進入靈動狀態中的副意識最瞭解自己的身心狀況，所以每次發功時，進入靈動狀態中的副意識會根據此時的身心狀態和內氣系統的發展程度，指揮強大內氣能量，走最適當的氣路。在人體數千條的經脈中，強力運行，因而產生一股內力，帶動身體做各種自發動作。

一方面，強化經絡系統，通經脈、開穴道、發展氣路，採體外精華之氣，排體內穢毒之氣，一方面增強身體五臟六腑，各器官之功能，改善體質，提升免疫力，自療，祛病強身，淨化心靈，提升生命的素質。因此放鬆膝蓋，雙腳與肩同寬站穩，意念放空，雙眼會自然閉起來，想睜也睜不開，隨即手足、全身會大力振盪，其動作、手勢、及結手印採天地精華之氣、按摩、拍打、貫氣於全身穴道、經脈、器官之內涵，你的主意識是無法控制的，亦無法了解，也管不著。

　　自此開始一切的動作和內涵，均由進入靈動狀態中的副意識（自身本靈）主導，即是「靈御氣，身隨氣動（靈御氣、氣御身）」，此時已進入養生太極拳自發動功狀態了（圖表說明附於 222 頁）。

　　當副意識（元神、本靈）進入靈動狀態時，除能主導養生太極拳自發動功之強健身心的動作內涵程序外，更神奇奧妙的是，進入發功的程序當中，能預知天氣將變化，而提前收功。

　　實例：2013 年（民 102）6 月 10 日上午 7 時 10 分，在公園行拳中發養生太極拳自發動功，當發功的動作內涵已進入程序約十分鐘，天氣突然轉陰，微風吹動，接著飄起微微的雨點，令人感覺非常清爽舒暢，連濕汗亦停止。我心裡認為，不致於下大雨，亦沒有要主意識介入，強制收功的念頭。再過二分鐘後，我覺得奇怪，發功的動作程序不但未往前進，反而緩緩的開始收功。

　　自獲得養生太極拳自發動功，迄今數年，從未遇到這種狀況，實在令人費解，難道又是晉階嗎？若是功力晉升階段，亦不可能動作內涵和程序如此簡短。滿腦疑惑，既已收功就回家吧。隨即走到停車處，發動機車，當要行動時，突然大雨傾盆，而急奔對街騎樓避雨。大雨持續 30 分鐘，才轉為細雨，約下了 2 個多小時，此時才恍然大悟，得到了答案，原來靈動中的副意識，真是神奇靈通，竟然能預知大雨將至而事先收功。

　　隔日 6 月 11 日晨 7 時，為印證昨日自發動功發功後，突然收功的現象，與我所認定的事理是否為真？故仍

在原地原時段，行拳發養生太極拳自發動功，俾以對照今日與昨日和前幾次的動作和內涵比對，結果此次發功的動作內涵和程序均與前幾次相同，發功時間亦約為 37 分鐘左右。因而證實昨日自發動功發功中，臨時收功，是靈動狀態中的副意識能預知大雨即將來臨的神奇靈通能力。

因此亦可以佐證，上一段細述之靈動狀態中的副意識能主導養生太極拳自發動功的動作內涵程序，和通經脈、開穴道、發展氣路、採氣貫氣、排毒、自療，具改善體質、增強五臟六腑器官機能、祛病強身之功能，的確神奇奧妙，不可思議。

自發動功發功時，內氣能量首先環繞身體前後中心線的環形脈，即一般所說的任督二脈。當內氣集中在這條環形脈正向繞轉時，就會帶動身體往前傾，內氣反向繞轉時，就會帶動身體向後仰。如果內氣一下子正轉一下子反轉，身體就會前後晃動，此時身體應當順其自然的前傾後仰或晃動，身體會自然平衡，不要抑制它，也不要怕摔倒。因為這是練武功有成者獲得的自發動功，我們的內氣強大深沉，下盤沉穩，腳掌會自然的牢牢抓住地面，腰和腿胯順其自然放鬆，這是身隨氣動也。

第二條通的是環繞身體兩側中線的環形脈，氣會帶動身體左右擺動。

第三條通的是環繞腰部一圈的環形脈，氣會帶動身體扭腰轉圈，就像玩呼拉圈一樣。有時先通手的經脈，有時則先通腳的經脈，通手的經脈時，手會有種種動作，如雙手前後甩動，左右擺動，原地打拳，結手印採氣、貫頂、

拍打、按摩穴道等。通腳的經脈時，腳就會自動前後左右擺動或扭轉晃動。

養生太極拳自發動功功力晉升到第二階段功後，當發功進入程序後，高能量內氣是同時環繞全身經脈、穴道的，故全身振盪手舞足踏，發強大功勁原地打拳，結手印採天地精華之氣、貫頂、拍打、按摩全身經脈、穴道，並貫氣於五臟六腑、全身器官經脈等怪異動作。且每次發功之動作內涵，靈動狀態中的副意識均會依本身經脈、穴道、臟腑、器官功能所需調整狀況而指揮內氣能量團作出不同的動作。

發功時動作，擺動功力的大小，時間的長短，與當時行拳時，鬆靜及意氣相隨配合的程度，與所累積的氣功能量成正比。通常發功時間大約在 30 至 50 分鐘之間，且每次發功時間長短均不一，動作亦非主意識所能控制和預知進行中的每一個動作。

當上述功能完成之後，就會自然慢慢的完全收功，收功時當內氣回歸丹田時，身體會往下沉，且感覺身體縮收、變矮小，或往下蹲數秒後再慢慢站起，氣完全回歸丹田後，身體恢復原狀，雙眼自然而然的張開，全身舒暢無比，只能以神奇奧妙、不可思議形容之，是為新發現鄭子 37 式太極拳難能可貴的精髓——鄭子 37 式養生太極拳氣功和自發動功。

自發動功發功後，雙眼會自然閉合，想睜也睜不開的，亦不可加重意念令其停止，因內氣如何繞經脈？繞到那一個穴道？我們的主意識是無法知道的，亦無法控制

的，故不得制止而妨礙氣血循環。因此要讓自發動功發功，必須有足夠時間，如果時間有限，請於行拳時，不要鬆透，意念加重，維持手指振盪（氣動）就好。如果手臂強振，則顯示行拳時已由氣功狀態進入氣功靈動狀態，氣功能量已累積到自發動功的能量了，在拳架收勢前必定會發自發動功。

如果你不讓它發功，請暫時不要全神貫注，意氣不要相隨，不要導引丹田之內氣運行於四肢的勞宮穴和湧泉穴，並將視線下垂、眼睛微張、靜若禪定的眼神改為一般視線平視目光炯炯的眼神，同時將意念加重，不要鬆透，則全身氣動振盪會立即停止，身心不再進入氣功狀態，內氣能量自然回歸丹田，不會發功。或播放練拳音樂，讓音樂分散你的意念，氣功能量馬上下降，手臂隨之停止氣動，就會只維持在氣功狀態，而不進入自發動功狀態。

如果你已經進入自發動功程序中，但因急事必須強制收功，只要你加重意念，由主意識強制介入，進入靈動狀態中的副意識亦能配合，將動作由大縮到小，由強縮到弱，由剛縮至柔，將動作慢慢地調節下來。同時加重意念呼氣，將丹田之氣導引到湧泉穴，並強行將雙眼睜開，就會停止。動作停止後深深吸氣，雙手掌心向上，慢慢往上提至胸前，然後慢慢呼氣，將雙手掌心向下，慢慢往下放收功。

實例：2011 年（民 100）12 月 5～11 日，參加佛光山水陸法會期間，6 日清晨六時許，同寢室，四位會打太極拳的師兄要見識我新發現的養生太極拳氣功，因行拳過

程太靈靜鬆透而發自發動功。

當發功程序進行約 20 分鐘時，師兄們告訴我，再過 25 分鐘法會就要開始了，快收功吧！我聞後立即傳達給靈動狀態中的副意識，要它盡速收功。數秒後，靈動狀態中的副意識果然開始簡化程序內涵，原來按摩或拍打 50 次的動作均縮減為 4 次，並加快速度，5 分鐘後完全收功，不用主意識強制介入，因此證明靈動狀態中的副意識是能和主意識溝通配合的，且對自身體內身心和體外狀況的了解與應變，是靈通神奇奧妙的。

依本人的經歷，自 2005 年（民 94）發現鄭子 37 式養生太極拳氣功和自發動功後，內氣能量還低，第 1～4 年行拳時發功的機會，是可遇而不可求的，且發功時身體和手腳振盪的動作變化和弧度較小而柔，是為初階段功（詳見本書養生太極拳氣功網站 https://tinyurl.com/taich）。其功能為通經脈，開穴道，採天地精華之氣，增強臟腑器官功能，排體內穢毒之氣，改善體質和自療，提升免疫力，祛病強身。

第 5 年 2010 年（民 99）8 月起，丹田內氣能量大增，每次行拳時，只要全神貫注，拳架與意氣合一鬆靜，意守丹田和雙手勞宮穴及雙腳湧泉穴等五個穴位，意念運氣行於四肢勞宮穴和湧泉穴，則全身立即進入氣功狀態。收勢前幾招會進一步進入氣功靈動狀態，故收勢前必定會獲得養生太極拳自發動功，且全身振盪的動作功力激增，發強大勁功手舞足蹈，動作弧度大增，變化亦增多，且拍打經脈、穴道，其功能亦增強（詳見本書養生太極拳氣功

網站）。

2010 年（民 99）9 月至 2011 年（民 100）元月，發功後除身軀振盪、手舞足蹈外，增加發強勁功力原地打拳（採、雲手），結手印採天地精華之氣貫頂，功力大增，是為第二階段功（詳見本書養生太極拳氣功網站）。

2011 年 2 月至 6 月，發功後發強大的功力，原地打拳（採、雲手），結手印在百會穴採天地精華之氣貫頂，並進行按摩拍打貫氣於頭部、臉部各穴道及上丹田、中丹田、下丹田、百會、玉枕、風池、太陽穴、印堂、睛明穴、眼球、迎香穴、人中穴、天突、肩井、肺俞、膻中、神闕、丹田、後丹田、命門、腰俞、膀胱俞、小腸俞、關俞、大腸俞、氣海俞、腎俞、三焦俞、胃俞、脾俞、膽俞、肝俞……等經脈穴道 360 餘次，運氣貫氣於五臟六腑和各器官，其功效對身體的強健有極大的助益，且進行自療、改善體質、提升免疫力、祛病強身，是練養生太極拳氣功者，極不易獲得的功力，實為奧妙神奇至極，收功後舒暢無比，是為第三階段功（詳見本書養生太極拳氣功網站）。

2011 年 7 月起，自發動功發功時，發強勁打拳時間縮短，而結手印採天地精華之氣貫頂，並進行按摩拍打貫氣於上、中、下丹田，及後丹田、命門、腰俞、膀胱俞、小腸俞、關俞、大腸俞、氣海俞、腎俞、三焦俞、胃俞、脾俞、膽俞、肝俞……，及五臟六腑各器官的時間增長，且結手印、採氣貫頂、貫氣經脈、穴道、臟腑各器官的動作，手勢、手印等更為神奇奧妙，是為第四階段功（詳見

本書養生太極拳氣功網站）。

2012 年（民 101）元月起，發功層次更強，動作內涵更為神奇奧妙不可思議，全是精彩的結手印，採天地精華之氣貫頂，並按摩貫氣於全身經脈、穴道、五臟六腑、各器官以增強功能，每次發功，上丹田（頭部）、中丹田（胸部）、中下丹田（肚臍以上腹部），均按摩貫氣 400 餘圈，下丹田則更多達 700 餘圈，而身體背後臀部至肩胛骨中間部位，後丹田、命門、腰俞、膀胱俞、小腸俞、關俞、大腸俞、氣海俞、腎俞、三焦俞、胃俞、脾俞、膽俞、肝俞……約按摩貫氣 500 餘圈，並進行自療、排體內穢毒之氣，提升免疫力、祛病養生等，是為第五階段功（詳見本書養生太極拳氣功網站）其功能是舒通經脈、穴道、舒活筋骨、暢通氣血循環系統、增強精、氣、神、增強臟腑器官之功能、自療本身疾病、改善體質、提升免疫力，祛病強身。

2013 年（民 102）元月 22 日，蒙鞠老師召見，經細心觀察本人打拳和發自發動功後，研討指示打拳還要再鬆，愈鬆氣功能量愈強，成果愈神奇奧秘。從此以後，每日清晨練拳，均要求身心放鬆再放鬆，因此內氣能量，不斷再增長。

5 月起自發動功發功的程序和內涵與第五階段功已有差異。發功後，前段打拳（雲手、採）採氣的時間增長，約 7 分鐘左右，之後，全是左手掌採天地精華之氣，右手掌按摩貫氣於全身經脈、穴道、五臟六腑、各器官以增強機能。每次發功，上丹田（頭部）、中下丹田（肚臍以上

腹部）、中丹田（胸部）均按摩貫氣 200～400 圈，下丹田則更多達 700～900 圈，而背後臀部至肩胛骨之間部位，後丹田、命門、腰俞、膀胱俞、小腸俞、關俞、大腸俞、氣海俞、腎俞、三焦俞、胃俞、脾俞、膽俞、肝俞……等按摩貫氣約 500 餘圈。

更神奇奧妙的是，左右肩胛骨中間，至陽、膈俞、靈台、督俞、神道、心俞、厥陰俞、身柱、肺俞……等穴道按摩灌氣 9 次，每次約 2 分鐘左右，並加上雙腳湧泉穴和腳跟配合上下強力振盪壓地 250～300 下，9 次總共 2300 下左右。2014 年（民 103）2 月起，更令人驚奇。每次雙腳上下強力振盪 1000 下，9 次總共又高增為 9000 下。每次發功時間增長為 1 小時 35 分 30 秒。2014 年（民 103）7 月 8 日晨行拳時，氣功靈動狀態的功力又驟增，眼睛只能微張，似閉非閉。

發功前段，結手印打拳（雲手、採），採氣和運氣 5 分鐘後，左手掌改為在下丹田前，掌心向下採地之靈氣，右手掌由印堂前方採氣，灌於百會，來回 50 次。然後發功程序，只有左手掌改變，其他均與第六階段功相同。唯下丹田、中下丹田、中丹田與全身穴道的按摩灌氣增為 12 次。每雙腳湧泉穴和腳跟配合上下強力振盪壓地 1000 下，12 次總共為 12000 下，實為神奇奧妙。此段全身振盪之功對雙腳及全身關節、腿力和全身經脈、器官、穴道之氣血循環有極大的助益，是為第六階段功（詳見本書養生太極拳氣功網站及解說書），其功能與第五階段功相同，唯功力增強。

2017（106）年元月起，自發動功升級為第七階段功，於收勢時，雙手掌採宇宙能量貫頂，其氣血的運行首重上丹田頭部經脈穴道，再往中、下丹田五臟六腑運行，增強機能，提升免疫力，祛病強身。

2018（民國 107）年 9 月晉升為第八階段功，於收勢時，雙手掌雲手採宇宙能量貫頂時，全身毛細孔亦同時於吸氣時，採宇宙能量貫氣於全身，於呼氣時，排放體內五臟六腑之穢氣，增強機能，祛病強身，且時間縮短為二十幾分鐘，2020（民國 109）年元月起，若發功則第一天為第七階段功，第二天為第八階段功，依序輪換，真不可思議（詳本書養生太極拳氣功網站及解說書）。

2021（民國 110）年 11 月起養生太極拳自發動功晉升為第九階段功，於收勢時，雙手採宇宙能量貫頂，其氣血運行首重上丹田頭部經脈穴道，再往中、下丹田，五臟六腑運行，增強器官機能，提升免疫力，祛病強身。且動作縮小極為鬆柔輕靈，發功時間亦縮為十幾分鐘（詳見本書養生太極拳氣功網站及解說書）。以後若內氣能量增強到某一程度，可能還會進階，至於以後如何再進階是由靈動狀態中的副意識主掌的，我們的主意識無法預知。

結　論

練動功者，在招式純熟，意念導引和呼吸輕靈，身心鬆空時，會引發了氣功態的氣動，內氣能量馬上增強好幾倍，並且會自動匯集到某一條經脈中，持續循環運行，因此就能夠大規模清理淤塞，大幅改善脈路的流通性能，而

演變成自發動功，開始自發動就動了通經脈，發展氣路的程序，所以氣動和自發動功可說是練動功的重要關鍵和契機，如能任其自然氣動，就可順利進行通經脈發展氣路的自發動功。

打拳時身心要像禪坐一樣，才能進入煉氣化神，煉神化虛之動禪，極難不易之事，必須勤練調息之丹田逆呼吸，湧泉呼吸，和調心之意念導引周天循環築基，拳架和呼吸與意念導引三合一，勤修苦煉十年以上，才能達到呼吸細、長、深、勻、鬆、靜，動作鬆、柔、慢、勻、圓、整，身心靈靜禪定，猶如禪坐，拳禪合一，才能進入煉神化虛之氣功靈動狀態的動禪境界。

拳藝高深內功已達自發動功者，若打拳時身心未達鬆空靈靜之要求，則內氣能量只能增強到雙手微微氣動的氣功狀態，請再打第二套，則身心就能鬆透禪靜，拳禪合一，內氣能量立即增強到，心導氣行，身隨氣動，全身隨氣強烈振盪，進入氣功靈動狀態，煉神化虛，就會自然使出自發動功，如果你的意念加重到不讓副意識進入自發動功，則第二套拳的內功能量亦立即高增，身隨氣動的拳架勢，猶如龍飛鳳舞，騰雲駕霧，行雲流水，令人稱奇。

古之道家和太極拳家特別重視，煉精化氣，煉氣化神，煉神化虛的功夫，勤苦煉之，久久而成仙，研練養生太極拳有成者，就會自動使出「自發動功」，即煉神化虛，則可以通乎靈。

此功是因為行拳時鬆透、靈靜、內氣增強，身心由氣功狀態，進入氣功靈動狀態，內氣能量增強，頻率降低到

與副意識頻率相同，而使副意識進入靈動狀態，主意識退居第二，而由進入靈動狀態中的副意識（元神、本靈）主導，因進入靈動狀態中的每個人的副意識，都有很高的智慧，知道如何調理，可以讓本身的身心更健康，而且進入靈動狀態中的副意識，最瞭解自己的身心狀況，但每個人的身心狀況都不一樣，因人而異，也因時間不同而有所差別，所以每次發功時，靈動狀態中的副意識是根據此時的身心狀況和氣系統的發展程度，指揮強大的內氣能量，在人體數千條的經脈和穴道中，強力運行，因而產生一股內力，帶動身體做各種自發的反應（射）動作，其振盪動作、手勢、結手印採天地精華之氣，按摩貫氣於全身穴道、經脈、器官之內涵，是因人而異，因時而異，是為自身調理的，因此每個人，每個時段，發自發動功的動作程序，和內涵均不一樣。

例如：今天發功的動作功力，和採氣結的手印，與下次發功的動作功力，和採氣結的手印，必有差異，且對穴道、經脈按摩貫氣的次數，與下次發功的按摩貫氣的次數，亦必有差異。其功能是一方面強化經絡系統，通經脈、開穴道，發展氣路，採天地精華之氣，排體內穢毒之氣，一方面增強五臟六腑各器官之機能，改善體質，提升免疫力，自療、祛病強身。

生命的三種基本狀態

清醒態

腦波頻率8-13赫茲

氣功態

腦波頻率7-10赫茲

睡眠態

腦波頻率5-7赫茲
深睡頻率4赫茲以下

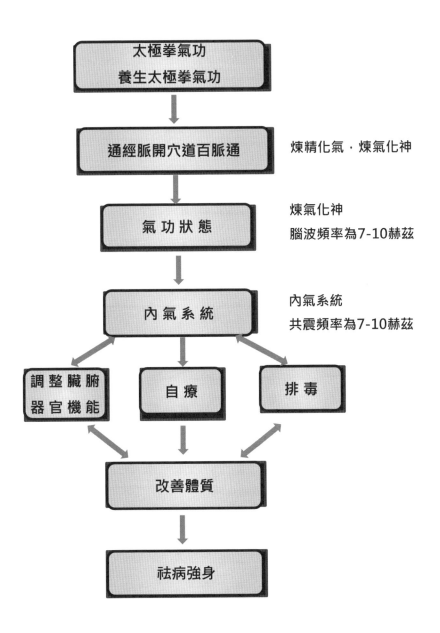

太極拳氣功
養生太極拳氣功

通經脈開穴道百脈通　　　煉精化氣，煉氣化神

氣功狀態　　　煉氣化神
　　　　　　　腦波頻率為7-10赫茲

內氣系統　　　內氣系統
　　　　　　　共震頻率為7-10赫茲

調整臟腑器官機能　　自療　　排毒

改善體質

祛病強身

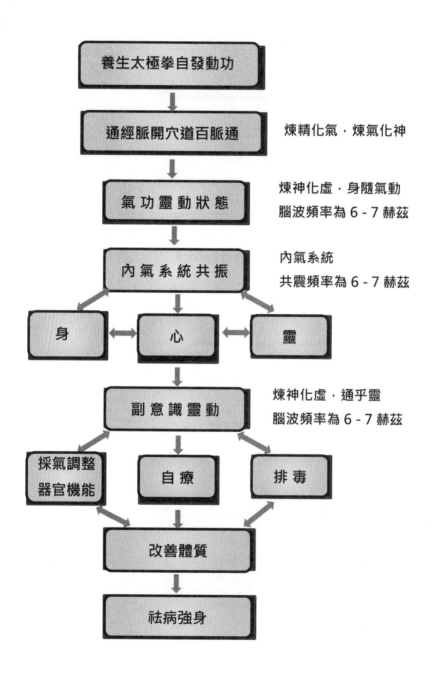

拾參

研練鄭子 37 式
太極拳氣功和
養生太極拳氣功
之拳架配合呼吸
與意念導引運氣
之心法秘訣

一 行拳前暖身法

（一）調息呼吸：練丹田逆呼吸，湧泉逆呼吸，每分鐘一～四次。

（二）調心運氣：用意念導引丹田之內氣，運行循環小周天，大周天，卯酉周天，全身環狀經脈循環。

（三）鬆筋骨（軟身法）：

1. 頸部輪轉

兩腳同肩寬，從正前方開始，頭部下垂，用鼻子吸氣，慢慢往右往後順時針轉圈，至背後正後方時，變換為用口呼氣，繼續往前轉圈，頭部、頸部、肩部要放鬆，繞四圈後，改為反方向繞四圈，呼吸方法仍是往後鼻吸，往前口呼。此動作可放鬆頸部筋骨，防止五十肩酸痛。

頸部輪轉　往上吸氣　　　　頸部輪轉　往下呼氣開口

2. 仰天長笑

兩腳同肩寬，身體中正，張開嘴呼氣，頭部慢慢往後仰，雙眼和嘴巴朝天，目視天空，用嘴自然呼吸，頭部左右擺動 8 回，雙肩右上左下左上右下鬆動 8 次靜止 8 秒

鐘，閉嘴用鼻子吸氣，頭部上提歸正，張嘴呼氣，頭部下垂，目視地面 4 秒鐘，然後閉嘴用鼻子吸氣，頭部上提歸正，再張嘴呼氣，頭部慢慢往後仰，重複第一次動作連續 4 次。此為拉鬆頸部、肩部和脊椎之筋骨。

仰天長笑

3. 左右摔手輪轉

兩腳同肩寬，身體中正，用鼻子吸氣，雙手往下往右往後往上摔手，同時腰胯往右往後轉，轉到不能轉時，左手掌至右

左右摔手

肩，右手掌至左背肩胛骨，隨即呼氣反轉，雙手下放回歸正前方，吸氣，雙手往下往左往後往上摔手，同時腰胯往左往後轉，轉到不能轉時右手掌至左肩，左手掌至右背肩胛骨，隨即呼氣反轉，雙手下放回歸正前方，再吸氣往右重複，來回四次。此動作為拉鬆腰部和雙手之筋骨，防止酸痛及增強耐力。

4. 雙手引天接地

兩腳同肩寬，身體中正，吸氣，雙手平舉，掌心向下伸直成一直線，呼氣，左側彎腰，左手指尖接地，掌心向前，右手和頭部向上，掌心向後，目視右手，雙手盡力伸

雙手引天接地

雙拳擊地

直成一直線,停留 4 秒鐘後,吸氣復原中正,呼氣,右側彎腰,右手指尖接地,掌心向前,左手和頭部向上,掌心向後,目視左手,雙手盡力伸直成一直線,停留 4 秒鐘後,吸氣復原中正,來回 4 次。此動作為拉鬆腰、肩、頸部筋骨,可防止該部位酸痛。

5. 雙拳擊地

兩腳同肩寬,身體中正,雙手握拳,呼氣,向右側彎腰,右手拳面接地雙腿挺直四秒鐘,吸氣,起身歸正,呼氣,向左側彎腰,左手拳面接地雙腿挺直四秒鐘,吸氣,起身歸正,來回 4 次。此動作為拉鬆腰部筋骨,可防止腰部酸痛及增強耐力。

6. 上山下海

兩腳間寬二個足步,身體中正,呼氣,向下彎腰,雙手下垂同肩寬,目視雙掌,往右往後緩慢腰轉,轉到不能轉,隨即吸氣,身體上提站立,雙手上舉垂直同肩寬,目視雙掌,往左往後緩慢腰轉,轉到不能轉,隨即呼氣,向下彎腰,雙手下垂同肩寬,目視雙掌,往右往後腰轉,轉

上山　　　　　　　　　　　　下海

到不能轉，隨即吸氣，身體上提站立，雙手上舉垂直同肩寬，目視雙掌，往左往後腰轉，來回四次後歸正。此動作為拉鬆全身筋骨，促進全身關節柔軟及耐力。

7. 雙肘臂扶胸

兩腳同肩寬，身體中正，左手往後翻轉，掌背貼於身體後背，指尖向上與肩齊，右手貼在胸前，掌心貼在左肩，手指由肩往後勾拉左手指，左右兩指相交於肩，數秒鐘後鬆開，雙掌移往右肩，雙

雙肘臂扶胸

手指相交於右肩，雙手仍貼身，數秒鐘後雙手鬆開，左右手前後變換，重複同樣動作。此動作為拉鬆雙手、肩部和脊椎之筋骨，可治療和防止五十肩酸痛。

8. 後背合十

兩腳同肩寬，身體中正，雙手掌背貼於後背兩肩胛骨

後背合十

中間脊椎，然後合十，雙尾指貼於後背脊椎，雙拇指朝後背前方，成倒反合掌，然後雙臂前後搖動36回，然後合掌下降至臀部，再上升至雙肩胛骨中間，來回8次，然後雙手分開，前後摔圓圈各8圈。此動作為拉鬆雙手、肩部和脊椎之筋骨與關節，可治療和防止五十肩、腰部和脊椎酸痛，促進脊椎骨中正。

9. 口喝天之甘露掌接地之靈氣

兩腳同肩寬，雙手掌心按臀部，上身緩慢後仰，口朝天張開呼氣，數秒鐘後，身體上提吸氣歸正，隨即上身下彎張口呼氣，雙手掌心按地，雙腿挺直，數秒鐘後，閉口吸氣身體上提歸正，雙手掌再按臀部，上身緩慢後仰，口朝天張開呼氣，來回重複四次。此動作為拉鬆腰部和脊椎筋骨與關節，防止腰酸背痛促進脊椎中正和耐力。

口喝天之甘露

掌接地之靈氣

10. 雙掌心輪轉

兩腳同肩寬，雙手掌心合貼，右指尖向左，左指尖向右，兩掌心左右磨擦 36 回，隨即雙掌心貼於雙眼數秒鐘。

此動作可促進血液循環，及雙眼功能。

雙掌心輪轉

11. 雙腿仆地

右腿全蹲，左腿伸直仆地，數秒鐘後，換左腿全蹲右腿伸直仆地，重複四次。此動作為拉鬆腰部和雙腿筋骨和耐力，防止退化和酸痛增強耐力。

右腿仆地

左腿仆地

12. 仙桃落地

兩腳同肩寬或合併，身體維持中正，雙腿垂直不斜緩慢往下屈蹲，屈蹲後全身仍須維持中正，連續四次。此動為拉鬆全身筋骨和關節，防止腰酸背痛，增強筋骨和關節耐力。

仙桃落地（一）　　　　　　　仙桃落地（二）

二　意念導引與呼吸和拳架之合一運氣心法秘訣

1. 練拳之境界

初學太極拳，練拳架時，必須同時分開練氣之丹田逆呼吸、湧泉呼吸，練到呼吸細、長、深、勻、鬆、靜，一分鐘 1～3 次呼吸，和練意之意念導引丹田之內氣，練大小周天、卯酉周天、環狀周天循環，練到煉精化氣，煉氣化神，氣神一體，氣隨意行，能以心行氣，以氣運身。當練意、練氣、練拳架三者嫻熟後，結合為一勤練，則為全套有內外功的太極拳（太極拳為道功拳、內功拳），可輕易獲得太極拳氣功，當功夫高深後，可兼修或轉為修煉養生太極拳氣功，兩者愈勤修煉，則功夫愈深厚精湛，永無止境。

若能修煉到有意煉到無意，無意是真意（意極致輕靈，意動氣與拳具動，剛柔並濟，隨心所欲），有氣煉到

無氣，無氣是真氣（氣煉入骨純剛，氣隨意而行，神化矣。）有拳煉到無拳，無拳是真拳（拳隨意與氣而動）。則為拳術之最高境界。

2. 呼吸與拳架

拳架練到嫻熟後，首先要與太極拳的呼吸法結合，每一個動作要與呼吸，有一定節奏的運動原理規律自然的配合，否則不徒無益，反而有害。

曼青大師曰：「太極本體靜合動分，至於開合，以形與氣而言，故形開則氣合為吸，形合則氣開為呼，屈伸即形開合之意耳，以心行氣，沉於丹田，兩手隨氣浮起，此即以氣運則行也，是為氣合形開，為『吸』，手降則反是，為氣開形合也，為『呼』，以下行氣運身。」浮沉開合，須根於此，由立正而吸氣，重心全於右腳微屈，同時兩手腕上翹 45°，雙臂微屈 135°，左腳跟上翹外撇，與腳尖向前成一直線，即將左腳提起，向左踏一小步與肩同寬，隨即呼氣，重心移左腳，右腳尖上翹內扣，與腳跟向前成一直線，與左腳平行直踏為預備，一變也。吸氣，兩臂提起時，兩腕背上突，若由水中浮起，手指下垂與肩平，二變也。呼氣，又復行氣舒指，筋絡似若不張不弛，三變也。吸氣，收回時，腕肘摺疊至胸前，其指又下垂，四變也。呼氣，兩臂將復降落時，兩臂若沉沒入水，指尖俱若飄浮水面，五變也。兩臂降至胯旁歸原，同於預備式，六變也。」（《鄭子太極拳自修新法》第 37 頁）。

拳經曰：「一開一合，一吸一呼，足盡拳術之妙。」太極拳的每一個動作都是一開一合，一吸一呼的，不得任

意添加一個呼吸，詳述如下：

形開氣合為吸，形合氣開為呼，上起為吸，下落為呼，提起擎起舉起為吸，下放捽出放出為呼，屈為吸，伸為呼，仰為吸，俯為呼，來為吸，往為呼，入為吸，出為呼，退為吸，進為呼，收為吸，放為呼，蓄為吸，發為呼，化為吸，打為呼，引為吸，擊為呼，虛為吸，實為呼，陰為吸，陽為呼，柔為吸，剛為呼，動步轉身及各式過渡之時，可以小呼吸，小呼吸者，即呼吸不長，又呼又吸，而含有稍息之象也，該吸則吸，該呼則呼，而須以意導之，一點也不能勉強做作。

3.意念與呼吸和拳架

太極拳是意念與呼吸和動作三者緊密結合的運動，意為主帥，在行拳中始終是意念的主導下，使呼吸和動作緊密結合的。當拳架與呼吸配合，練到能自然協調嫻熟後，再與意念三者結合為一，練拳時必須意守丹田和雙手勞宮穴、雙腳湧泉穴等五個穴位。

呼氣時，較重的意念，先下達後實足的湧泉穴，氣鬆沉入地，下盤穩固，運氣於四梢，碾足跟內側扣襠（勁在後）發勁，後足接地之力（反作用），往前推動至前足湧泉穴，碾大拇趾扣襠（勁在前）發勁，亦即先運而後動。吸氣時，較重的意念，先下達前足的湧泉穴，凝神運氣，碾大拇趾，手吞天之氣，腳接地之氣，盪回後足湧泉穴，氣回歸丹田，氣貼背於脊骨督脈。（註：其原理為「丹田逆呼吸法」，吸氣時，為上吞天之氣，下接地之氣回歸丹田，氣斂入骨貼背；呼氣時，為氣行於四梢，氣遍周身。

練「湧泉呼吸法」，吸氣時，湧泉穴氣鬆沉入地接地之氣，入尾閭、命門回歸丹田；呼氣時，湧泉穴氣鬆沉入地接地之力，因吸與呼氣均鬆沉入地，故下盤穩固。練「大小周天」……等循環，吸氣時，為氣入尾閭斂入脊骨，氣貼背於督脈、百會；呼氣時，氣行於四梢、任脈，氣遍周身。）

　　熟能生巧，久久習之，氣自然而然隨意而行，意、氣、拳架三合一，勤練一年後，每個動作都要加上假想敵，吸氣為蓄氣待發，氣貼背，意念貫注氣於雙手勞宮穴，蓄其勢待發，呼氣為發，左手與右腳，右手與左腳，實力相應，貫注以氣，隨腰往前推進，力從氣出，由手掌勞宮穴發勁制敵。以練意到、氣到、神力到的制敵功夫，勤修苦練十餘年後內功高深者，行拳時只要意守丹田和雙手勞宮穴、雙腳湧泉穴，則心導氣行，身隨氣動，剛柔並濟，隨心所欲，純以神行，用意不用力，氣隨意行，意到、氣到、神力到耳。若結合推手勤練，更能體悟到神力的奧妙，且能達到呼吸細、長、深、勻、鬆、靜，動作鬆、柔、慢、勻、圓、整。在整個盤架子過程中，由無極之靜，而生太極生兩儀，分陰陽之靜動，動靜相繼，循環往復，且特別要求勢勢有別和勢勢相承，每個招勢動作，往復須折迭，進退須有轉換，上下相隨，前後相連，左右相照，內外相合，定勢和過渡動作之間的起止間歇，一定要乾淨俐落分清楚，不可有拖泥帶水的糾纏，而要行雲流水般綿綿不斷，不可有凸凹處，靜如山岳，動若江河，一動無有不動，一靜無有不靜，動靜循環的平穩節奏，最後

收勢時，氣收丹田，返本還原，復歸無極。

4. 眼神分二種

（1）練太極拳氣功者，眼神為目光炯炯，平視前方手指，且有假想敵之念頭，意念重，則氣剛強，功力剛強，無堅不摧。修練太極拳氣功，愈修練，功夫愈深厚，永無止境，功夫高深者推手可發人丈尋，更能祛病強身。

（2）練養生太極拳氣功者，眼神必須改為如禪坐下垂 30 度，凝視前方手掌和地面，不可有假想敵或發功的念頭，意念輕靈，拳禪合一，則氣鬆柔空透，此為由太極拳氣功，轉為修練養生太極拳氣功的眼神，修練到功夫精湛高深者，能達到曼青大師所謂之「煉精化氣，煉氣化神，煉神還虛，則可以通乎靈矣（太極拳自發動功）！」修煉無止境，功夫的奧妙亦無止境。

5. 意與氣之內功為首，拳架為末

吾師中華國際薪傳鄭子太極拳總會創會長鞠鴻賓大師、副會長王錦士老師曰：「太極拳外功之拳架，內功之意和氣，必須三者密切結合勤練，打拳必須在意念導引之下，呼吸與動作依太極拳一定節奏的呼吸規律，自然結合協調，否則為打空拳、太極操。」

台灣太極拳國際聯盟主席張肇平台大教授曰：「太極拳的練意、練氣、練形（拳），應該同時進行，久久習之，三者合而為一，打拳必須在意識的指導下，依一定的節奏，使呼吸與動作協調，如果只全盤拳架，則為死招、死架、呆力、蠢力，太極拳內功高深者，意到、氣到、神力到耳，成就不可思議玄妙之功。今日之習太極拳者雖

多，而其能真正意、氣、形三者合而為一者，則誠少之又少，難怪有人慨乎言之，太極拳雖流行很廣，但很可能已經失真，只能算一種體育，不能算一門內家拳功夫，其用心可謂良苦。」

曼青大師曰：「練拳架時，切記！一動無有不動，一靜無有不靜，尤須注意其根在腳，全身重量只許放在一隻腳上，主宰於腰，不獨手與腳要隨腰轉動，自顛頂及踵與眼神，皆隨腰轉動，手足不能自動，唯腰為主，頂頭倘有擺動，秘傳所謂，雖練拳三十年不得成功。」

拳聖張三丰祖師曰：「練武不練功（導引和吐納），到老一場空，道為本，技為末。」故意與氣之內功為首，拳架為末。

三 注意事項

（1）行拳中，必須全神貫注，身心禪靜，無雜念，同時意守丹田，雙手勞宮穴，雙腳湧泉穴等五個穴位。

（2）動作必須配合呼吸和意念導引，呼氣時，必須用意念，導引丹田之內氣，運行於四肢勞宮穴和湧泉穴，持續不斷至吸氣。吸氣時，亦必須用意念，將勞宮穴和湧泉穴之內氣，導引回歸丹田，周而復始，熟能生巧，意念導引和呼吸與拳架三者合一，勤練數年嫻熟後，導引內氣運行的念頭逐漸輕微而自然，三者轉化為一體，神化矣，這個修煉過程，功夫高深者，打拳時只要意守丹田和勞宮穴與湧泉穴等五個穴位，內氣自然隨意導呼吸與動作運行

周身四肢,意到氣到神力到。呼吸與動作愈慢愈好,一套拳 12 分鐘以上(比賽規定除外)。

(3)練養生太極氣功者拳架勢不宜太大,以前腳膝蓋微屈 135° 左右之架勢為宜,意念方能輕靈鬆靜,只維持身體平穩即可,不得有拙力和勁力,每個動作把握減力,勿加力,年長者或膝蓋不宜下蹲者,請採高姿勢練拳,尤其單鞭下勢的仆步,雙腳下蹲之姿勢,不必強求太低,只要膝蓋和雙腳舒適即可,因養生太極拳,著重鬆、透、靈靜、呼吸緩慢細長深勻鬆靜,和意念導引運氣,拳架次之,但動作必須鬆、柔、慢、勻、圓、整。

(4)行拳中,若有未專注,而打斷意念導引時,則內氣運行的能量,立即下降至無氣功狀態,軀體的氣動亦立即停止,所以研練養生太極拳氣功者,必須以禪靜視線下垂 45°～30° 的眼神,凝視手掌和地面,以免心神為外境景物所轉,練太極拳氣功者,眼神為目光炯炯,平視正前手掌,架勢較大且低,意較重,動作較快且剛,故氣勢磅礴,如騰雲駕霧。

四　研練太極拳氣功和養生太極拳氣功心法分二階段

初階心法是「心帶身動,導氣內行」,高階是「心導氣行,身隨氣動」。

太極拳為內功拳,是有內功的拳術,張三丰祖師曰:「練武不練功(導引和吐納),到老一場空,道為本技為

末。」也就告訴大家，「太極拳著重內功之意與氣，以意導氣的練氣道功，不必拘泥於招勢多寡，亦即練成太極、武術、氣功一體」。

習拳後第 10 年 1997（民 86）年春，有一天清晨，在高雄市壽山忠烈祠廣場，群體練拳時，有一年約六十幾，移居美國的長者，指導我練拳架和練意與練氣三合一之太極拳氣功（內功）心法。

他說年輕時就開始習楊式太極拳和其他武術，對拳術和內功頗有研究，剛才觀察你們打拳，你打的是有氣功、內功的太極拳，其他人打的是無內功的空拳，而且你行拳時意和氣與拳架配合得很好，動作鬆靜沉慢勻，手掌手臂會微微氣動，可見內功已深，能以心行氣，以氣運身，已進入氣功狀態了，又說他習拳已四十餘年，練拳重視氣和意念導引，已達到太極拳氣功（內功）高階心法，「心導氣行，身隨氣動，由內而外，內外合一」，是「心動而意動，意動而氣動，氣動而引導外形拳動」，是「無形看不見的內氣動，而引導有形看得見的外形動」，故拳架手勢與原形略異，已修煉達到「意無意，無意是真意，氣無氣，無氣是真氣，拳無拳，無拳是真拳」。

初學者或內功未深者，因未能純熟以心行氣，以氣運身，是由外形的拳架引導內氣運身的，是「心帶身動，導氣內行，由外而內」，是為太極拳氣功（內功）之初階心法，你現在內功是屬「初階心法的高級段」，若依指導勤練意與氣的內功，並與拳架三合一密切配合，意導呼吸細、長、深、勻、鬆、靜，動作鬆、柔、慢、勻、圓、

整，數年後必能達到高階心法，「心導氣行，身隨氣動，由內而外」，進入氣功靈動狀態，我依指示勤練六年，終於達到高階心法，茲將初、高階心法分述如下：

1. 初階心法「心帶身動，導氣內行，由外而內，內外合一」

太極拳內功之意與氣，比外功之拳架子更難練，故初學太極拳者，必須在習外功拳架時，同時練內功之練氣的丹田逆呼吸、湧泉呼吸（詳見第壹篇），要練達到煉精化氣，氣沉丹田，內氣充盈，呼吸細、長、深、勻、鬆、靜，每分鐘 1～3 次，練意的意念導引丹田內氣，循環大小周天，卯酉周天，環狀周天（詳見第參篇），勤練達到神內斂，氣斂入骨，煉氣化神，氣神一體，氣隨意行，能以心行氣，以氣運身達四梢，當拳架、身形、各部位姿勢的要求及手法、步法、身法等基本功夫，打好基礎，久久習之拳架姿勢正確，立身中正安舒，動作連貫圓活，上下相隨，周身一家，外形鍛鍊到非常純熟靈巧（每天勤練約須一年以上）。

然後進一步加上呼吸法，呼吸必須與動作開合相乎應，練到呼吸與動作，能依一定節奏的運動原理自然規律順暢配合，一開一合，一吸一呼，足盡拳術之妙，形開氣合為吸，形合氣開為呼，上起為吸，下落為呼，提起、擎起、舉起為吸，下放、捶出、放出為呼，屈為吸，伸為呼，仰為吸，俯為呼，來為吸，往為呼，入為吸，出為呼，退為吸，進為呼，收為吸，放為呼，蓄為吸，發為呼，化為吸，打為呼，引為吸，擊為呼，虛為吸，實為

呼，陰為吸，陽為呼，柔為吸，剛為呼，該吸則吸，該呼則呼，而須以意導之，一點也不能勉強做作，練到純熟。

而後再進一步，加上意念導引丹田之內氣，意守丹田和雙手勞宮穴、雙腳湧泉穴等五個穴位，也就是意、氣、拳架三者密切結合為一（詳見第捌篇），當意、氣、拳三者配合純熟後，行拳時，每一招勢必須加假想敵，以練運氣發勁制敵，意到、身到、氣隨之神力到，因初學者，內功尚淺，無足夠的內氣能量，帶動外形拳架動作，所以必須鍛鍊「心帶身動，導氣內行，由外而內」，以拳架動作引導丹田之內氣，循環全身經脈、穴道、五臟六腑，氣遍全身。

勤練二年後，打拳時，因「心帶身動，導氣內行」，而會感覺增強肌肉伸縮力，全身關節逐漸鬆柔，神經系統靈活，經絡穴道氣血的循環旺盛舒暢，同時會感覺手掌、腳掌熱熱麻麻，有時丹田內氣會鼓盪，會放屁排毒，打嗝排胃部穢氣，能祛病強身。

如果不練太極拳內功之意與氣，只練外功之拳架子，則吾師曰：「為打空拳、太極操。」中華民國太極拳總會前會長，張肇平台大教授曰：「為打死架、死招、呆力、蠢力。」因不練氣之丹田逆呼吸、湧泉呼吸，無法增強煉精化氣，氣沉丹田，故丹田之內氣增強有限，不練意之意念導引丹田之內氣循環大小周天，則無法神內斂，氣斂入骨，煉氣化神，氣神一體，氣隨意行，以心行氣，以氣運身，氣遍周身達四肢，意到氣到神力到，故「心帶身動，導氣內行」的功效有限。

2. 高階心法「心導氣行，身隨氣動，由內而外，內外合一」

太極拳著重凝神運竅，練意、練氣、練拳三者合一，非下苦工夫難有成，進入初階心法數年後，當內功更深厚，丹田內氣更鬆柔盈實時，呼吸是由丹田內氣的緩慢內縮和緩慢前澎，帶動肺部呼吸的，是由內（先天真氣）而引外（後天空氣），輕輕鬆鬆呼吸的，故呼吸更為細、長、深、勻、鬆、靜，每分鐘能達 1～2 次。

意念導引丹田內氣循環大小周天更順暢，氣神更緊密結合為一體，更能意導氣行，以心行氣，氣隨意行，力隨氣出，力由意發，意到、氣到、神力到，剛柔並濟，意重則剛，意輕則柔，隨心所欲，太極拳內功至此深厚時，丹田內氣的能量強韌盈實，有足夠的能量驅使身體的動作，意動而內氣動，丹田後面的上陰蹻穴和真炁穴，即貫注真炁於腰胯和腰椎，腰一動真炁隨之，身體特別輕靈，而引領外形的拳架隨炁而動，鬆柔圓轉流暢，猶如行雲流水，渾然天成，只用意而不用力，故練意、練氣、練拳三者緊密結合為一，勤修苦煉，呼吸與動作就能鬆、柔、慢、勻、圓、整，血脈不會賁張，身心靈靜無雜念，意輕靈，意聚氣聚，專氣致柔，致身軀、手足、關節、筋骨、自頂至踵，鬆柔圓活極致，老子曰：「專氣致柔，嬰兒乎，返老還童，青春永駐。」故打拳就「神拳合一，以心行氣，心導氣行，心動而意動，意動而氣動，為無形看不見的，身隨氣動，氣動而引導外形拳動，是有形看得見的，由內而外，內外合一」，這是高階境界的拳術，必須拳術內功

高深者，始能知之。

　　若意愈重，眼睛目光炯炯平視前方手指，則神愈旺，心導之內氣愈剛強，則動作與勁力，愈堅剛敏捷，謂之如鋼鐵無堅不摧，打拳或推手，氣勢磅礡，如騰雲駕霧，意到氣到神力到。若意念愈輕靈，則心神愈靈靜，心導之內氣愈鬆柔，動作與勁力，愈鬆、柔、慢、勻、靈巧，則手掌和手臂會微微氣動，進入氣功狀態，拳架式隨氣而動，手掌和手臂因氣動而與原形略有差異，是為內功高深的太極拳氣功，這是高階心法「心導氣行，身隨氣動」。持續勤修煉，內功更能深厚精湛，神力無窮，尤其有練推手者更能體悟箇中之奧妙奇特，此為煉氣化神，氣神一體的動功，至此境界才算是太極拳門中之人。

　　已獲得太極拳高階心法者，內功深厚，丹田之內氣是能極堅剛亦能極鬆柔，是剛柔並濟的，故心導之內氣，意念愈重則愈剛強，意念愈輕靈則愈鬆柔空透，因此欲打太極拳或養生太極拳，是由心導氣行之意念重與意念輕靈的程度而定，若欲兼修煉或轉修煉養生太極拳者，只須將意念改為輕靈和眼神似閉非閉下垂 30°，凝視前方手掌和地面，則身心猶如道家禪坐，攝心歸一，呼吸細、長、深、勻，就能進入拳禪合一之動禪，則心導之氣，極為鬆柔，故動作鬆、柔、慢、勻、圓、整、靈巧，如行雲流水，楊柳隨風搖曳，全身鬆柔空透，手掌、手臂、身軀會強烈氣動振盪，拳架手勢隨氣而動與原手勢略有差異。

　　內功修煉得愈高深，差異的招式愈多，動作的變化愈大，且依內功功力的增強，每數個月就會又有改變，太極

拳內功修煉無止境，招式動作變化亦無止境。

五　研練鄭子 37 式太極拳與養生太極拳之意念引導呼吸和拳架配合運氣法之秘訣（附教學研練實錄網站）

1　起勢預備

（1）預備：面向南方

雙腳八字開，身體自然中正，舌頂上齶，合口併唇，收下頦，尾閭上提，胸腹舒鬆，頭頂懸，肩鬆垂，脊椎鬆直，兩手掌輕貼大腿外側，身心鬆透靈靜，全神貫注，意氣相貫，同時意守丹田和雙手勞宮穴，及雙腳湧泉穴等五個穴位。

練太極拳氣功者以目光炯炯的眼神，平視正前方；練

預備

養生太極拳氣功者，以禪靜視線下垂 45°～30° 的眼神，凝視前方地面片刻。吸氣，重心放在右腳，左腳跟提起，轉正與足尖成一直線同時雙手手掌微上翹 45° 指尖向前，掌心向下，雙手臂微屈 135°，拇指外側貼於大腿，氣貫注於左手

掌勞宮穴，與右腿相應，則身軀穩固，因其為交叉神經同一系統之故，隨即，左腳左移一小步與肩同寬。

呼氣，重心移左腳，右腳跟不動，右腳掌上提內扣與腳跟成一直線，雙腳平行，重心均放雙腳，身體中正，膝蓋微屈，此為無極，太極未分陰陽。

（2）起勢

吸氣，用意念將勞宮穴和湧泉穴之內氣，導引回歸丹田，同時雙手慢慢向前平舉，手腕和指尖鬆垂，掌心向下，兩臂微屈與肩同寬，腕與肩同高。呼氣，同意念導引丹田之內氣，運行於四肢勞宮穴和湧泉穴，同時指尖和掌往前伸直。隨即吸氣，用意念將勞宮穴和湧泉穴之內氣，導引回歸丹田，同時雙臂緩慢內收 45°。隨即呼氣，用意念導引丹田之內氣，運行於四肢勞宮穴和湧泉穴，同時雙手隨氣下落於雙腿外側，回歸原起勢時的架式。

練太極拳氣功者，以目光炯炯的眼神，平視正前方手掌；練養生太極拳氣功者，以禪靜視線下垂 45°～30° 的眼神，凝視前方地面。

起勢 A

起勢 B

2 攬雀尾左掤

　　吸氣，用意念將勞宮穴和湧泉穴之內氣，導引回歸丹田（勞宮穴吞天之氣，湧泉穴接地氣），同時重心移左腳，右腳尖翹離地面右轉 90°，右腳膝蓋下屈 45°，同時右手臂內旋向左劃弧上提屈於胸前，成圓弧形，掌心向下，左手臂亦內旋翻轉，向右劃弧至腹前，掌心向上，雙手掌相對如抱球狀，重心移右腳坐實，腰胯微左轉 10°，左腳向前南方跨一大步，腳跟輕輕著地，腳尖上翹。呼氣，用意念緩慢導引丹田之內氣，運行於四肢勞宮穴和湧泉穴（氣沉湧泉，則下半身沉穩，上半身輕靈），同時腰胯和右腳跟隨氣下沉壓地接地之力的反作用力，往前推動，重心緩慢前移，經後右腳大拇趾，貫入前左腳大拇趾和湧泉穴入地，左手臂向前向上劃弧掤出，至胸前約三個拳頭 28 公分左右處，手臂與手肘屈成圓弧形，掌心向內與肩平，同時右掌劃弧下落至右胯之外側，掌心向下，指尖向前上翹 45°，手臂和肘微屈 135°，右腳掌和腰胯往左轉，腳掌轉 45°，腰胯轉 80°，當腰胯轉 45°時，雙腳中定，無極，無虛實，續轉生太極分陰陽，左腳漸實，右腳漸虛，右腳尖自然隨腰內

攬雀尾左掤

扣 45°，重心由右腳緩慢前移至左腳湧泉穴時，面向正前南方，左腳膝蓋下屈 45°，與足尖成垂直，後右腳膝蓋微屈 135°，前腳七分實湧泉穴隨氣下沉入地，後腳留三分活力，成左弓步，左腳足尖和膝蓋及左手臂，三點成一垂直線，亦即俗稱太極拳架子之中正三合一。

練太極拳氣功者，以目光炯炯的眼神，平視正前方手掌；練養生太極拳氣功者，以禪靜視線下垂 45°～30° 的眼神，凝視左手掌和地面。

3 攬雀尾右掤

吸氣，用意念將勞宮穴和湧泉穴之內氣，導引回歸丹田，同時重心移左腳屈膝坐實，腰胯微右轉，右腳跟上提微離地面，隨腰向左稍轉，左臂內旋屈於胸前，掌心向下，與胸同高，指尖向右，右臂內旋，右掌向左劃弧至腹前，掌心向上，指尖向左，雙掌相對，如抱球狀，隨即右腳尖往前跳一足步，腳跟著地，面向體前左斜西南方（起勢時的右前斜方）。隨即呼氣，用意念導引丹田之內氣，運行於四肢勞宮穴和湧泉穴，同時腰胯和左腳跟隨氣下沉壓地，向前推出，重心緩

攬雀尾右掤

慢前移，經後左腳大拇趾，貫入右腳大拇趾和湧泉穴入地，腰胯右轉，右手掌上提挪至胸前，距左手指尖五公分左右，掌心向內，左手立掌，隨即雙手隨腰往前推擊，當腰轉到 45° 時，雙腳中定無極，無虛實，續轉生太極分陰陽，右腳漸實，左腳漸虛，左腳掌自然隨腰胯往右轉45°，重心至右腳湧泉穴時，面向正右西方，右腳七分實，後左腳留三分，膝蓋微屈 135°，成右弓步。

練太極拳氣功者，以目光炯炯的眼神，平視正前方手掌；練養生太極拳氣功者，以禪靜視線下垂 45°～30° 的眼神，凝視右手掌和地面。

4 攬雀尾擓

吸氣，用意將勞宮穴和湧泉穴之內氣，導引回歸丹田，重心全放前腳，足未動，同時雙手和腰胯往右微盪轉20°，右手臂稍向前伸，微屈 135° 掌心繞圈弧翻轉向下，左手掌心繞圈弧翻轉向上，放在右手肘內側下方（黏住對方右手臂，兩手一前一後，一上一下）。隨即呼氣，用意念緩慢導引丹田之內氣，運行於四肢勞宮穴和湧泉穴，同時腰胯和右湧泉穴隨氣下沉

攬雀尾擓

壓地，往後盪回，重心緩慢後移，經前腳大拇趾，貫入後左腳湧泉穴和小趾入地成後坐步，同時腰胯左轉，雙手掌下攦，往下往後劃弧，右手掌至腹前，掌心向下，左手掌至左腰胯外側，掌心向上，右腳尖上翹，面向右前西南斜方（起勢時的方向）。

練太極拳氣功者，以目光炯炯的眼神，平視正前方手掌；練養生太極拳氣功者，以禪靜視線下垂 45°～30° 的眼神，凝視右手掌和地面。

5 攬雀尾擠

吸氣，用意念將勞宮穴和湧泉穴之內氣，導引回丹田，同時左手掌繼續往後往上劃大圈弧，至左肩外側，掌心斜向前 45°，右手掌往後往上劃弧至胸前，手臂和掌屈成圓弧形，掌心向內。隨即呼氣用意念緩慢導引丹田之內氣，運行於四肢勞宮穴和湧泉穴，同時腰胯和左腳湧泉穴

隨氣下沉壓地，往前推動，重心緩慢前移，經後左腳大拇趾，貫入前右腳大拇趾和湧泉穴入地，腰胯右轉 45°，左手與右腳實力相應，貫注於氣，雙手掌隨腰轉往前推擊，右掌速度較慢等左掌，當重

攬雀尾擠

心將達右腳湧泉穴時，左掌心壓在右手腕內側，雙臂撐圓，高與肩平繼續往前推，重心至湧泉穴時，前右腳七分實，後左腳留三分，膝蓋微屈 135°，成右弓步，右腳尖和膝蓋及雙掌，三點成一垂直線。

　　練太極拳氣功者，以目光炯炯的眼神，平視正前方手掌；練養生太極拳氣功者，以禪靜視線下垂 45°～30° 的眼神，凝視雙掌和地面。

6 攬雀尾按

　　吸氣，用意念將勞宮穴和湧泉穴之內氣，導引回歸丹田，同時腰胯和右腳湧泉穴隨氣下沉壓地，隨即左掌經右掌上伸出，兩掌往兩側分開，與肩同寬，掌心均向下，凝視雙掌，重心後移，經前右腳大拇趾，貫入後左腳湧泉穴和小趾入地坐實，右腳尖上翹，雙臂屈肘，隨腰盪回經胸前，下落至兩脇旁，掌心向前。隨即呼氣，用意念導引丹田之內氣，運行於四肢勞宮穴和湧泉穴，同時腰胯和左腳湧泉穴，隨氣下沉壓地，往前推動，重心緩慢前移，經後左腳大拇趾，貫入前右腳大拇趾和湧泉穴入地，雙掌輕輕隨腰胯往前平按出，請注

攬雀尾按

意，雙手須隨腰胯動盪，不得有凹凸動作，不得自由動作，下段不復詳述，肘伸 45°，掌心向前，腕與肩平，雙臂屈成 90°，沉肩墜肘，當重心至湧泉穴時，前右腳七分實，後左腳留三分，膝蓋微屈 135°，成右弓步，右腳足尖和膝蓋及雙掌，三點成一垂直線。

練太極拳氣功者，以目光炯炯的眼神，平視正前方手掌；練養生太極拳氣功者，以禪靜視線下垂 45°～30°的眼神，凝視雙手掌和地面。

7 單鞭

（1）左顧右盼

吸氣，用意念將勞宮穴和湧泉穴之內氣，導引回歸丹田，同時重心緩慢後移，經前右腳大拇趾，貫入後左腳湧泉穴和小趾入地坐實，右腳尖上翹，雙手臂隨腰撤回平行下降至平胸口，雙臂微微斜向上，與肘屈成 125°左右，掌心向下。隨即呼氣，用意念導引丹田之內氣，運行於四肢勞宮穴和湧泉穴，同時腰胯和左腳湧泉穴隨氣下沉壓地，隨即右腳尖微翹隨腰胯左轉，右腳尖左轉 90°，雙手和腰胯左轉 135°，當面向左

左顧右盼

前斜東南方時是為左顧。隨即吸氣，用意念將勞宮穴和湧泉穴之內氣，導引回歸丹田，同時重心緩慢移右腳屈膝坐實，隨即腰胯微右轉，同時雙手亦隨腰轉盪回，右臂內旋屈於右腋側，變勾（吊）手，左臂亦內旋，手掌微向下向右劃弧輔於右肘腋下，掌心向上，是為右盼。

（2）單鞭

呼氣，用意念導引丹田之內氣，運行於四肢勞宮穴和湧泉穴，同時腰胯和右腳湧泉穴隨氣下沉壓地，腰胯微左轉，同時右勾手，往右前斜西南方微微往下而上劃小弧伸展推擊，手臂微屈，腕與肩平，左手掌亦上提立掌於胸前，與眼神相對，同時左腳跟上翹隨右臂牽動向後扭轉內扣。隨即吸氣，用意念將勞宮穴和湧泉穴之內氣，導引回歸丹田，同時左腳往左正前東方（起勢時的方向）跨一大步，腳跟著地，與肩同寬。隨即呼氣，用意念導引丹田之內氣，運行於四肢勞宮穴和湧泉穴，同時腰胯和右腳跟隨氣下沉壓地，腳尖微浮地面，與腰胯同時左轉，重心緩慢前移左腳湧泉穴，腰胯左轉 90°，右腳尖轉 45°，同時左

單鞭

手立掌亦隨腰轉向上向前向左劃弧，當右腰胯左轉45°與左腰胯平齊時，雙腳中定無極，無虛實，左手掌亦劃弧至正面前，續轉生太極分陰陽，左腳漸實，右腳漸虛，右腳尖自然隨腰內扣45°，同時隨

即左前臂隨腰轉外旋，左掌心慢慢翻轉向外，繼續劃弧腕與肩平，當掌心翻轉向正左前方時，重心亦達左腳湧泉穴，成左弓步，手指、膝蓋、腳尖三點成一垂直線，前左腳七分實，後右腳留三分，膝蓋微屈 135°。

練太極拳氣功者，以目光炯炯的眼神，平視正前方手掌；練養生太極拳氣功者，以禪靜視線下垂 45°～30° 的眼神，凝視左手掌和地面。

8 提手

重心坐左實腳，慢慢吸氣，用意念將勞宮穴和湧泉穴之內氣，導引回歸丹田，同時右勾手鬆開，掌心向左，左手亦鬆沉移轉，掌心向右，兩手微微上提與肩平，腰胯右轉 90°，右腳跟上翹內扣，右腳內收至正前方，腳跟著地腳尖上翹，與左足成丁字形，成右虛步。隨即呼氣，用意念導引丹田之內氣，運行於四肢勞宮穴和湧泉穴，同時腰胯和左腳隨氣下沉，雙手臂和肘下屈 45°，向面前正南方，微微往下而上劃弧按壓擠推，雙手掌心相向，右手掌成側立掌於體前，指尖與眉齊，左掌亦屈成側立掌，合於右肘內側，沉肩墜肘。

提手

練太極拳氣功者，以目光炯炯的眼神，平視正前方手掌；練養生太極拳氣功者，以禪靜視線下垂 45°～30° 的眼神，凝視右手掌和地面。

9　靠

靠

吸氣，用意念將勞宮穴和湧泉穴之內氣，導引回歸丹田，腰胯和左腳湧泉穴隨氣下沉壓地屈膝坐實，同時雙手緩慢向下向後劃弧，右腳內收，腳尖貼近左腳跟虛懸，右手掌貼在左腰胯旁掌心向內，手臂微屈 135°，左手移至左腰胯時，手臂內旋翻掌向上劃弧，虎口貼在右手臂關節彎屈處，右腳往前跨一大步，腳跟著地腳尖上翹。隨即呼氣，用意念導引丹田之內氣，運行於四肢勞宮穴和湧泉穴，同時腰胯和左腳湧泉穴隨氣下沉壓地，同時左腳緩慢往前推，左掌輔助右臂向前擠靠，重心前移右腳湧泉穴。

練太極拳氣功者，以目光炯炯的眼神，平視正前方；練養生太極拳氣功者，以禪靜視線下垂 45°～30° 的眼神，凝視前方地面。

10 白鶴亮翅

吸氣，用意念將勞宮穴
和湧泉穴之內氣，導引回歸
丹田，同時屈膝坐實右腳，
腰微左轉 45 度，提起左腳
移左前方，腳尖點地，與右
腳跟成丁字型一直線，成左
虛步。隨即呼氣，用意念導
引丹田之內氣，運行於四肢

白鶴亮翅

勞宮穴和湧泉穴隨腰鬆沉，腰身緩慢左轉向左前正東方，
同時雙手緩慢右上左下劃弧分開，左手旋降作摟膝護襠勢
下按輔於左胯旁，手臂微屈，掌心向下，上翹 45°，右手
掌心向外，上提至右額角前，沉肩墜肘，掌心斜向前。

練太極拳氣功者，以目光炯炯的眼神，平視正前方；
練養生太極拳氣功者，以禪靜視線下垂 45°～30° 的眼
神，凝視正前方地面。

11 左摟膝拗步

吸氣，用意念將勞宮穴和湧泉穴之內氣，導引回歸丹
田，同時腰胯和右腳湧泉穴隨氣下沉壓地，屈膝坐實，雙
手掌心翻轉向內，腰微微右轉右臂移至正前方，隨即腰胯

左摟膝拗步

右轉 45°，同時雙臂內旋隨腰轉，右手掌往下往右往上劃一大弧圈，至右肩外側蓄其勢，掌心斜向前 45°，腕與肩平，沉肩墜肘，左手掌往右劃弧至右腰胯前蓄其勢，掌心向下，隨即左腳往左往前移半步，與右腳同肩寬，腳跟著地。隨即呼氣，用意念導引丹田之內氣，運行於四肢勞宮穴和湧泉穴，同時腰胯和右腳跟隨氣下沉壓地，右腳往前推動，重心緩慢前移，經後右腳大拇趾，貫入前左腳大拇趾和湧泉穴入地，同時腰胯與右腳尖左轉 45°，右手沉肘坐腕立掌往前微伸 45°，右手掌隨腰轉向前按擊，左手掌往左劃弧，護襠摟過膝，輔於左腰胯外側，手臂微屈 135°，手掌上翹 45° 掌心向下，沉肩墜肘，成左弓步，前左腳七分實，後右腳留三分，左手四分虛，右手六分實，膝蓋微屈 135°。

練太極拳氣功者，以目光炯炯的眼神，平視正前方手掌；練養生太極拳氣功者，以禪靜視線下垂 45°～30° 的眼神，凝視右手掌和地面。

 12 手揮琵琶

吸氣，用意念將勞宮穴和湧泉穴之內氣，導引回歸丹

田，同時左腳坐實，身體微左轉，右腳微微上提離地寸許，兩掌仍不變，隨即原地坐實，腰胯右轉45°，同時右手掌微微下放至胸前右側，掌心向左，左手掌上提至胸前左側，掌心向右，雙掌心相

手揮琵琶

向，左腳微內收至正前方，與右腳跟成一直線，膝蓋微屈，腳跟著地腳尖上翹，變左虛步。隨即呼氣，用意念導引丹田之內氣，運行於四肢勞宮穴和湧泉穴，同時腰胯和右腳隨氣下沉壓地，隨即腰胯左轉45°，雙掌同時往前往中心微微往下而上劃弧合推揮擊，右手掌在左手肘內側相對，雙手成斜立掌，若合抱琵琶狀，沉肩墜肘45°。

練太極拳氣功者，以目光炯炯的眼神，平視正前方手掌；練養生太極拳氣功者，以禪靜視線下垂45°～30°的眼神凝視左手掌和地面。

13 左摟膝拗步

吸氣，用意念將勞宮穴和湧泉穴之內氣，導引回歸丹田，同時雙手掌變抱球狀，掌心相向，腰胯緩慢右轉45°，雙手掌往下往右往上劃一大弧圈，左手掌放在右腰胯前蓄其勢，掌心向下，右手掌放在右肩外側蓄其勢，掌

左摟膝拗步

心斜向前 45°，腕與肩同高，沉肩墜肘，隨即左腳往左往前移步，與右腳跟同肩寬，腳跟著地。呼氣，用意念導引丹田之內氣，運行於四肢勞宮穴和湧泉穴，同時腰胯和右腳湧泉穴隨氣下沉壓地，右腳往前推動，重心緩慢前移，經後右腳大拇趾，貫入前左腳大拇趾和湧泉穴入地，同時腰胯左轉 45°，右手肘往前推擊微伸 45°，左手掌隨腰往左劃弧，護襠摟過左膝，至左腰胯外側，手臂微屈 135°，手掌上翹 45°。掌心向下，沉肩墜肘，成左弓步，前左腳七分實，後右腳留三分，左手四分虛，右手六分實，膝蓋微屈 135°。

練太極拳氣功者，以目光炯炯的眼神，平視正前方手掌；練養生太極拳氣功者，以禪靜視線下垂 45°～30° 的眼神，凝視右手掌和地面。

 14 進步搬攔捶

吸氣，用意念將勞宮穴和湧泉穴之內氣，導引回歸丹田，同時重心後坐右腳，左腳變虛，腳尖外撇 45°，腰胯左轉 45°，右手掌向左腰胯劃弧變拳，下放於左胯旁拳心向內，左掌向上劃弧，上提至左腰胯外側，手臂微屈

135°，掌心向右，隨即重心前移左腳坐實，右腳尖收於左腳內側，同時右腳往右前斜方跨一小步，與左腳跟同肩寬，腳尖外撇45°，動作要緩慢。隨即呼氣，用意念導引丹田之內氣，運行於四肢勞宮穴

進步搬攔捶

和湧泉穴，重心隨即緩慢前移坐實，身體方向不動。吸氣，用意念將勞宮穴和湧泉穴之內氣，導引回歸丹田，同時腰胯緩慢右轉 90°，右手臂內旋，拳心向上，往右隨腰胯上提翻轉劃弧，收於右側腰脇間，為之搬。同時左腳往前直線跨一大步，腳跟著地，腳尖上翹，左手臂亦同時隨腰右旋，向前劃弧劈擊，手前臂與肘成 90° 立掌，肘前伸 45° 斜向右，沉肩墜肘，凝視左掌，為之攔。隨即呼氣，用意念導引丹田之內氣，運行於四肢勞宮穴和湧泉穴，同時腰胯和右腳湧泉穴入地，隨氣下沉壓地屈膝坐實，往前推動，重心緩慢前移，經後右腳大拇趾，貫至左腳大拇趾和湧泉穴，同時腰胯左轉 45°，右前臂內旋 90°，拳心由向上翻轉為向內，並以意領氣貫於拳面，由拳面領拳發勁，往上往胸前衝擊，肘往前伸 45°，拳眼向上，拳面向前，高與胸齊，左掌收於右臂內側，為之捶。

　　練太極拳氣功者，以目光炯炯的神，平視正前方右拳；練養生太極拳氣功者，以禪靜視線下垂 45°～30° 的眼神，凝視右拳和地面。

15 如封似閉

如封

似閉

按

吸氣，用意念將勞宮穴和湧泉穴之內氣，導引回歸丹田，同時腰胯左轉30°，左掌從右前臂下穿出，掌心向上，緣右臂護肘，右手臂隨腰左轉30°拳變掌，掌心也翻轉向上，隨之腰胯變右轉30°，重心緩慢後移右腳，同時左掌緣右手臂而上，雙腕互相交叉時，腰胯亦轉正，面向正東前方（起勢時的左前方），右腳坐實，左腳尖上翹，為之封。兩掌分開併屈臂內旋，收至胸前，與肩同寬，掌心斜相向，再翻轉向下，落至胸前做按式，為之閉。隨即呼氣，用意念導引丹田之內氣，運行於四肢勞宮穴和湧泉穴，同時腰胯和右腳湧泉穴隨

氣下沉壓地，屈膝坐實，往前推，重心緩慢前移，經後右腳大拇趾，貫至左腳大拇趾和湧泉穴入地，兩掌與肩同寬，往前按出，肘伸 45°，掌心斜向前，腕高與肩平，雙臂屈成 90°，沉肩墜肘，當重心移至湧泉穴時，前左腳七分實，後右腳留三分，膝蓋微屈 135° 成左弓步。

　　練太極拳氣功者，以目光炯炯的眼神，平視正前方手掌；練養生太拳氣功者，以禪靜視線下垂 45°～30° 的眼神，凝視雙掌和地面。

16　十字手

　　吸氣，用意念將勞宮穴和湧泉穴之內氣，導引回歸丹田，同時雙掌往外微撇 20°～30°，重心後移右腳坐實，腰胯右轉 90°，左腳尖內扣 90°，面向正前南方。隨即呼氣，用意念導引丹田之內氣，運行於四肢勞宮穴和湧泉穴，同時重心移左腳坐實，隨即腰胯微右轉，右腳跟上提微離地面內扣，雙手掌向下向內劃弧，收於腹前雙腕相交，右掌在外。隨即吸氣，用意念將勞宮穴和湧泉穴之內氣，導引回歸丹田，同時雙掌合抱，上舉至胸前，右腳內收，兩腳與肩同寬平行，腰胯轉

十字手

正，成開立步，隨即兩腕交叉成斜十字形，掌心均向內。

練太極拳氣功者，以目光炯炯的眼神，平視正前方手掌；練養生太拳氣功者，以禪靜視線下垂 45°～30° 的眼神，凝視雙手掌和地面。

17 抱虎歸山

呼氣，用意念導引丹田之內氣，運行於四肢勞宮穴和湧泉穴，同時重心移左腳，腰胯向右後側右轉 90°，左腳尖亦隨腰轉 90°，右足變虛，足跟提起，足尖隨腰轉，雙手掌下放於左腰胯，右手掌心向下，左手掌心向上。隨即吸氣，用意念將勞宮穴和湧泉穴之內氣，導引回歸丹田，同時左掌繼續往上劃弧，至左肩外側蓄勢，手臂斜向前 45°，腕與肩平，面向右前方，右腳尖亦同時內收至左腳內側，隨即往右後斜西北方（起勢時的方向）跨一大步，腳跟著地。隨即呼氣，用意念導引丹田之內氣，運行於四肢勞宮穴和湧泉穴，同時腰胯和左腳湧泉穴隨氣下沉壓地，往前推動，隨即重心緩慢前移，經後左腳大拇趾，貫入前右腳大拇趾和湧泉穴入地，同時腰胯右轉 45°，右手掌隨腰轉劃弧摟膝，掌心向下，

抱虎歸山

至右腰胯外側時，向右後旋轉一小圈掌心翻轉向上止於右腿旁，左手掌往前按擊微伸 45°，肘與手臂彎屈成 135°，蓄勢坐腕垂肘，雙腳成弓步，前右腳七分實，後左腳留三分，膝蓋微屈 135°。

　　練太極拳氣功者，以目光炯炯的眼神，平視正前方手掌；練養生太極拳氣功者，以禪靜視線下垂 45°～30° 的眼神，凝視左手掌和地面，以上動作為抱虎歸山。

 ## 18 攬雀尾擺擠按

（1）攬雀尾擺

　　吸氣，用意念將勞宮穴和湧泉穴之內氣，導引回歸丹田，同時重心全放前右腳，足未動，腰胯微左轉，右手劃弧上提至胸前，成斜立掌，掌心向下，微屈 135°，指尖與鼻平，左手腕翻轉，掌心向上，內收於右肘內側成擺式，隨即呼氣，用意念緩慢導引丹田之內氣，運行於四肢勞宮穴和湧泉穴，同時腰胯和右腳湧泉穴，隨氣下沉壓地，往後盪回，重心緩慢後移，經前有腳大拇趾，貫入後左腳湧泉穴和小趾入地，同時腰胯左轉 45°，雙手掌隨腰下，往下往後劃弧，右手掌至腹前，掌心向下，左手掌至左腰胯外側，掌心向上，右腳尖上翹，面向右前西方（起勢時的方向）。

　　練太極拳氣功者，以目光恫恫的眼神，平視手正前方手掌；練養生太極氣功者，以禪靜視線下垂 45°～30° 的

眼神凝視右手掌和地面。

（2）攬雀尾擠

　　吸氣，用意念將勞宮穴和湧泉穴之內氣，導引回歸丹田，同時左手掌繼續往後往上劃大圈弧，至左肩外側，掌心斜向前 45°，右手掌往後往上劃弧至胸前，手臂和掌屈成圓弧形，掌心向內。隨即呼氣，用意念導引丹田之內氣，運行於四肢勞宮穴和湧泉穴，同時腰胯和左腳湧泉穴隨氣下沉壓地，往前推動，重心緩慢前移，經後左腳大拇趾，貫入前右腳大拇趾和湧泉穴入地，腰胯右轉 45°，左手與右腳實力相應，貫注於氣，雙手掌同時隨腰轉向前推擊，右掌速度較慢等左掌，當重心將移至右腳湧泉穴之際，左掌心壓在右手腕內側，雙臂撐圓，高與肩平繼續往前推，重心至湧泉穴時，前右腳七分實，後左腳留三分，膝蓋微屈 135°，成右弓步，右腳尖和膝蓋及雙掌，三點成一垂直線。

　　練太級拳氣功者，以目光炯炯的眼神，平視正前方手掌；練養生太極拳氣功者，以禪靜視線下垂 45°～30° 的眼神，凝視雙掌和地面。

（3）攬雀尾按

　　吸氣，用意念將勞宮穴和湧泉穴之內氣，導引回歸丹田，同時左掌經右掌上伸出，兩掌往兩側分開，與肩同寬，掌心均向下，凝視雙掌，重心緩慢後移，經前腳大拇趾，貫入後左腳湧泉穴和小趾入地，右腳尖上翹，雙臂屈肘隨腰盪回，兩掌收經胸前，下落至兩脇旁，掌心向前。隨即呼氣，用意念導引丹田之內氣，運行於四肢勞宮穴和

| 攬雀尾攦 | 攬雀尾擠 | 攬雀尾按 |

湧泉穴，同時腰胯和左腳湧泉穴隨氣下沉壓地，往前推動，重心緩慢前移，經後左腳大拇趾，貫入前右腳大拇趾和湧泉穴入地，雙掌隨腰胯緩慢鬆沉往前按出，肘伸45°，掌心向前，腕與肩平，雙臂屈成 90°，沉肩墜肘，當重心至湧泉穴時，前右腳七分實，後左腳留三分，膝蓋微屈 135°，成右弓步，右腳尖和膝蓋及雙掌，三點成一垂直線。

　　練太極拳氣功者，以目光炯炯的眼神，平視正前方手掌；練養生太極拳氣功者，以禪靜視線下垂 45°～30° 的眼神，凝視雙手掌和地面。

19 斜單鞭

（1）左顧右盼
吸氣，用意念將勞宮穴和湧泉穴之內氣，導引回歸丹

田，同時重心緩慢後移，經前右腳大拇趾，貫入後左腳湧泉穴和小趾入地坐實，右腳尖上翹，雙手臂隨腰撤回平放下降至平胸口，雙臂微微斜向上，掌心向下。

隨即呼氣，用意念導引丹田之內氣，運行於四肢勞宮穴和湧泉穴，同時腰胯和左腳湧泉穴隨氣下沉壓地，隨即右腳尖隨腰胯左轉，右腳尖左轉 90°，雙手和腰胯左轉135°，當面向正前南方時。隨即吸氣，用意念將勞宮穴和湧泉穴之內氣，導引回歸丹田，同時重心移右腳屈膝坐實，隨即腰胯微右轉，同時雙手隨腰轉盪回，右臂內旋屈於右腋側，手掌變勾手，左臂亦內旋，手掌向下向右劃弧輔於右腋下，掌心向上。

（2）斜單鞭

呼氣，用意念導引丹田之內氣，運行於四肢勞宮穴和湧泉穴，同時腰胯和右腳湧泉穴隨氣下沉壓地，腰胯微左轉，同時右手腕變勾手，往正右西方微微往下而上劃小弧伸展推出，手臂微屈，腕與肩平，左手掌亦上提立掌於胸前，掌心向內與眼神相對，左腳跟上翹內扣隨右臂牽動向後捩轉。隨即吸氣，用意念將勞宮穴和湧泉穴之內氣，導引回歸丹田，同時左腳提起往左前斜東南方（起勢時的方向）跨一大步，腳跟著地，與右腳跟同肩寬。隨即呼氣，用意念導引丹田之內氣，運行於四肢勞宮穴和湧泉穴，同時腰胯和右腳隨氣下沉壓地，腳尖微浮地面，隨腰胯左轉，重心緩慢前移左腳湧泉穴，腰胯左轉 90°，右腳尖轉45°，同時左手掌亦隨腰轉，向上向前向左劃弧，當右腰胯轉到 45° 與左腰胯平齊時，雙腳中定，無極無虛實，左

左顧右盼　　　　　　　　　　斜單鞭

手掌亦劃弧至正面前，腰續轉生太極，分陰陽，左腳漸實，右腳漸虛，右尖自然隨腰內扣 45°，同時隨即左前臂亦腰轉外旋，掌心慢慢翻轉向外，繼續劃弧腕與肩平，當掌心向左前斜東南方時，重心亦達左腳湧泉穴，成左弓步，左手指、膝蓋、腳尖成一垂直線，前左腳七分實，後右腳留三分，膝蓋微屈 135°。

　　練太極拳氣功者，以目光炯炯的眼神，平視正前方手掌；練養生太極拳氣功者，以禪靜視線下垂 45°～30° 的眼神，凝視左手掌和地面。

 ## 20 肘底看捶

　　吸氣，用意念將勞宮穴和湧泉穴之內氣，導引回歸丹田，同時重心後移坐實右腳，右勾手鬆開，左腳隨腰胯往左移 45°，腳跟著地，與右腳跟成一直線，面向左正前東

方（起勢時的方向），隨即重心前移坐實左腳，右腳提起向右側正面跨一步，足尖外撇 45° 與左腳跟平齊。隨即呼氣，用意念導引丹田之內氣，運行於四肢勞宮穴和湧泉穴，同時腰胯和右腳湧泉穴隨氣下沉，屈膝坐實右腳，雙手掌變橫掌，掌心均向左。隨即吸氣，用意念將勞宮穴和湧泉穴之內氣，導引回歸丹田，同時腰胯左轉 45°，兩臂隨腰同轉右臂外旋，右掌向前向左劃弧，至體前左正前東方（起勢時的方向），高與肩齊，掌心朝左向下，左臂內旋，掌心由外轉向內，向左向下劃弧，至身體左胯側腰間，旋轉一小圈翻轉，掌心朝裏向上，指尖向前，左腳隨腰向左正前東方擺腳上步，腳跟著地，腳尖上翹，成左虛步，與右腳跟成一直線，面向左後斜東北方（起勢時的方向）。隨即呼氣，用意念導引丹田之內氣，運行於四肢勞宮穴和湧泉穴，同時腰胯右轉 45°，右手掌變拳，拳眼向上，收至左肘下方，左手掌隨腰右轉，向上向前劃弧，經右手腕上向前劈出，指尖高與眉齊，當右拳收至左手肘底下方時，左掌心轉向右，成側立掌。

肘底看捶

練太極拳氣功者，以目光炯炯的眼神，平視正前方手掌；練養生太極拳氣功者，以禪靜視線下垂 45°～30° 的眼神，凝視左手掌和地面。

21 倒攆猴

倒攆猴（1）右式

吸氣，用意念將勞宮穴和湧泉穴之內氣，導引回歸丹田，同時左手平放胸前，掌心向下手臂微屈 135°，高與胸齊，腰胯右轉 45°，右拳鬆開變掌，掌心向上，手臂向下向後向上內旋，隨腰轉劃一大圈弧，停在右肩外側，掌心斜向前 45°，左手掌心隨之同時反掌向上，兩掌心相向，隨即左腳往後撤退一平行步，腳尖向前著地，兩腳與肩同寬，面向體前右斜東南方（起勢時的左前斜方）。隨即呼氣，用意念導引丹田之內氣，運行於四肢勞宮穴和湧泉穴，同時重心緩慢後移，經前右腳大拇趾，貫入後左腳湧泉穴和小趾入地，腰胯左轉 90°，右手掌隨腰轉，往前往中心線衝擊，左手掌亦同時隨腰轉，往內收，雙掌在胸前交叉時，重心亦移至左腳湧泉穴和小趾入地鬆沉坐實，

倒攆猴右式 A

倒攆猴右式 B

倒攆猴右式 C

交叉後，右腳為虛，腳跟點地腳尖微翹，腳尖隨腰轉正，與腳跟成一直線，右手隨腰轉繼續往前伸，掌心向下手臂微屈 135°與胸齊，左手則亦隨腰轉，往下往後內旋劃弧，當手掌劃弧至左胯旁時掌心向上，面向體前東北方，是為倒攆猴（1）右式。

倒攆猴（2）左式

　　隨即吸氣，用意念將勞宮穴和湧泉穴之內氣，導引回歸丹田，同時重心於左腳，右腳踏地，成左坐步，腰微向左轉，右臂隨腰向前伸，左手亦隨腰轉向左後側繼續往上劃一大圈弧，至左肩外側蓄勢，掌心斜向前 45°，右手掌心隨之同時反掌翻轉掌心向上，兩掌心相向，隨即右腳往後沿直線撤退一大平行步，腳尖向前著地，與左腳平行，與肩同寬，面向體前左斜東北方（起勢時的左後斜方）。

　　隨即呼氣，用意念導引丹田之內氣，運行於四肢勞宮穴和湧泉穴，同時重心緩慢後移，經前左腳大拇趾，貫入後右腳湧泉穴和小趾入地鬆沉坐實，同時腰胯右轉 90°，左手掌隨腰轉往前往中心線衝擊，右手掌亦同時隨腰轉，往內收，雙掌在胸前交叉時，重心亦移至右腳湧泉穴和小趾鬆沉入地坐實，交叉後，左腳為虛，腳跟點地，腳尖上翹，左手掌隨腰轉繼續往前伸，掌心向下手臂微屈 135°與胸齊，右手掌則亦隨腰轉，往下往後內旋劃弧，當手掌劃弧至右胯旁時掌心向上，面向體前東南方，是為倒攆猴（2）左式。

倒攆猴（3）右式

　　隨即吸氣，將勞宮穴和湧泉穴之內氣，導引回歸丹

田，同時重心於右腳，左腳踏地，成左虛步，腰胯再微向右轉，左臂隨腰向前伸，右手亦隨腰轉向右後側繼續往上劃一大圈弧，至右肩外側蓄勢，掌心斜向前 45°，左手掌隨之同時反掌翻轉掌心向上，兩掌心相向，隨即左腳往後沿一直線撤退一大平行步，腳尖向前著地，與右腳平行，與肩同寬，面向體前右斜東南方（起勢時的左前斜方）。隨即呼氣，用意念導引丹田之內氣，運行於四肢勞宮穴和湧泉穴，同時重心緩慢後移，經前右腳大拇趾，貫入後左腳湧泉穴和小趾入地鬆沉坐實，腰胯左轉 90°，右手掌隨腰轉．往前往中心線衝擊，左手掌亦同時隨腰轉，往內收，雙掌在胸前交叉時，重心亦移至左腳湧泉穴和小趾鬆沉入地坐實，交叉後，右腳為虛腳跟點地，腳尖微翹，右手掌隨腰繼續往前伸，掌心向下手臂微屈 135°，與胸齊，左手掌則亦隨腰轉，往下往後內旋劃弧，當手掌劃弧至左胯旁時掌心向上，面向體前左斜東北方。

練太極拳氣功者，以目光炯炯的眼神，平視正前方手掌；練養生太極拳氣功者，以禪靜視線下垂 45°～30° 的眼神，凝視右手掌和地面。

22 斜飛式

吸氣，用意念將勞宮穴和湧泉穴之內氣，導引回歸丹田，同時鬆腰胯右轉 90°，左手掌內旋，向上向下劃弧，放在左胸前左脇旁，掌心向下，右手掌亦內旋，向下劃

斜飛式

弧，放在左胯旁，掌心向上，兩掌心相向，成抱球狀，面向左前斜東南方，隨即腰胯微右轉，右腳向右後斜西南方跨一大步兩足相距 135°，腳跟著地同時左手隨腰轉去，右手漸提至左手腋下。呼氣，用意念導引丹田之內氣，運行於四肢勞宮穴和湧泉穴，同時腰胯和左腳湧泉穴隨氣下沉壓地，重心緩慢前移右腳湧泉穴，兩掌分別向右前上方和左後下方撐開，右手掌隨腰胯開展掌心向上，從左臂內側，斜向上擊出，手臂伸直微屈 135°，腕與肩同高，掌心斜向上，左手掌下壓於左腰胯外側，掌心斜向下，上翹 45°，左足尖同時隨腰右轉 90° 兩腳成右弓步，前右腳七分實，後左腳留三分，膝蓋微屈 135°。

　　練太極拳氣功者，以目光炯炯的眼神，平視正前方手掌；練養生太極拳氣功者，以禪靜視線下垂 45°～30° 的眼神，凝視右手掌和地面。

23 雲手

雲手（1）左、右式

吸氣，用意念將勞宮穴和湧泉穴之內氣，導引回歸丹

雲手（左式 A）　　　雲手（左式 B）　　　雲手（右式 A）

田，同時坐實右腳，腰胯右轉，同時左腳前移直踏半步與
右腳齊，右臂內旋收於右胸前，掌心向下，左臂亦內旋收
於右胯旁，掌心向上，成抱球狀，面向右斜西南方，隨即
右掌隨勢外旋，下沉降於右胯旁，左掌隨腰胯內旋，上浮
掤於胸前，掌心均向內兩手上下相對。呼氣，用意念導引
丹田之內氣，運行於四肢勞宮穴和湧泉穴，同時腰胯和右
腳湧泉穴隨氣下沉壓地屈膝坐實，腰胯往左轉 90°，重心
緩慢隨之左移左腳，同時左掌自右往左，經面前劃弧雲
轉，右掌亦自右往左，經腹前劃弧雲轉，兩掌兩掌雲到正
面前時，右足尖內扣成直踏，腰續左轉，同時兩掌逐漸翻
轉，左掌心轉向外，翻覆於左胸前，右掌雲至左肘內側下
方時，掌心轉向上，輔於左腹前，兩手隨之轉成合抱形，
面向左前斜東南方，坐實左腳，是為雲手左式，雲轉中。

　　練太極拳氣功者，以目光炯炯的眼神，平視正前方手
掌；練養生太極拳氣功者，以禪靜視線下垂 45°～30° 的
眼神，凝視左掌和地面。

吸氣，用意念將勞宮穴和湧泉穴之內氣，導引回歸丹田，坐實左腳，同時右足，提回半步，與左足平行直踏同肩寬，同時左手掌隨勢外旋，下沉放於左胯旁，右手掌隨腰胯內旋，上浮掤於胸前，掌心均向內。隨即呼氣，用意念導引丹田之內氣，運行於四肢勞宮穴和湧泉穴，同時腰胯和左腳湧泉穴隨氣下沉壓地，腰胯右轉 90°，重心緩慢隨之右移右腳，右掌自左往右，經面前雲轉，左掌亦自左往右，經腹前雲轉，兩掌雲至身體正面前時逐漸翻轉，右掌心轉向外翻覆於右胸前，左掌雲至右肘內側下方時，掌心轉向上輔於右腹前，兩手隨之轉成合抱形，面向右前斜西南方，坐實右腳，是為雲手右式，雲轉中。

練太極拳氣功者，以目光炯炯的眼神，平視正前方手掌；練養生太極拳氣功者，以禪靜視線下垂 45°～30° 的眼神，凝視右手掌和地面。

雲手（2）左、右式

吸氣，用意念將勞宮穴和湧泉穴之內氣，導引回歸丹田，同時左足向左側橫跨一小步，兩腳平行向前，成兩肩寬，右手掌隨勢外旋，下沉降於右胯旁，左手掌隨腰胯內旋，上浮掤於胸前，掌心均向內，兩手上下相對。呼氣，用意念導引丹田之內氣，運行於四肢勞宮穴和湧泉穴，同時腰胯和右腳湧泉穴隨氣下沉壓地屈膝坐實，腰胯左轉90°，重心緩慢隨之左移左腳，左掌自右往左，經面前劃弧雲轉，右掌亦自右往左，經腹前劃弧雲轉，兩掌雲至身體正面前時，逐漸翻轉，左掌心轉向外，翻覆於左胸前，右掌雲至左肘內側下方時，掌心轉向上輔於左腹前，兩手

隨之轉成合抱形，面向左斜東南方，坐實左腳，是為雲手左式，雲轉中。

練太極拳氣功者，以目光炯炯的眼神，平視前方手掌；練養生太極拳氣功者，以禪靜視線下垂 45°～30° 的眼神，凝視左掌和地面。

吸氣，用意念將勞宮穴和湧泉穴之內氣，導引回歸丹田，坐實左腳，同時右足提回半步，與左足平行直踏同肩寬，同時左手掌隨勢外旋，下沉放於左胯旁，右手掌隨腰胯內旋，上浮掤於胸前，掌心均向內。隨即呼氣，用意念導引丹田之內氣，運行於四肢勞宮穴和湧泉穴，同時腰胯和左腳湧泉穴隨氣下沉壓地，腰胯右轉 90°，重心緩慢隨之右移右腳，右掌自左往右，經面前劃弧雲轉，左掌亦自左往右，經腹前劃弧雲轉，兩掌雲至身體正面前時，逐漸翻轉，右掌心轉向外翻覆於右胸前，左掌雲至右肘內側下方時，掌心轉向上輔於右腹前，兩手隨之轉成合抱形，面向右前斜西南方，坐實右腳，是為雲式右式，雲轉中。

練太極拳氣功者，以目光炯炯的眼神，平視正前方手掌；練養生太極拳氣功者，以禪靜視線下垂 45°～30° 的眼神，凝視右手掌和地面。

雲手（3）左式

吸氣，用意念將勞宮穴和湧泉穴之內氣，導引回歸丹田，同時坐實右腳，左足向左側橫跨一小步，兩腳平行向前，成兩肩寬，右手掌隨勢外旋，下沉降於右胯旁，左手掌隨腰胯內旋，上浮掤於胸前，掌心均向內。隨即呼氣，用意念導引丹田之內氣，運行於四肢勞宮穴和湧泉穴，同

時腰胯和右腳湧泉穴隨氣下沉壓地，腰胯左轉 90°，重心緩慢隨之左移左腳，左掌自右往左，經面前劃弧雲轉，右掌亦自右往左，經腹前劃弧雲轉，兩掌雲至身體正面前時，逐漸翻轉，左掌心轉向外，右掌雲至左肘內側下方時，掌心轉向上，雲轉中。

　　練太極拳氣功者，以目光炯炯的眼神，平視正前方手掌；練養生太極拳氣功者，以禪靜視線下 垂 45°～30° 的眼神，凝視左掌，當重心移至左腳坐實時，左手掌心翻覆於左胸前，斜向左斜東南方，右手掌於左肘下方，輔於左腹前，兩手隨之轉成合抱形，足未動，面向左前斜東南方，是為雲手左式。

24 單鞭下勢

　　吸氣，用意念將勞宮穴和湧泉穴之內氣，導引回歸丹田，同時右腳提起順腳尖往正前南方（起勢時的方向）跨一小步，重心即移右腳屈膝坐實，右手隨腰轉向右斜方往上往右劃弧提起，傍於右腋側，成勾手，左手亦隨腰轉往下往右劃弧，輔於右勾手下右脇旁，掌心向上。隨即呼氣，用意導引丹田之內氣，運行於四肢勞宮穴和湧泉穴，同時腰胯和右腳鬆沉屈膝坐實，腰胯微右轉，右腕勾手隨腰轉，向右前斜西南方微微往下而上劃弧推擊，手臂微屈 135°，腕與肩平，同時左腳足跟翹起，即隨右臂牽動向後振轉，左手掌亦隨腰轉提起立掌於胸前，掌心向內

單鞭　　　　　　　　　　　下勢

與眼神相對，隨即吸氣，用意念將勞宮穴和湧泉穴之內氣，導引回歸丹田，同時左腳提起往左正前東方跨一大步，腳跟著地，兩腳寬與肩同。隨即呼氣，用意念導引丹田之內氣，運行於四肢勞宮穴和湧泉穴，同時腰跨和右腳隨氣下沉壓地，重心緩慢前移左腳，腰胯左轉 90°，右腳尖隨腰轉 45°，左手掌向上向前向左，隨腰轉劃弧，當右腰胯左轉 45°時與右腰胯平齊，雙腳中定，無極，無虛實，左手掌亦隨腰轉劃弧至正面前，腰續轉生太極，分陰陽，左腳漸實，右漸虛，右腳尖自然隨腰內扣 45°，同時隨即左前臂隨腰轉外旋，左掌心慢慢翻轉向外，繼續劃弧腕與肩平，當掌心翻轉向正左前東方時，重心亦達左腳湧泉穴，成左弓步，以上動作為單鞭。

接下為下勢：吸氣，用意念將勞宮穴和湧泉穴之內氣，導引回歸丹田，同時右腳稍微後移，腳尖外撇 45°，隨即重心後移右腳，腰胯右轉 90°，右腿全蹲，左腿舖直腳尖內扣 45°，腰胯和身體左轉，成左仆步，同時左手掌

心轉向內，經胸前腹前劃弧，下落於左腿內側，隨即呼氣，用意念導引丹田之內氣，運行於四肢勞宮穴和湧泉穴，同時右腳湧泉穴隨氣下沉壓地，重心前移左腳，左手掌背順腿內側穿出，掌心向右，勾手舉與肩平齊。

練太極拳氣功者，以目光炯炯的眼神，平視正前方手掌；練養生太極拳氣功者，以禪靜視線下垂 45°～30° 的眼神，凝視左手掌和地面。

25 金雞獨立

（1）右金雞左獨立步

吸氣，用意念將勞宮穴和湧泉穴之內氣，導引回歸丹田，同時左腳湧泉穴隨氣下沉壓地，重心全於左腳屈膝坐實，左腳尖外展 90°，右腳尖內扣，左腿屈弓，右腿自然蹬直微屈，腰胯轉正，左掌向上挑至胸前，成側立掌，腕高與肩平，右臂下落至身側，勾尖向上，凝視左掌。呼氣，用意念導引丹田之內氣，運行於四肢勞宮穴和湧泉穴，同時左腳湧泉穴和腳掌隨氣下沉壓地，氣略內偏重於湧泉穴、大拇趾、足跟，膝蓋微屈坐實，隨即右腿屈膝

右金雞左獨立步

向前提起，腳尖下垂，右勾手變掌隨腿外側向上挑起，成側立掌，指尖高與眉齊，肘放在右膝上相接，同時左掌翻轉，下按於左胯旁，掌心向下，手掌上翹 45° 指尖向前，成左獨立步。

　　練太極拳氣功者，以目光炯炯的眼神，平視正前方手掌；練養生太極拳氣功者，以禪靜視線下垂 45°～30° 的眼神，凝視右掌和地面。

（2）左金雞右獨立步

　　吸氣，用意念將勞宮穴和湧泉穴之內氣，導引回歸丹田，同時左腿稍屈，右腳落於左腳內側後方，腳尖外撇 45°，重心後移，腰胯微右轉，右腳膝蓋微屈坐實。隨即呼氣，用意念導引丹田之內氣，運行於四肢勞宮穴和湧泉穴，同時腰胯和右腳湧泉穴和腳掌隨氣下沉壓地，氣略內偏重於湧泉穴、大拇趾、足跟，左腿屈膝提起，腳尖下垂，左掌變側立掌，隨左腿外側，向上挑至體前，指尖高與眉齊，肘放在左膝上相接，右掌翻轉，下按於右胯旁，掌心向下，手掌上翹 45° 指尖向前，成右獨立步。

　　練太極拳氣功者，以目光炯炯的眼神，平視正前方手掌；練養生太極拳氣功者，以禪靜視線下垂 45°～30° 的眼神，凝視左掌和地面。

左金雞右獨立步

26 左右分腳

（1）右分腳

吸氣，用意念將勞宮穴和湧泉穴之內氣，導引回歸丹田，同時左腳向左後側撤退一步，腳尖外撇 45°，屈膝坐實，左手翻腕，掌心向上，亦隨之降落，右手同時提起至胸前，合於左手成式，隨即胯腰胯微左轉，兩臂同時向左後側去，右臂隨盪勢內旋，往下往上向內劃弧收於胸前，左臂亦隨盪勢外旋，往下往上向外向內劃一大圓弧收於胸前，兩掌交叉疊抱，左掌在外，掌心均向內，成斜十字形，右足稍提回，足尖點地，隨即將兩掌向外翻轉，足未動，凝視前方。隨即呼氣，用意念導引丹田之內氣，運行於四肢勞宮穴和湧泉穴，同時腰胯和左腿微屈隨氣下沉壓地，氣略內偏重於湧泉穴，大拇趾、足跟，重心於左腳支撐，成獨立步，隨即腰轉，右腿屈膝上提，腳尖向體前右斜東南方（起勢時的左前斜方）30°～45° 慢慢踢出，腳

右分腳

背展平，膝蓋與大腿亦提至水平成一直線高過腰部，兩手掌心亦同時翻轉向外，向身體左右兩側劃弧撐開，兩掌成側立掌，指尖向上，腕高與肩平，兩臂撐舉，肘關節微屈 135°，右臂與右腿上下相

對使成一直線，左手與右手亦成一直線，是為右分腳。

　　練太極拳氣功者，以目光炯炯的眼神，平視正前方手掌；練養生太極拳氣功者，以禪靜視線下垂 45°～30° 的眼神，凝視右掌和地面。

（2）左分腳

　　吸氣，用意念將勞宮穴和湧泉穴之內氣，導引回歸丹田，同時右腳收回，屈膝落地於左腳尖前右正前方，重心前移右腳坐實，腰胯微右轉，左腳尖收至右腳內側，腳尖向左斜方，左前臂與肘微屈 135°，於體前左斜東北方成斜側立掌，右掌收於左肘內側仰掌，合於左手成式，隨即腰胯微右轉，同時雙手往右後回，左臂隨盪勢內旋，往下往上向內劃弧收於胸前，右臂亦隨盪勢外旋，往下往上向外向內劃一大圓弧收於胸前，兩掌交叉疊抱於胸前，右掌在外，掌心皆向內，成斜十字形，左足稍提上半步，足尖點地，兩掌外翻，足未動，凝視前方。隨即呼氣，用意念導引丹田之內氣，運行於四肢勞宮穴和湧泉穴，同時腰胯和右腿微屈隨氣下沉壓地，氣略內偏重於湧泉穴、大拇趾、足跟，重心於右腳支撐，成獨立步，腰胯左轉，左腿屈膝提起，腳尖向體前左斜東北方（起勢時的左後斜方）30°～45°，慢慢踢出，腳背展平膝蓋與大腿亦提至水平成一直線，高過腰部，兩

左分腳

手掌心同時翻轉向外，向身體左右兩側劃弧撐開，兩掌成側立掌，指尖向上，腕與肩平，兩臂撐舉，肘關節微屈135°，左臂與左腿上下相對使成一直線，右手與左手亦成一直線是為左分腳。

練太極拳氣功者，以目光炯炯的眼神，平視正前方手掌；練養生太極拳氣功者，以禪靜視線下垂 45°～30° 的眼神，凝視左掌和地面。

27 轉身蹬腳

吸氣，用意念將勞宮穴和湧泉穴之內氣，導引回歸丹田，同時左腿屈收，腳尖向下垂，左手臂收掤於胸前，右手臂下放橫舉於身側，掌心向前，隨即腳尖翹起身體以右腳跟為軸，全憑右手掌擺動盪勢盪轉，帶動右腳跟點地旋轉，順勢向左後方轉身 135°，右腿微屈坐實，同時右手掌向胸前劃弧，與左手掌交叉疊抱於胸前，右手掌在外，

轉身蹬腳

左腿仍虛懸凝視前方。隨即呼氣，用意念導引丹田之內氣，運行於四肢勞宮穴和湧泉穴，同時腰胯和右腿微屈隨氣下沉壓地坐實，重心略偏於湧泉穴、大拇趾和腳跟，左腿屈膝提起，與左肘相近腳尖向

上，腳跟慢慢往前正西方蹬擊，高過腰部，兩手掌心同時翻轉向外，向身體左右兩側劃弧撐開，兩掌成側立掌，指尖向上，腕與肩平，兩臂撐舉，肘關節微屈 135°，左臂與左腿上下相對使成一直線，右手與左手亦成一直線。

　　練太極拳氣功者，以目光炯炯的眼神，平視正前方手掌；練養生太極拳氣功者，以禪靜視線下垂 45°～30°的眼神凝視左掌和地面。

28 左右摟膝拗步

（1）左摟膝拗步

　　吸氣，用意念將勞宮穴和湧泉穴之內氣，導引回歸丹田，同時腰胯微右轉右掌收至右肩外側，掌心斜向前45°，左手掌內旋，向右向下劃弧落於右胯前，左腿屈收下落，往左側前方跨步，腳跟著地，兩腳與肩同寬。隨即呼氣，用意念導引丹田之內氣，運行於四肢勞宮和湧泉穴，同時腰胯和右腳湧泉穴隨氣下沉壓地，往前推，重心緩慢前移，經後右腳大拇趾，貫入前左腳大拇趾和湧泉穴入地，腰胯慢慢左轉 45°，右手沉肘坐腕立掌往前微伸45°，隨腰轉向前按去，

左摟膝拗步

左手掌亦隨腰往左膝前劃弧，護襠摟過膝放在腰胯外側，手臂微屈 135°，手掌上翹 45°，掌心向下，沉肩墜肘，前左腳七分實，後右腳留三分，左手四分虛，右手六分實，膝蓋微屈 135°，成左弓步。

練太極拳氣功者，以目光炯炯的眼神，平視正前方手掌；練養生太極拳氣功者，以禪靜視線下垂 45°～30° 的眼神凝視右掌和地面。

（2）右摟膝拗步

吸氣，用意念將勞宮穴和湧泉穴之內氣，導引回歸丹田，同時重心後移右腳，腰胯前轉 45°，左腳尖外展 45°，右手掌內旋，向下向左劃弧，落於左胯前，左手掌外旋，向後向上劃弧，至左肩外側，掌心斜向前 45°，隨之重心前移左腳坐實，右腳往前跨一大步，兩腳與肩同寬。隨即呼氣，用意念導引丹田之內氣，運行於四肢勞宮穴和湧泉穴，同時腰胯和左腳湧泉穴隨氣下沉壓地，往前推，重心緩慢前移，經後左腳大拇趾，貫入前右腳大拇趾和湧泉穴入地，腰胯慢慢右轉 45°，左手肘往前微伸

右摟膝拗步

45°，右手掌隨腰轉往右劃弧，護襠摟過膝放在右胯外側，手臂微屈 135°，手掌上翹 45°，掌心向下，沉肩墜肘，前右腳七分實，後左腳留三分，右手四分虛，左手六分實，膝蓋微屈 135°，成右弓

步。

　　練太極拳氣功者，以目光炯炯的眼神，平視正前方手掌；練養生太極拳氣功者，以禪靜視線下垂 45°～30° 的眼神，凝視左掌和地面。

29 進步栽捶

　　吸氣，用意念將勞宮穴和湧泉穴之內氣，導引回歸丹田，同時重心後移左腳，腰胯右轉 45°，前右腳尖外展 45°，右手隨勢盪一小圈握拳，拳眼向外，拳心向上，收於右側腰脇間，左手掌內旋，向下向右劃弧，落於右胯旁右拳之下，重心前移右腳屈膝坐實，左腳隨腰胯動盪之勢往前跨一大步，腳跟著地，兩腳與肩同寬。隨即呼氣，用意念導引丹田之內氣，運行於四肢勞宮穴和湧泉穴，同時腰胯和右腳湧泉穴隨氣下沉壓地，隨即往前推，重心緩慢前移，經後右腳大拇趾，貫入前左腳大拇趾和湧泉穴入地，腰胯慢慢左轉 45°，左手掌隨腰轉往左劃弧，護襠摟過膝放在左腰胯外側，手臂微屈 135°，手掌上翹 45°，掌心向下，右手拳慢慢隨足步和腰轉向內翻轉 90°，拳面向前，拳眼向上，同時隨腰

進步栽捶

轉和右腳往前推的力道，並以意領氣貫於拳面，由拳面領拳似栽往前斜向下衝擊發勁，身軀斜向前 30°，當重心達前腳湧泉時，成左弓步，前左腳七分實，後右腳留三分，膝蓋微屈 135°，面向起勢時的右正前西方。

　　練太極拳氣功者，以目光炯炯的神，平視正前方右拳；練養生太極拳氣功者，以禪靜視線下垂 45°～30° 的眼神，凝視右拳和地面。

30 上步攬雀尾掤攦擠按單鞭

（1）上步掤

　　吸氣，用意念將勞宮穴和湧泉穴之內氣，導引回歸丹田，同時重心後移右腳，身軀恢復中正，左腳尖外展 45°，左臂外旋，向上向內劃弧，屈於胸前，掌心向下，與胸同高，指尖向右，右臂內旋，右掌向左劃弧至腹前，掌心向上，指尖向左，雙掌相對，如抱球狀，重心前移左腳坐實，右腳往前跨一步，面向體前左斜西南方（起勢時的右前斜方）。隨即呼氣，用意念導引丹田之內氣，運行於四肢勞宮穴和湧泉穴，同時腰胯和左腳湧泉穴隨氣下沉壓地，往前推，重心緩慢前移，經後左腳大拇趾，貫入前右腳大拇趾和湧泉穴入地，腰胯右轉 45°，右手掌上提至胸前，掌心向內，距左手指尖約五公分左右，雙掌同時隨之往前推擊，重心達右腳湧泉時，成右弓步，前右腳七分實，後左腳留三分，膝蓋微屈 135°。

| 上步掤 | 攦 | 擠 |

練太極拳氣功者，以目光炯炯的眼神，平視正前方手掌；練養生太極拳氣功者，以禪靜視線下垂 45°～30° 的眼神，凝視右手掌和地面。

（2）攦

吸氣，用意念將勞宮穴和湧泉穴之內氣，導引回歸丹田，同時重心全放在前腳，足未動，雙手和腰胯往右微盪轉 20° 左右，右手臂稍向前伸，微屈 135°，掌心繞圈弧翻轉向下，左手掌心繞圈弧翻轉向上，收至右手肘內側下方。隨即呼氣，用意念緩慢導引丹田之內氣，運行於四肢勞宮穴和湧泉穴，同時腰胯和右腳湧泉穴隨氣下沉壓地，往後盪回，重心緩慢後移，經前腳大拇趾，貫入後左腳湧泉穴和小趾入地，腰胯左轉 65° 左右，雙手掌下攦，往下往後劃弧，右手掌至腹前，掌心向下，左手掌至左腰胯外側，掌心向上，右腳尖上翹，面向右前斜西南方（起勢時的方向）。

練太極拳氣功者，以目光炯炯的眼神，平視正前方手

掌；練養生太極拳氣功者，以禪靜視線下垂 45°～ 30° 的眼神，凝視右手掌和地面。

（3）擠

吸氣，用意念將勞宮穴和湧泉穴之內氣，導引回歸丹田，同時左手掌繼續往後往上劃弧，至左肩外側，掌心斜向前 45°，右手掌往後往上劃弧至胸前，手臂和掌屈成圓弧形，掌心向內。隨即呼氣，用意念導引丹田之內氣，運行於四肢勞宮穴和湧泉穴，同時腰胯和左腳湧泉穴隨氣下沉壓地，往前推，重心緩慢前移，經後左腳大拇趾，貫入前右腳大拇趾和湧泉穴入地，腰胯右轉 45°，左手與右腳實力相應貫注於氣，雙掌隨腰轉往前推，右掌速度較慢等左掌，當重心將達右腳湧泉穴時，左掌壓在右手腕內側，雙臂撐圓，高與肩平，重心達湧泉穴時，前右腳七分實，後左腳留三分，膝蓋微屈 135°，成右弓步。

練太極拳氣功者，以目光炯炯的眼神，平視正前方手掌；練養生太極拳氣功者，以禪靜視線下垂 45°～30° 的眼神，凝視雙掌和地面。

（4）按

吸氣，用意念將勞宮穴和湧泉穴之內氣，導引回歸丹田，同時左掌經右掌上伸出，兩掌往兩側分開，與肩同寬，掌心均向下，凝視雙掌，重心緩慢後移，經前右腳大拇趾，貫入後左腳湧泉穴和小趾入地，右腳尖上翹，雙臂屈肘隨腰盪回，收經胸前，下落至兩脇旁。隨即呼氣，用意念導引丹田之內氣，運行於四肢勞宮穴和湧泉穴，同時腰胯和左腳湧泉穴隨氣下沉壓地，往前推動，重心緩慢前

按　　　　　　　左顧右盼　　　　　　單鞭

移，經後左腳大拇趾，貫入前右腳大拇趾和湧泉穴入地，雙掌輕輕向前平按出，肘伸 45°，掌心向前，腕與肩平，雙臂屈成 90°，沉肩墜肘，當重心至湧泉時，成右弓步，前右腳七分實，後左腳留三分，膝蓋微屈 135°，右腳尖和膝蓋及雙掌，三點成一垂直線。

　　練太極拳氣功者，以目光炯炯的眼神，平視正前方手掌；練養生太極拳氣功者，以禪靜視線下垂 45°～30° 的眼神，凝視雙手掌和地面。

（5）左顧右盼

　　吸氣，用意念將勞宮穴和湧泉穴之內氣，導引回歸丹田，同時重心緩慢後移左腳坐實，右腳尖上翹，雙手臂隨腰撤回平行下降至平胸口，與肘屈成 125° 左右，雙臂微微斜向上，掌心向下。隨即呼氣，用意念導引丹田之內氣，運行於四肢勞宮穴和湧泉穴，同時腰胯和左腳湧泉穴隨氣下沉壓地，隨即右腳尖隨腰胯左轉，右腳尖左轉 90°，雙手和腰胯左轉 135°，當面向左前斜東南方時。隨

即吸氣，用意念將勞宮穴和湧泉穴之內氣，導引回歸丹田，同時重心移右腳屈膝坐實，隨即腰胯微右轉，同時雙手隨腰轉盪回右臂內旋屈於右脇側，手掌變勾手，左臂亦內旋，手掌向下向右劃弧輔於右肘腋下，掌心向上。

（6）單鞭

隨即呼氣，用意念導引丹田之內氣，運行於四肢勞宮穴和湧泉穴，同時腰胯和右腳湧泉穴隨氣下沉壓地，腰胯微左轉，同時右腕勾手，隨腰轉往右前斜西南方微微往下而上劃小弧伸展推出，手臂微屈肘稍下垂，腕與肩平，左手掌亦上提立掌於胸前，掌心向內與眼神相對，同時左腳跟上翹隨右臂牽動向後捩轉內扣。隨即吸氣，用意念將勞宮穴和湧泉穴之內氣，導引回歸丹田，同時左腳提起往左前東方（起勢時的方向）跨一大步，腳跟著地，與肩同寬。隨即呼氣，用意念導引丹田之內氣，運行於四肢勞宮穴和湧泉穴，同時腰胯和右腳湧泉穴隨氣下沉壓地，腳尖微浮地面，與腰胯同時左轉，重心緩慢前移左腳湧泉穴，腰胯左轉 90°，右腳尖轉 45°，同時左手立掌亦隨腰轉向上向前向左劃弧，當右腰胯左轉 45° 與左腰胯平齊時，雙腳中定，無極，無虛實，左手掌亦劃弧至正面前，腰續轉生太極，分陰陽，左腳漸實，右腳漸虛，右腳尖自然微翹隨腰轉內扣 45°。同時隨即左前臂隨腰轉外旋，左掌心慢慢翻轉向外，繼續劃弧腕與肩平，當掌心翻轉向正左前東方時，重心亦達左腳湧泉穴，成左弓步，手指、膝蓋、腳尖三點成一垂直線，前左腳七分實，後右腳留三分，膝蓋微屈 135°。

　　練太極拳氣功者，以目光炯炯的眼神，平視正前方手掌；練養生太極拳氣功者，以禪靜視線下垂 45°～30° 的眼神，凝視左手掌和地面。

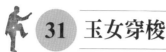

31　玉女穿梭

玉女穿梭（1）右式

　　吸氣，用意念將勞宮穴和湧泉穴之內氣，導引回歸丹田，同時重心後移右腳坐實左腳尖微翹，右勾手變斜立掌，掌心向內，手肘外伸 45°，同時腰胯和左腳尖右轉 90°，左手掌翻轉，向下向上劃弧至右肘下方，掌心向上。隨即呼氣，用意念導引丹田之內氣，運行於四肢勞宮穴和湧泉穴，同時重心移左腳坐實，右腳跟微翹，隨腰胯旋轉 90°，再將右腳稍稍提起，向腳尖右側正前西方（起勢時的方向），腳跟著地，與左腳跟成一 90°，右手掌收至胸前，隨即重心移至右腳坐實，左腳變虛。隨即吸氣，用意念將勞宮穴和湧泉穴之內氣，導引回歸丹田，同時腰胯微右轉，左腳隨腰往右前斜西南方跨一大步，腳跟著地，右臂內旋手掌下落於胸前右側，掌心翻轉向下，指尖

玉女穿梭（1）右式

向左，左手掌亦上提至右臂下方，指尖向右，面向右正前西方。隨即呼氣，用意念導引丹田之內氣，運行於四肢勞宮穴和湧泉穴，同時腰胯和右腳湧泉穴隨氣下沉壓地屈膝坐實，往前推動，重心緩慢前移左腳湧泉穴，腰胯左轉45°，雙手臂隨腰胯盪轉外旋翻轉，左手掌往上往左額角前劃弧翻轉，上架護於左額角前方，掌心斜向外指尖向右，右手臂隨降至左手臂內側，隨即下穿過翻轉掌心斜向上，往體前方擊出，手指與肩平，是為玉女穿梭右式，當重心達左腳湧泉穴時，前左腳七分實，後右腳留三分，膝蓋微屈135°，成左弓步，面向右前斜西南方。

　　練太極拳氣功者，以目光炯炯的眼神，平視正前方手掌；練養生太極拳氣功者，以禪靜視線下垂45°～30°的眼神，凝視右掌和地面。

玉女穿梭（2）左式

　　吸氣，用意念將勞宮穴和湧泉穴之內氣，導引回歸丹田，同時重心後移右腳坐實，左腳尖上翹，左腳尖和腰胯向右後方捩轉135°，左臂內旋翻轉，變斜立掌，掌心向內，右臂亦內旋翻轉，掌心向上，收於左手肘下方。隨即呼氣，用意念導引丹田之內氣，運行於四肢勞宮穴和湧泉穴，同時重心移左腳坐實，腰胯繼續右轉45°，右腳尖上翹，腳跟隨腰往右後盪轉135°（亦可右足跟上翹，足尖隨腰往右後盪135°），左掌內收至胸前，面向體右後正前東方（起勢時的方向）。隨即吸氣，用意念將勞宮穴和湧泉穴之內氣，導引回歸丹田，同時腰胯和右腳跟再微右轉，左手掌下落於胸前左側，指尖向右，右掌亦上提至左

玉女穿梭（2）左式　　　玉女穿梭（3）右式

手臂下方，指尖向左，隨即右腳提起往體右後斜 270° 東
南方（起勢時的左前斜方）跨一大步，腳跟著地。隨即呼
氣，用意念導引丹田之內氣，運行於四肢勞宮穴和湧泉
穴，同時腰胯和左腳隨氣下沉壓地屈膝坐實，往前推動，
重心緩慢前移右腳湧泉穴，腰胯右轉 45°，雙手前臂隨腰
胯盪轉外旋翻轉，右手掌往上往右額角前劃弧翻轉，上架
護於右額角前方，掌心斜向外指尖向左，左手臂隨降至右
手臂內側，隨即下穿過翻轉掌心斜向上，往體前方按擊，
指尖與肩平，左腳尖內扣 90°，是為玉女穿梭左式，當重
心達右腳湧泉穴時，面向左前斜東南方（起勢時的方
向），前右腳七分實，後左腳留三分，膝蓋微屈 135°，
成右弓步。

　　練太極拳氣功者，以目光炯炯的眼神，平視正前方手
掌；練養生太極拳氣功者，以禪靜視線下垂 45°～30° 的
眼神，凝視左掌和地面。

玉女穿梭（3）右式

吸氣，用意念將勞宮穴和湧泉穴之內氣，導引回歸丹

田，同時重心移左腳坐實，右腳移至左腳前方，腳跟著地，腳尖向前，右手前臂內旋翻轉，變斜立掌，掌心向內，左掌心向上，收於右肘下方，沉肩墜肘。隨即呼氣，用意念導引丹田之內氣，運行於四肢勞宮穴和湧泉穴，同時重心移右腳坐實，右手掌內收至胸前，面向體前。隨即吸氣，用意念將勞宮穴和湧泉穴之內氣，導引回歸丹田，同時腰胯微右轉，右手掌下落於胸部右側，指尖向左，左手掌亦上提至右手臂下方，指尖向右，左腳往體前左斜東北方（起勢時的左後斜方）跨一大步，腳跟著地。用意念導引丹田之內氣，運行於四肢勞宮穴和湧泉穴，同時腰隨即呼氣胯和右腳湧泉穴隨氣下沉壓地屈膝坐實，往前推動，重心緩慢前移左腳湧泉穴，腰胯左轉 45°，雙手前臂隨腰胯盪轉外旋翻轉，左手掌往上往左額角前劃弧翻轉，上架護於左額角前方，掌心斜向外指尖向右，右手臂隨降至左手臂內側，隨即下穿過翻轉掌心斜方向上，往體前方按擊，指尖與肩尖平，是為玉女穿梭右式。當重心達左腳湧泉穴時，面向左後斜東北方（起勢時的方向），前左腳七分實，後右腳留三分，膝蓋微屈 135°，成左弓步。

　　練太極拳氣功者，以目光炯炯的眼神，平視正前方手掌；練養生太極拳氣功者，以禪靜視線下垂 45°～30° 的眼神，凝右手掌和地面。

玉女穿梭（4）左式

　　吸氣，用意念將勞宮穴和湧泉穴之內氣，導引回歸丹田，同時重心後移右腳坐實，左腳尖上翹，隨腰胯向右後方捩轉 135°，左手前臂內旋翻轉，變斜立掌，掌心向

內，右手臂亦內旋翻轉，掌心向上，收於左肘下方，沉肩墜肘。隨即呼氣，用意念導引丹田之內氣，運行於四肢勞宮穴和湧泉穴，同時重心移左腳坐實，右腳尖上翹，腰胯繼續右轉 45°，右腳跟隨腰往右後盪轉 135°，左

玉女穿梭（4）左式

手掌收於胸前，面向體右後正前西方（起勢時的方向）。隨即吸氣，用意念將勞宮穴和湧泉穴之內氣，導引回歸丹田，同時腰胯和右腳跟再微右轉，左手掌下落於胸前左側指尖向右，右手掌上提至左手臂下方，指尖向左，隨即右腳往體右後斜 270° 西北方（起勢時的右後斜方）跨一大步，腳跟著地。隨即呼氣，用意念導引丹田之內氣，運行於四肢勞宮穴和湧泉穴，同時腰胯和左腳湧泉穴隨氣下沉壓地屈膝坐實，往前推動，重心緩慢前移右腳湧泉穴，腰胯右轉 45°，雙手前臂隨腰胯盪轉外旋翻轉，右手掌往上往右額角前劃弧翻轉，上架護於右額角前方，掌心斜向外指尖向左，左手臂隨降至右手臂內側，隨即下穿過翻轉掌心斜向上，往體前方按擊，指尖與肩平，左腳尖內扣 90°，是為玉女穿梭左式。當重心到達右腳湧泉穴時，面向右後斜西北方（起勢時的方向），前右腳七分實，後左腳留三分，膝蓋微屈 135°，成右弓步。

練太極拳氣功者，以目光炯炯的眼神，平視正前方手

掌；練養生太極拳氣功者，以禪靜視線下垂 45°～30° 的眼神，凝視左手掌和地面。

32 攬雀尾掤擺擠按至單鞭下勢

（1）攬雀尾左掤

吸氣，用意念將勞宮穴和湧泉穴之內氣，導引回歸丹田，同時右腳跟壓地，腳尖微浮與腰胯左轉 90°。左腳變虛，同時雙臂內旋，右手掌翻轉，向內劃弧至胸前三個拳頭處，掌心向下，左手掌亦翻轉，向內劃弧至腹前，掌心向上，成抱球狀，左腳微左移，腳尖翻轉向正前南方（起勢時方向），兩腳同肩寬。隨之呼氣，用意念導引丹田之內氣，運行於四肢勞宮穴和湧泉穴，同時腰胯和右腳湧泉穴隨氣下沉壓地，往前推，重心緩慢前移，經後右腳大拇指，貫入前左腳大拇趾和湧泉穴入地，腰胯左轉 45°，左手向前上掤出，停於胸前三個拳頭處，手臂與肘屈成圓弧形，掌心向內，同時右手掌下落至右腿外側，掌心向下，指尖向前上翹 45°，手臂和肘微屈 135°，當重心到達左腳湧泉穴時，腳尖、膝蓋、右手與身體之距離均同，成

攬雀尾左掤

一垂直線，前左腳七分實，後右腳留三分，膝蓋微屈
135°，成左弓步。

練太極拳氣功者，以目光炯炯的眼神，平視正前方手
掌；練養生太極拳氣功者，以禪靜視線下垂 45°～30° 的
眼神，凝視左掌和地面。

（2）攬雀尾右掤

吸氣，用意念將勞宮穴和湧泉穴之內氣，導引回歸丹
田，同時重心移左腳，腰胯微右轉，右腳跟上提微離地面
內扣 45°，左臂內旋屈於胸前，掌心向下，與胸同高，指
尖向右，右臂內旋，右掌向左劃弧至腹前，掌心向上，指
尖向左，雙掌相對，如抱球狀，隨即右腳尖往前跳一足
步，腳跟著地，面向體前左斜西南方（起勢時的右前斜
方）。隨即呼氣，用意念導引丹田之內氣，運行於四肢勞
宮穴和湧泉穴，同時腰胯和左腳跟隨氣下沉壓地，向前推
出，重心緩慢前移，經後左腳大拇趾，貫入前右腳大拇趾
和湧泉穴入地，腰胯右轉，右手掌上提至胸前，距左手指
尖五公分左右，掌心向
內，隨即雙手隨腰往前推
擊，左腳掌隨腰胯往右轉
45°，重心至右腳湧泉穴
時，面向體前正前西方
（起勢時的正右前方），
前右腳七分實，後左腳留
三分，膝蓋微屈 135°，
成右弓步。

攬雀尾右掤

攬雀尾擺

練太極拳氣功者，以目光炯炯的眼神，平視正前方手掌；練養生太極拳氣功者，以禪靜視線下垂45°～30°的眼神，凝視右手掌和地面。

（3）攬雀尾擺

吸氣，用意念將勞宮穴和湧泉穴之內氣，導引回歸丹田，同時重心全放前腳，足未動，雙手和腰胯往右微盪轉20°左右，右手臂稍向前伸，微屈135°掌心繞圈弧翻轉向下，左手掌心繞圈弧翻轉向上，放在右手肘內側下方。隨即呼氣，用意念緩慢導引丹田之內氣，運行於四肢勞宮穴和湧泉穴，同時腰胯和右腳湧泉穴隨氣下沉壓地，往後回盪，重心緩慢後移，經前右腳大拇趾，貫入後左腳湧泉穴和小趾入地，同時腰胯左轉，雙手掌下擺，往下往後劃弧，右手掌至腹前，掌心向下，左手掌至左腰胯外側，掌心向上，右腳尖上翹，面向右前斜西南方（起勢時的方向）。

練太極拳氣功者，以目光炯炯的眼神，平視正前方手掌；練養生太極拳氣功者，以禪靜視線下垂45°～30°的眼神，凝視右手掌和地面。

（4）攬雀尾擠

吸氣，用意念將勞宮穴和湧泉穴之內氣，導引回歸丹田，同時左手掌繼續往後往上劃弧，至左肩外側，掌心斜

向前 45°，右手掌往後往
上劃弧至胸前，手臂和掌
屈成圓弧形，掌心向內。
隨即呼氣，用意念緩慢導
引丹田之內氣，運行於四
肢勞宮穴和湧泉穴，同時
腰胯和左腳湧泉穴隨氣下
沉壓地，往前推，重心緩
慢前移，經後右腳大拇
趾，貫入前右腳大拇趾和
湧泉穴入地，腰胯右轉
45°，左手與右腳實力相
應貫注於氣，雙手掌隨腰
轉往前推擊，右掌速度較
慢等左掌，當重心將達右
腳湧泉穴時，左掌心壓在
右手腕內側，雙臂撐圓，

攬雀尾擠

攬雀尾按

高與肩平，繼續往前推，重心至湧泉時，前右腳七分實，
後左腳留三分，膝蓋微屈 135°，成右弓步，右腳尖和膝
蓋及雙掌，三點成一垂直線。

　　練太極拳氣功者，以目光炯炯的眼神，平視正前方手
掌；練養生太極拳氣功者，以禪靜視線下垂 45°～30° 的
眼神，凝視雙掌和地面。

（5）攬雀尾按

　　吸氣，用意念將勞宮穴和湧泉穴之內氣，導引回歸丹

田，同時左掌經右掌上伸出，兩掌往兩側分開，與肩同寬，掌心均向下，凝視雙掌，重心緩慢後移，經前右腳大拇趾，貫入後左腳湧泉穴和小趾入地坐實，右腳尖上翹，雙臂屈肘隨腰轉盪回，經胸前下落至兩脇旁。隨即呼氣，用意念導引丹田之內氣，運行於四肢勞宮穴和湧泉穴，同時腰胯和左腳湧泉穴，隨氣下沉壓地，往前推動，重心緩慢前移，經後左腳大拇趾，貫入前右腳大拇趾和湧泉穴入地，雙掌輕輕隨腰胯往前平按出，肘伸 45°，掌心向前，腕與肩平，雙臂屈成 90°，沉肩墜肘，當重心至湧泉穴時，前右腳七分實，後左腳留三分，膝蓋微屈 135°，成右弓步，右腳尖和膝蓋及雙掌，三點成一垂直線。

練太極拳氣功者，以目光炯炯的眼神，平視正前方手掌；練養生太極拳氣功者，以禪靜視線下垂 45°～30° 的眼神，凝視雙手掌和地面。

（6）左顧右盼

吸氣，用意念將勞宮穴和湧泉穴之內氣，導引回歸丹田，同時重心緩慢後移，經前右腳大拇趾，貫入後左腳湧泉穴和小趾入地坐實，右腳尖上翹，雙手臂隨腰轉撤回平行放下降至平胸口，與肘屈成 125°左右，雙臂微微斜向上，掌心向下。隨即呼氣，用意念導引丹田之內氣，運

左顧右盼

行於四肢勞宮穴和湧泉穴，同時腰胯和左腳湧泉穴隨氣下沉壓地，隨即右腳尖隨腰胯左轉，右腳尖左轉 90°，雙手和腰胯左轉 135°，當面向左前斜東南方時。隨即吸氣，用意念將勞宮穴和湧泉穴之內氣，導引回歸丹田，同時重心移右腳屈膝坐實，隨即腰胯微右轉，同時雙手亦隨腰轉盪回，右臂內旋屈於右脇側，手掌變勾手，左臂亦內旋，手掌微向下向右劃弧輔於右肘腋下，掌心向上。

（7）單鞭下勢

隨即呼氣，用意念導引丹田之內氣，運行於四肢勞宮穴和湧泉穴，同時腰胯和右腳湧泉穴隨氣下沉壓地，腰胯微左轉，同時右腕勾手隨腰轉，往右斜西南方微微往下而上劃小弧伸展推出，手臂微屈肘稍下垂，腕與肩平，左手掌亦隨腰轉上提立掌於胸前，掌心向內與眼神相對，同時左腳跟上翹隨右臂牽動向後扭轉內扣。隨即吸氣，用意念將勞宮穴和湧泉穴之內氣，導引回歸丹田，同時左腳提起往左前東方（起勢時的方向）跨一大步，腳跟著地，與肩同寬。隨即呼氣，用意念導引丹田之內氣，運行於四肢勞宮穴和湧泉穴，同時腰胯和右腳隨氣下沉壓地，腳尖微浮地面，與腰胯同時左轉，重心緩慢移左腳湧泉穴，腰胯左轉 90°，

單鞭下勢

右腳尖轉 45°，同時左手立掌亦隨腰轉向上向前向左劃弧，當右腰胯左轉 45° 與左腰胯齊平時，雙腳中定，無極，無虛實，左手掌亦劃弧至正面前，腰續轉生太極，分陰陽，左腳漸實，右腳漸虛，右腳尖自然微翹隨腰內扣 45°，同時隨即左前臂隨腰轉外旋，左掌心慢慢翻轉向外，繼續劃弧腕與肩平，當掌心翻轉向正左前東方時，重心亦達左腳湧泉穴，成左弓步，手指、膝蓋、腳尖三點成一垂直線，前左腳七分實，後右腳留三分，膝蓋微屈 135°，以上動作為單鞭。

接下為下勢：吸氣，用意念將勞宮穴和湧泉穴之內氣，導引回歸丹田，同時右腳稍微後移，腳尖外撇 45°，隨即重心後移右腳，腰胯右轉 90°，右腿全蹲，左腿鋪直腳尖內扣 45°。腰胯和身體左轉，成左仆步，同時左手掌心轉向內，經胸前腹前劃弧，下落於左腳內側。呼氣，用意念導引丹田之內氣，運行於四肢勞宮穴和湧泉穴，同時右腳湧泉隨氣下沉壓地，重心前移左腳，左手掌背順腿內側穿出，掌心向右，勾手平舉與肩平齊。

練太極拳氣功者，以目光炯炯的眼神，平視正前方手掌；練養生太極拳氣功者，以禪靜視線下垂 45°～30° 的眼神，凝視左手掌和地面。

33 上步七星

吸氣，用意念將四肢勞宮穴和湧泉穴之內氣，導引回

歸丹田，同時左腳湧泉穴
隨氣下沉壓地，重心前移
左腳坐實，左腳尖外展
90°，右腳尖內扣，左腿
屈弓，右腿自然蹬直微
屈，腰胯轉正，左手掌向
上挑至胸前成側立掌，腕
高與肩平，右臂下落至身

上步七星

側，勾尖向上，凝視左掌。呼氣，用意念導引丹田之內
氣。運行於四肢勞宮穴和湧泉穴，同時左腳湧泉穴隨氣下
沉壓地，氣偏重於湧泉穴、大拇趾、足跟，膝蓋微屈坐
實，同時提起右足，往前踏上一大步，足尖點地，成右虛
步，同時左手亦隨腰胯提至胸前握拳，右勾手鬆開，亦隨
左手而上握拳與左腕相交，雙肘前伸 45°，右拳在外，拳
眼斜向內。

　　練太極拳氣功者，以目光炯炯的眼神，平視前方雙
拳；練養生太極拳氣功者，以禪靜視線下垂 45°～30° 的
眼神，凝視前方雙拳和地面。

34 退步跨虎

　　吸氣，用意念將勞宮穴和湧泉穴之內氣，導引回歸丹
田，同時右腳往後撤一大步，腳尖外撇 45°左腳變虛，腳
尖點地，重心後移坐實，腰胯右轉 45°，同時雙拳變掌左

退步跨虎

手俯掌，右手仰掌，隨腰右轉，左手向下向右劃弧，放在右腰胯前蓄其勢，掌心向下，右手向下向後向上劃弧，至右肩外側立掌蓄其勢，掌心斜向前 15°，面向體前右斜東南方（起勢時的左前斜方）。隨即呼氣，用意念導引丹田之內氣，運行於四肢勞宮穴和湧泉穴，同時右腳湧泉穴隨氣下沉，腰胯左轉45°，同時右手臂隨腰轉往前推 15°，左手掌隨腰轉往左腰胯劃弧護襠摟膝，放在左胯外側，掌心向下，上翹45°。

練太極拳氣功者，以目光炯炯的眼神，平視正前方；練養生太極拳氣功者，以禪靜視線下垂 45°～30°的眼神，凝視左正前方（起勢時的方向）地面。

 35 轉身擺蓮

吸氣，用意念將勞宮穴和湧泉穴之內氣，導引回歸丹田，同時腰胯微左轉，左手前臂上提至身側，肘伸 45°，掌心向前，右手向下向左劃弧，放在左臂內側左腰脇間，掌心向下，隨即右腳湧泉穴下沉壓地，腳跟離地，以右腳掌為軸，左足和雙手隨腰往右往後大轉 360°，左腳落在

右腳左後側，腳跟著地，
腳尖內扣 45°，隨即坐實
左腳，右腳尖向前虛點
地，雙手盪至平舉於胸
前，掌心向下。隨即呼
氣，用意念導引丹田之內
氣，運行於四肢勞宮穴和
湧泉穴，同時左腳隨氣下

轉身擺蓮

沉壓地，右腳提起隨腰胯左轉再右轉，亦即向左而上再向
右作扇形外擺，腳面展平，兩掌自右向左平擺，在胸前左
先右後依次擊拍右腳面，右小腿屈收，右腿屈膝提於體
前，腳尖下垂，左腳獨立站穩，腰胯繼續左轉，兩掌繼續
左擺至身體左側，左手俯掌，右手側掌，凝視雙掌。

　　練太極拳氣功者，以目光炯炯的眼神，平視正前方手
掌；練養生太極拳氣功者，以禪靜視線下垂 45°～30°的
眼神，凝視雙掌和地面。

36 彎弓射虎

　　吸氣，用意念將勞宮穴和湧泉穴之內氣，導引回歸丹
田，同時右腳向右前方落步，重心緩慢前移右腳坐實，同
時腰胯右轉，雙掌同時往下往右胯旁後側劃弧，至身體右
側時雙掌變握拳。隨即呼氣，用意念導引丹田之內氣，運
行於四肢勞宮穴和湧泉穴，同時左腳湧泉穴隨氣下沉壓地

彎弓射虎

屈膝坐實，腰胯隨即左轉，同時雙拳隨勢由下而上盪轉劃一大圓弧，拳心均向下，凝視右拳。右腿屈弓，左腿自然蹬直，膝蓋微屈 135°，成右弓步，左拳經面前向左前方擊出，高與胸平，手前臂與肘微屈 135°，拳面向前，拳眼右斜向上，右拳同時屈肘，向左前上方擊出，至右額前，拳心向外，拳眼左斜向下，與左拳眼相對。

練太極拳氣功者，以眼光炯炯的眼神，平視正前方左拳；練養生太極拳氣功者，以禪靜視線下垂 45°～30° 的眼神凝視左拳和地面。

 ## 37 進步搬攔捶至十字手歸正

（1）進步搬攔捶

吸氣，用意念將勞宮穴和湧泉穴之內氣，導引回歸丹田，坐右腳，左腳提起離地面少許隨即下落原位，同時重心後移坐實左腳，右腳尖收回左腳內側，同時左拳鬆開變掌，護於右肘下，預作式，隨即右手拳心向下向左劃弧，停放在左腰脅間，拳心向內拳眼向上，左手臂內旋，往下往後再微往上劃弧，斜放左腰胯外側，微屈 135° 掌心向

右。隨即呼氣，用意念導引丹田之內氣，運行於四肢勞宮穴和湧泉穴，同時右腳往體右斜方跨一小步，腳尖外撇 45°，與左腳跟同肩寬，重心隨即緩慢前移坐實，身體方向不動。隨即吸氣，用意念將

進步搬攔捶

勞宮穴和湧泉穴之內氣，導引回歸丹田，同時腰胯緩慢右轉 90°，右手臂內旋，拳心向上，往右隨腰胯上提翻轉劃弧，收於右側腰脇間，為之進步搬。同時左腳往前直線跨一大步，腳跟著地，腳尖上翹，左手臂亦同時隨腰右旋，向前向右劃弧劈（截）擊，手前臂與肘成 90° 立掌，肘前伸 45° 斜向右，沉肩墜肘，凝視左掌，為之攔。隨即呼氣，用意念導引丹田之內氣，運行於四肢勞宮穴和湧泉穴，同時腰胯和右腳湧泉穴，隨氣下沉壓地，往前推，重心緩慢前移，經後右腳大拇趾，貫入前左腳大拇趾和湧泉穴入地，同時腰胯左轉 45°，右前臂內旋 90°，拳心由向上翻轉為向內，並以意領氣貫於拳面，由拳面領拳，往上往胸前衝擊發勁，肘往前伸 45°，拳眼向上，拳面向前，高與胸齊，左掌收於右臂內側，左掌輔於右肘腕間，為之捶。

　　練太極拳氣功者，以目光炯炯的眼神，平視正前方右拳；練養生太極拳氣功者，以禪靜視線下垂 45°～30° 的眼神，凝視右拳和地面。

如封　　　　　　　　　似閉

（2）如封似閉

吸氣，用意念將勞宮穴和湧泉穴之內氣，導引回歸丹田，同時腰胯左轉 30°，左掌從右前臂下穿出，掌心向上緣右臂護肘，右手臂隨腰左轉 30° 拳變掌，掌心也翻轉向上，足步未動，隨之腰胯變右轉 30°，重心緩慢後移，經前左腳大拇趾，貫入後右腳湧泉穴和小趾入地坐實，同時左掌緣右手臂而上，雙腕互相交叉時，腰胯亦轉正，面向正前東方（起勢時的左正前方），右腳後坐，左腳尖上翹，為之封。兩掌分開併屈臂內旋，收至胸前，與肩同寬，掌心斜相向，再翻轉向下，落至胸前做按式，為之閉。

（3）按

隨即呼氣，用意念導引丹 田之內氣，運行於四肢勞宮穴和湧泉穴，同時腰胯和右腳湧泉穴隨氣下沉壓地，往前推動，重心緩慢前移，經後右腳大拇趾，貫入前左腳大拇趾和湧泉穴入地，兩掌與肩同寬，往前平按出，肘伸 45°，雙臂與肘均屈成 90°，掌心斜向前，腕高與肩平，

按　　　　　　　　　　十字手

沉肩墜肘，當重心至湧泉穴時，前左腳七分實，後右腳留三分，膝蓋微屈 135°，成左弓步。

　　練太極拳氣功者，以目光炯炯的眼神，平視正前方手掌；練養生太極拳氣功者，以禪靜視線下垂 45°～30° 的眼神，凝視雙掌和地面。

　　（4）十字手

　　吸氣，用意念將勞宮穴和湧泉穴之內氣，導引回歸丹田，同時雙掌往外微撇 20°～30°，重心後移右腳坐實，腰胯右轉 90°，左腳尖微提內扣 90°，雙臂隨腰漸漸展開，面向正前南方。隨即呼氣，用意念導引丹田之內氣，運行於四肢勞宮穴和湧泉穴，同時重心移左腳坐實右足變虛，隨即腰胯微右轉，右腳跟上提微離地面內扣，雙手掌向下向內劃弧，收於腹前雙手微曲 135°，掌心相向。吸氣，用意念將勞宮穴和湧泉穴之內氣，導引回歸丹田，隨即右腳內收，兩腳與肩同寬平行，腰胯轉正，成開立步，同時兩腿慢慢伸直，雙掌合抱，上舉至胸前，兩腕交叉成斜十字形，右掌在外，掌心均向內，高與肩平。

歸正 A   歸正 B

練太極拳氣功者，以目光炯炯的眼神，平視正前方手掌；練養生太極拳氣功者，以禪靜視線下垂 45°～30° 的眼神，凝視雙手掌和地面。

（5）歸正（收勢）

收勢的動作是要將行拳時，氣遍周身之內氣，完全回歸丹田，所以呼吸不再用意念導引，只意守丹田，內氣會自然回歸丹田。呼氣，兩手前臂內旋，雙掌邊翻轉，邊向前平行分開，與肩同寬，掌心均向下，慢慢下落至雙腿外側，手臂微屈 135°，雙掌上翹 45°。隨即吸氣，沉肩垂臂，手掌鬆垂，重心移左腳，右腳尖外撇 45°，隨即呼氣，重心移右腳，左腳收至右腳跟內側，腳尖外展 45°，雙腳成外八字開立正。全身鬆透自然，歸正收勢。隨即雙腳跟外展 45°，兩腳平行分開，與肩同寬，雙掌疊抱於丹田，左掌在外，閉上雙眼，意守丹田，自然呼吸禪靜片刻，當內氣完全回歸丹田後，雙手會自然鬆放，睜開雙眼，完全收功，全身舒暢無比。

附 錄

參考養生太極拳氣功網站

第六階段功　2014（民國103）年3月2日早上8:00發功實錄解說書（74歲）

　　2014（民國103）年元月起內氣能量又提升，於收勢右腳未收正，重心還在左腳時，副意識指揮強大的內氣，開始發自發動功，首先雙手，打太極拳的雲手和採，採天地精華之氣和運氣5分鐘後，左手伸直掌心向外，用以採天地精華之氣，右手大拇指外側，按摩貫氣於頭部外緣雙耳以上，前後左右周圍頭部區，由玉枕穴順時針方向，繞左頭側區，風池穴、通天穴、太陽穴、印堂，再往右側太陽穴、通天穴、風池穴、玉枕穴，環繞100圈，然後用右手掌心，順時針方向，按摩貫氣於頭頂部，環繞100圈，然後用右手大拇指外側，由頸椎、啞門穴、玉枕、百會、印堂，來回100回，約2分鐘。

　　然後由印堂沿任脈、人中穴、咽喉、膻中穴、神闕穴至下丹田，隨即在下丹田，用右大拇指外側，順時針方向，按摩貫氣繞50圈，然後順身體右側，移往後背，用右手掌心，由後丹田和命門開始，逆時針方向，按摩貫氣，繞腰俞穴、膀胱俞、小腸俞、關俞、大腸俞、氣海俞、腎俞、三焦俞、胃俞、脾俞、膽俞、肝俞……

　　亦即後背臀部至肩胛骨之間部位，由下而上脊椎骨兩側，整個背部經脈和穴道，每次環繞50圈，然後膝蓋彎屈135°再繞50圈，最後圈停在兩肩胛骨中間之穴道，貫氣按摩至陽、靈台、神道、肺俞、心俞、督俞、膈俞，並

且雙腳上下振盪 1000 次，再回到下丹田，用右手大拇指外側，順時針方向，按摩貫氣 50 圈，然後再順身體右側移往後背，按摩貫氣整個背部經脈和穴道，動作與第一次相同，來回共三次，約 26 分鐘，雙腳振盪 3000 次。

再回到下丹田，用右大拇指外側，繞圈按摩貫氣 50 圈，然後由下而上，繞下丹田至中丹田（膻中）外側，按摩貫氣 50 圈，然後在肚臍上方，腹部中下丹田，用右大拇指外側，順時針方向，按摩貫氣 50 圈，再順身體右側移往後背，臀部至肩胛骨之間部位，其部位之經脈和穴道與第一次相同，由下而上，以逆時針方向，用右手掌心按摩貫氣，環繞此部位，所有經脈和穴道 50 圈，然後膝蓋彎屈 135°，再繞 50 圈，最後圈停在兩肩胛骨中間之穴道，貫氣按摩至陽、靈台、神道、肺俞、心俞、督俞、膈俞，同時雙腳上下振盪 1000 次，再回到中下丹田腹部，以右大拇指外側，順時針方向，按摩貫氣繞 50 圈，再順身體右側移往後背，臀部至肩胛中間之部位，按摩貫氣部位與程序，和上次相同，來回共三次，約 25 分鐘，雙腳振盪 3000 次。

然後在中下丹田腹部，用右大拇指外側，順時針方向，按摩貫氣 50 圈，然後由下而上，順時針方向，繞中丹田和下丹田外側，按摩貫氣 50 圈，然後在中丹田之膻中，按摩貫氣繞 50 圈，再順身體右側，移往後背，臀部至肩胛骨中間之部位，其部位之經脈和穴道，與第一次相同，由下而上，以逆時針方向，用右手掌心，按摩貫氣，此部位所有經脈和穴道，環繞 50 圈，然後膝蓋彎屈

135°，再繞 50 圈，最後圈停在，兩肩胛骨中間之穴道，貫氣按摩至陽、靈台、神道、肺俞、心俞、督俞、膈俞，同時雙腳上下振盪 1000 次，然後返回膻中，環繞按摩貫氣 50 圈，再順身體右側後背，臀部至肩胛中間之部位，按摩貫氣部位與程序，和上次相同，來回共三次，最後在膻中按摩貫氣，環繞 50 圈，約 27 分鐘，雙腳振盪 3000 次，以上三個穴位，雙腳上下振盪，總共高達 9000 次。

然後用右手掌心，順時針方向，繞中丹田和下丹田外側，按摩貫氣 50 圈，然後在下丹田按摩貫氣，繞 50 圈，而後以右手掌心，虎口朝上，由下丹田沿任脈而上，經神闕、膻中、人中、印堂、百會、玉枕、啞門、頸椎、大椎、肺俞、肩外俞、肩井、下降至華蓋、膻中，沿任脈而下，至下丹田，再由下丹田，沿任脈而上，來回環繞按摩貫氣於膀胱、腹部、胸部、頸部、頭部……等，上、中、下丹田所有相關經脈、穴道、五臟六腑器官共 50 圈。

然後右手掌心在下丹田，順時針方向按摩貫氣 50 圈，然後右手掌心虎口向上，沿任脈而上至啞門穴，而後改用右手大拇指外側，再由頸部啞門穴，沿頭頂中心線到印堂，來回按摩貫氣 8 次，然後大拇指外側，由玉枕順時針方向，繞頭部外圍，雙耳以上部位穴道 8 圈，然後用右手掌心，在頭頂百會，順時針方向，按摩貫氣繞 8 圈，然後右手大拇指外側，在百會掌心向左，與左手掌會合，雙掌合掌後，移至頸部啞門穴，再由啞門、玉枕、百會、印堂、人中，沿任脈膻中、神闕，下至下丹田，再由下丹田，仍然合掌上舉，至頭頂後下降，雙掌拇指外側，猛撞

頸椎兩側之所有穴道，啞門穴、風池穴、天柱穴、天賦穴、天容穴、天窗穴等。

然後雙掌大拇指外側，沿啞門、玉枕、百會、印堂、人中、膻中、任脈、神闕，下至下丹田，來回共 50 次，然後雙掌輪流在胸前結手印採氣，右手掌心向前伸直，先往胸前左側 45 度，再往右側 45 度，再往左側 45 度，再往右，來回 50 次後回到胸前，掌心轉向內，採氣貫於下丹田右側。

接著左手往胸前伸直，先往胸前右側 45 度，再移往左側 45 度，來回採氣 50 次後回到胸前，掌心朝內，採氣下降貫於下丹田左側，然後雙掌同時向上向外劃弧，採氣貫於下丹田兩側，然後雙手分開，掌心向上，由左右兩側上舉，在胸前翻掌四次，採氣下降，貫於下丹田兩側，來回三次，然後雙掌同時向上向外，在胸前翻掌採氣，下降貫於下丹田兩側，雙掌重複動作之弧度，由大逐漸變小，來回共 4 次，然後雙掌在下丹田兩側，同時繞圈按摩 50 圈。

然後雙掌分開按在腰胯兩側，虎口朝下，大拇指朝前，四指朝後，四指隨即在腰背二側按壓 50 下，然後雙掌在腰胯上方背部兩側，繞圈按摩 50 圈，然後掌心由臀部往下推，往雙腳後中心線下行，並吐氣下推至雙手伸直，隨即雙掌心移到雙腿前中線，並吸氣往上提至腰胯兩側，再吐氣，往後臀部，往雙腿後中心線下推，來回共 50 次，然後雙掌心在下丹田兩側，繞圈按摩 50 圈，然後雙掌分開，按在腰胯兩側，虎口向下，大拇指朝前，四指

朝後，四指按壓臀部上方後背 50 下，而後雙掌微微上提，至胸側肋骨，指尖向下，用勁吸足氣，隨即吐氣，急速往下推，排除體內穢毒之氣。

之後雙掌由雙腿前中心線，回到下丹田兩側，繞圈貫氣按摩 50 圈，然後雙掌輪流，在胸前結手印，採天地精華之氣，貫於下丹田兩側，來回 4 次，之後雙掌同時上提至胸前，再往左右劃弧下降，貫氣於下丹田兩側，再上提往兩側劃弧，掌心翻轉四次，下降貫氣於下丹田兩側，來回 3 次，再上提往兩側劃弧，下降貫氣於下丹田兩側，來回 5 次，每次弧度和高度逐漸減小，隨即雙掌，右順時針方向，左逆時針方向，同時繞圈按摩，下丹田兩側所有穴道、石門、四滿、大巨、關元、氣穴、水道、中極、大赫、歸來、府舍、急脈、衝門等 50 圈，然後雙掌停下，並按壓貫氣約一分鐘。此動作是加強該部位所有器官的機能，尤其膀胱、攝護腺、排尿、排便系統。

然後雙掌在下丹田兩側，繞圈貫氣按摩 50 圈，然後雙掌上提按在腰胯兩側，虎口向下，大拇指朝前，四指朝後，四指按壓臀部上方後背 50 下，而後雙掌微微上提至胸側肋骨，指尖向下，用勁吸足氣，隨即吐氣，急速往下推，排除體內穢毒之氣，並隨即收功，完全收功後雙眼自然睜開，全身舒暢無比，歷時 1 小時 35 分 30 秒。

第七階段功 ｜ 2021（民國 110）年 4 月 12 日早上 6:59 發功實錄解說書（81 歲）

　　自 2017（民國 106）年元月起太極拳自發動功，晉升為第七階段功，2021（110）年 4 月 12 日晨，行拳收勢時雙眼迅間合閉，主意識退居第二由副意識主導，雙腳平立與肩略寬，湧泉穴與地心感應，雙手掌伸舉頭部上方，採宇宙能量貫頂 100 下。

　　隨即下降頭部兩側中心線雙耳前，採宇宙精華之能量貫頭部 100 下。然後轉至頭部前中心線前額和後中心線後腦部，採宇宙精華之能量貫頭部 100 下。

　　然後轉至頭部兩側中心線雙耳上方，用雙手掌的五指尖，敲打頭部兩側中心線雙耳上方所有穴道 100 下，隨即在雙耳上方率谷穴急速大力敲打 100 下，接著又敲打雙耳上方所有穴道 100 下。然後轉至前中心線用左手掌五指尖，和後頭部中心線用右手掌五指尖，敲打所有穴道 100 下，隨即左手掌指尖在印堂，右手掌指尖在玉枕，急速大力敲打 100 下，接著又在頭部前後中心線敲打所有穴道 100 下。

　　然後轉至頭部前左斜角用左手掌指尖，和頭部後右斜角用右手掌指尖，敲打兩斜角所有穴道 100 下，隨即雙手掌五指尖在前左斜角太陽穴、懸釐穴，和後右斜角風池穴、竅陰穴，急速大力敲打 100 下，接著再於兩斜角敲打所有穴道 100 下。

然後轉至頭前右斜角用右手掌指尖，和頭部後左斜角用左手掌指尖，敲打兩斜角所有穴道 100 下，隨即雙手掌五指尖在前右斜角太陽穴、懸釐穴，和後左斜角風池穴、竅陰穴，急速大力敲打 100 下，接著再於兩斜角敲打所有穴道 100 下。

　　然後雙手掌五指尖敲打頭部、臉部繞三圈，頸、肩繞三圈，再下胸、腹、背脊、腰、胯至下丹田，然後再反轉向上依序漸漸往上至頭部，在頭、臉繞三圈後，雙手五指拍打雙眼 100 下，然後按摩 100 下，接著再拍打 100 下，然後雙手指尖敲打頭、臉部繞三圈後，雙手掌五指部用力急速拍打嘴巴兩側 100 下。

　　然後雙手掌指尖敲打頭、臉部繞三圈，頸、肩繞三圈，再下胸、腹、背脊、腰、胯至下丹田，然後再反轉向上依序漸漸往上至頸部，在頭、臉繞三圈後，雙手掌拍打左右耳 100 下，然後按摩 100 下，接著再拍打 100 下，然後雙手指尖敲打頭、臉部繞三圈，頸、肩繞三圈，再下胸、腹、背脊、腰、胯至下丹田，然後右手掌貼在下丹田，左手掌放在右手掌背，隨即丹田內氣急速上下盪轉 100 圈，左右盪轉 100 圈，然後鼓盪緩慢順轉 20 圈，然後微微鼓盪順轉 10 圈，然後深呼吸六次自然收功，全身舒暢。這是副意識採宇宙精華能量，貫於上、中、下丹田各部位經脈穴道，增強五臟六腑機能，提升免疫力，祛病強身。

第八階段功　2021（民國 110）年 4 月 13 日早上 6:35 發功實錄解說書

　　自 2018（民國 107）年 9 月起太極拳自發動功，晉升為第八階段功，2021（110）年 4 月 13 日晨，行拳收勢時雙眼迅間合閉，主意識退居第二，由副意識主導，雙腳平立與肩略寬，湧泉與地心感應，雙手掌伸舉頭部上方，微圓弧雲手採宇宙能量貫頂 10 次，然後雙手掌下降至胸前，作 270° 大圓弧右、左雲手，採宇宙能量貫身 10 次，接著作 180° 大圓弧右、左雲手，採宇宙能量貫身 10 次，接著作 90° 圓弧右、左雲手，採宇宙能量貫身 10 次。

　　再接著雙手上舉至頭部前方，作 90° 圓弧右、左雲手，採宇宙能量貫頂 10 次，再下降至胸前作 45° 小圓弧雲手，採宇宙能量貫身 10 次，然後吸氣，雙手掌抱大球在胸前上下順繞轉三圈，然後停在胸腹前左手掌在上右手掌在下，肺部吸足大量空氣之後，隨即呼氣，雙手掌急速上舉往頭部上方衝，鼻子亦隨之急速大聲噴氣，排除肺部及五臟六腑之穢氣。

　　又隨即吸氣，雙手掌下降合抱大球於胸腹前上下順繞轉三圈，然後停在胸腹前動作與上次同共 20 次，然後雙手掌在胸腹前抱大球，變逆轉繞三圈，然後雙手在胸腹前抱大球右手在上左手在下，作與前同樣動作 20 次，然後吸氣，雙手掌下降至下腹前，左右合抱大球，肺部吸足大量空氣之後，隨即呼氣，雙手掌急速往頭上衝，鼻子亦隨

即急速大聲噴氣，其功能與前動作相同共 20 次。

最後一次雙手掌上衝後，隨即在頭部上方採宇宙能量，雙手掌打壓貫頂百會穴並按摩 50 下，接著按壓貫氣玉枕穴 50 下，再按壓玉枕穴下方頸部風府穴、啞門穴 50 下，然後雙手掌下放在下丹田，右掌貼下丹田，左手掌放在右掌背，丹田內氣隨即左右急速順轉 100 圈，上下前後 100 圈，然後身軀微弧盪轉 100 圈，然後大圓弧盪轉 100 圈，然後重心於右腳湧泉穴，身軀大圓弧盪轉 50 圈，然後重心移至左腳湧泉穴，身軀大圓弧盪轉 50 圈，然後雙腳湧泉穴入地，身軀微弧盪轉 20 圈，然後深呼吸十次，小呼吸六次隨即收功，全身舒暢。

這是副意識採宇宙能量貫於全身，並排除體內穢氣，增強五臟六腑機能，提升免疫力，祛病強身。

第九階段功 2021（民國 110）年 12 月 4 日早上 7:20 發功實錄解說書

自 2021（民國 110）年 11 月起鄭子 37 式養生太極拳自發動功晉升為第九階段功，若行拳時意念和動作極致輕靈鬆沉緩慢，拳意禪心，拳禪一體，即進入煉神化虛之境，行拳 20 幾分，於收勢時，雙眼迅間合閉，由副意識主導自發動功，雙腳自然與肩略寬，湧泉穴鬆沉入地與地心感應，雙手伸與頭部上方，掌心向前採宇宙能量數秒後貫頂百會 100 下，隨即轉往頭部兩側中心線雙耳前，採宇

宙能量貫頭部 100 下，再往頭部前中心線前額和後中心線腦部前，採宇宙能量貫頭部 100 下，然後轉往頭部兩側中心線雙耳上方，用雙手掌指尖輕靈按摩所有穴道 100 下，再轉往頭部前中心線，用左手掌指尖在前額印堂等穴道和後中心線，用右手掌指尖在玉枕等穴道，輕靈按摩 100 下，然後轉往頭部前左斜角，用左手掌指尖在太陽穴、懸釐穴等和頭部後右斜角，用右手掌指尖在風池、竅陰穴等，輕靈按摩 100 下，然後再轉往前右斜角，用右手指尖在太陽穴、懸釐穴等和後左斜角，用左手掌指尖在風池、竅陰穴等，輕靈按摩 100 下，然後雙手掌指尖輕靈按摩臉、頭部左右、上下繞三圈，頸、肩繞三圈，再往下胸、腹、背脊、腰、胯、下丹田，然後反轉向上依序漸漸往上至頭、臉部左右、上下繞三圈後，雙手掌五指輕靈拍打雙眼 100 下，接著按摩 100 下，再拍打 100 下，然後雙手掌指尖輕靈按摩臉、頭部左右、上下繞三圈，頸、肩繞三圈。

再依序往下至下丹田，再反轉向上依序至頭、臉部左右、上下繞三圈後，雙手掌輕靈拍打雙耳 100 下，接著按摩 100 下，再拍打 100 下，然後雙手掌指尖按摩臉、頭部左右、上下繞三 圈後，轉往嘴巴兩側輕靈拍打 100 下，然後雙手掌指尖按摩臉、頭部左右、上下繞三圈，頸、肩繞三圈，再往下依序至下丹田，下丹田之內氣立即左右、上下各輕靈盪轉 100 圈，然後輕微緩慢深呼吸 10 次，雙手鬆放再三次深呼吸自然張眼收功，全身舒暢奧妙。

後記

感謝：

指導老師：中華國際薪傳鄭子太極拳總會

　　　　　創會長　鞠鴻賓

　　　　　總教練兼副會長　王錦士

教授內功老師：曾盛初

　　　　　陳老師（移居美國）

教授拳架老師：蘇大字、洪文福、王嘉陵

聯絡資訊：

高雄市太極拳協會　內功教練場

教拳地點：高雄市左營區微笑公園溜冰場旁（近自由
　　　　　黃昏市場）

練拳時間：週一至週五　早上 6:30-8:00 免費傳授

報名電話：0931-652-766 / 07-2369169

網　　址：https://taichi2022.wixsite.com/taichi